中國學術思想 研究輯刊

十 編

林 慶 彰 主編

第 27 冊

王船山「兩端而一致」之思維的辯證性及其開展

陳 啟 文 著

花木蘭文化出版社

國家圖書館出版品預行編目資料

王船山「兩端而一致」之思維的辯證性及其開展／陳啟文　著
— 初版 — 台北縣永和市：花木蘭文化出版社，2010〔民99〕
目 2+234 面：19×26 公分
（中國學術思想研究輯刊 十編：第 27 冊）
ISBN：978-986-254-356-6（精裝）
1.（清）王夫之　2.學術思想　3.清代哲學
127.15   99016464

ISBN - 978-986-2543-56-6

9 789862 543566

中國學術思想研究輯刊
十　編　第二七冊   ISBN：978-986-254-356-6

王船山「兩端而一致」之思維的辯證性及其開展

作　　者　陳啟文
主　　編　林慶彰
總 編 輯　杜潔祥
出　　版　花木蘭文化出版社
發 行 所　花木蘭文化出版社
發 行 人　高小娟
聯絡地址　台北縣永和市中正路五九五號七樓之三
　　　　　電話：02-2923-1455／傳真：02-2923-1452
網　　址　http://www.huamulan.tw 信箱 sut81518@ms59.hinet.net
印　　刷　普羅文化出版廣告事業
封面設計　劉開工作室
初　　版　2010 年 9 月
定　　價　十編 40 冊（精裝）新台幣 62,000 元

王船山「兩端而一致」之思維的辯證性及其開展

陳啟文　著

作者簡介

　　陳啟文：國立臺灣師範大學國文研究所博士。曾任教於：元智大學應用中文系、台北教育大學語文教育學系、臺灣師範大學國文系目前任教於：慈濟大學東方語文學系專任助理教授。

　　曾發表：〈王船山「道」、「器」兩端分說及其統一〉，（清代哲學，《鵝湖月刊》第 31 卷第 9 期，2006 年 3 月）、〈王船山化「天之天」為「人之天」義的理解〉（清代哲學，《師大國文學報》第 39 期，2006 年 6 月）、〈宗教的象徵；以《佛說阿彌陀經》之與會聖眾為例〉（唐宗教哲學，《宗教、哲學與文學研討會》元智大學，2006 年 9 月）、〈《佛說阿彌陀經要解》「六信」中的「唯心淨土」思想詮釋〉（明清宗教哲學《鵝湖月刊》第 384 期，2007 年 6 月）、〈啟示、信仰與實現：彌陀本願之理論體系及其詮釋〉（隋唐宗教哲學《東吳學報》第 14 期，2007 年 12 月）、〈蕅益大師對於「鳥音法利」之料簡析論〉（明清宗教哲學，慈濟大學，2008《東方文化學術研討會》，2008 年 6 月）、〈《楞嚴經》「大勢至菩薩念佛圓通章」的念佛方法論〉（隋唐宗教哲學《一貫道宗教學術研討會》第一屆，2008 年 5 月）、〈《彌陀要解》中四土感生論所顯的心土不二義〉（明清宗教哲學，《慈濟大學人文社會科學學刊》，第 7 期，2008 年 6 月）、〈王符《潛夫論》宇宙上的一個問題〉（漢代哲學，《朱子研究》，1999 年第 1 期，1999 年 1 月）、〈成德廣業之「三陳九卦」〉（先秦哲學，《周易研究》，1999 年第 4 期，1999 年 12 月）、〈試論《老子》的「一」〉（先秦哲學，《孔孟學報》第 77 期，2000 年月）、〈郭象《莊子注》之「自生」義試析〉（魏晉哲學，《哲學與文化月刊》29 卷第 2 期，2002 年 2 月）等中國哲學論文十數篇。」

提　要

　　本文的論題是：「王船山「兩端而一致」之思維的辯證性及其開展」，此一論題是「後設」的，而非預設的。既是後設，那就表示此一論題乃是，筆者於通讀船山全書之後，所形成的論題、命題。而這也就意味著，此一命題與議題，實通貫著船山一生之思維，而呈顯在船山所有的注疏作品當中。只是，此一後設性的命題，卻是植基於令吾人深受感動激勵之：「六經責我開生面，七尺從天乞活埋」所展現的強烈的民族文化道統延續之危機感與開新之使命感。此求一開生面，讓筆者產生了如下的疑問：船山是否真的開出了生面？若有，則船山所開出之有別於宋明儒學詮釋傳統的新局又為何？若有，船山又是通過何種方法論實踐的完成？若有，船山所展顯的理論思維及其體系型態，又是何種型態？這是本論文所關懷的問題核心。

第一章 緒 論

　　存在是歷史性的同時也是社會性的，故思想家及其思維學說的背景（Background）與「基底」（Horizon），都是研究者所不能忽略的。〔註1〕就船山學學術的基底而言，船山乃在晚明儒學的氛圍籠罩下通過詮釋與批判以建構其別開生面的學說；就船山的背景而言，則吾人不能略過而需連結其生命的歷程，因為任何一位歷史人物之思想，皆不能脫離其所生活的時代與社會，或不受其所處之時代社會等客觀條件所影響。因此，欲求得對於船山學能有相對客觀的同情理解與認識，對於船山所處的時代背景便有認識的必要。因為，船山學是通過遍注群經而成其體系，而且船山對於經典的詮釋及其對於程朱、陸王學的批判，〔註2〕則是在「明末清初」與「宋明儒學」的環境氛圍

〔註1〕　林安梧師說：「任何著作皆有其背景（Background），任何思想勢必都在某個『基底』（Horizon）之下開展，要去理解任一著作或任一思想體系，勢必都得照顧到此著作及此思想體系的背景和基底，如此才能如實的去掌握、去理解此著作中所隱含的思想體系。」見林安梧《王船山人性史哲學之研究》，第5頁。

〔註2〕　唐君毅先生說：「明儒陽明之學，至末流而弊。其弊蓋在言心性而遺經世之學。顧亭林所謂舍多學而識，以求一貫之方，置四海之困窮而不問，而終日講危微精一之學是也。求一貫之方，本是宋明理學之根本精神，亦宋明理學之所長。唯徒求一貫之方，而舍多學而識之工夫，誠難免于有體無用之譏。而所謂置四海之困窮而不問，則正與宋明諸師講學之旨相悖。明末理學家如高攀龍、顧憲成、劉蕺山等，皆大義凜然，豈置四海之困窮而不問者？然末流之弊，有如亭林所言，亦不可為諱。故明末儒者，無不重經世致用之學。如梨洲、亭林、船山則其選也。其中亭林之用心，全在治道。其以『博學于文，行己有恥』之義教人，可謂能矯當世之弊。其人格之堅卓，可以立儒者之矩範。然其哲學思想本身，殊無創發。梨洲之思想，大體承蕺山之緒，其言治道，亦多精闢之見。惟船山竄身猺洞，發憤著書，其哲學思想最為賅絕。船山本其哲學思想之根本觀念，以論經世之學，承宋明儒重內聖之學之精神，而及于外王，以通性與天道與治化之方而一之者，惟船山可當之耳。船山之

之下所開展的。〔註3〕因此，筆者於茲稍微簡略敘述船山詮釋經典的歷程，以
佐吾人理解船山學。〔註4〕

第一節　船山論釋經典的歷程

　　王夫之（1619～1692），字而農，號薑齋，湖南衡陽人，先世爲太原人，
〔註5〕十世祖全從成祖南下靖難，授衡州衛指揮，乃家於衡，遂爲衡州衡陽人。

〔註3〕 哲學，重矯王學之弊，故于陽明攻擊最烈。于程、朱、康節，皆有所彈正，
　　　　而獨有契于橫渠。」見唐君毅《中國哲學原論・原教篇》，第515～516頁。
〔註3〕 林安梧師說：「以船山學而言，去探究其背景及基底似乎尤其重要，因爲船山
　　　　是一個道道地地強調實踐的思想家，而且船山是廣注群經，能爲六經開生面，
　　　　能上承傳統下開新思想的哲人。因此，就其背景而言我們該對明末清初的歷
　　　　史有所了解，就其基底方面我們該對整個儒學的傳承與發展有所了解。值得
　　　　注意的是，就背景方面，我們該當著意的是關連著船山的生命歷程來了解；
　　　　而基底方面，我們該當扣緊船山所處的『宋明理學』這個氛圍去理解，因爲
　　　　船山是在這個基底下展開其詮釋與批判的工作，進而重建了一套嶄新的儒
　　　　學。」見林安梧《王船山人性史哲學之研究》第6頁。
〔註4〕 之所以採簡略敘述，實乃因爲：學界研究船山學者已多，對於船山的生命存
　　　　在的歷程與背景，早已敘述甚爲整全，實無需筆者多所著墨，虛增篇幅。
〔註5〕 船山其家世，據《薑齋文集・家世節錄》中記載，王氏祖本居太原，於元末
　　　　遷居江蘇高郵者名仲一、仲二、仲三兄弟爲第一代。仲一兄弟曾從朱元璋定
　　　　中原，又從朱棣靖難，以戰功封至衡州的一支，以下六代至王震均世襲爲武
　　　　職。自第七代王夫之高祖王寧（號一山居士）起，「始以文墨教子弟，起家儒
　　　　素。」即以儒家規範的節操和品行自守和要求家人子弟。自王寧子王雍，即
　　　　王夫之曾祖（號靜峰），以「文名著楚南」，應明穆宗朱載垕隆慶四年（1570）
　　　　鄉貢，曾做過縣學諭，任學官，從事教育工作。祖父王少峰（惟敬），「終身
　　　　不見一長吏，亦不徹裾于富貴之門」，唯居家教王夫之父叔誦習。經過幾代人
　　　　的努力，在衡州就「以儒名家」。由於船山之祖父「素不屑治家人產，及大故，
　　　　囊不名一錢」，家勢逐漸衰落，至其父王朝聘則「授徒于衡山」，平時「薄田
　　　　不給饘粥」，「數米指薪」，「食無兼味，飯止一盂」，「家徒壁立」，「葺屋取蔽
　　　　風雨。所居一室，淨几堊壁，蕭然無長物」，王氏雖爲名門，然卻清貧若此。
　　　　王朝聘早歲從學於伍學父，伍學父學宗宋儒張載，對「天人理數財賦兵戎，
　　　　周不貫洽」，「究極天性物理，斟酌古今，以發抒心得之實」，船山於《南窗漫
　　　　記》中曾說伍學父：「縱覽群籍」，爲學綜天文、地紀、人官、物曲、兵農、
　　　　水利之書，以淹貫爲主」，鄒德溥曾說伍學父學行「居敬窮理，實踐虛求，伍
　　　　子一人而已」。王朝聘於國子監學成歸家後，課子授徒，王夫之在〈家世節錄〉
　　　　中記其事說：「先君教兩兄及夫之，以方嚴聞于族黨。……閒坐則舉先正語錄，
　　　　辨析開曉，及本朝沿革，史傳所遺略者，與前輩風軌，下及制藝。」亦於〈經
　　　　義序〉中載曰：「忽念身本經生，十歲受之父。」由於船山學於其父，而其父
　　　　從學於伍學父，是以羅正鈞於〈船山師友記〉中記稱曰：「船山之學，所由本

〔註6〕船山一生名號改易甚多，於中年後別署賣薑翁、一壺道人、一瓠道人、一瓠先生、瓠道人，或雙髻外史，或檮杌外史，晚歲則稱船山老人、船山老夫、船山老農、船山遺老、船山病叟，學者則稱船山先生。〔註7〕晚年隱居於衡陽石船山之湘西草堂，自號船山老農、船山逸老。船山幼年由父兄教讀，十四歲中秀才，崇禎十五年（1642），船山二十四歲，於武昌中鄉試，隨之取道南昌欲赴北京參加會試，然因李自成攻占河南、湖北等地，明廷因之將會試延至崇禎十六年（1643）八月舉行。張獻忠進軍湖南，占領衡州，因慕船山之名而欲招之，船山先藏身於南岳之蓮花峰下的雙髻峰，然因張獻忠軟禁船山之父以脅迫船山，是以船山自戕其身，刺傷面容肢體，又敷以毒藥偽裝重病以拒。

　　崇禎十七年（1644）船山二十六歲，李自成兵破北京，崇禎皇帝自縊而明亡，天下震動。避難於雙髻峰之船山，聞知此訊悲憤不已，作《悲憤詩》一百韻，每每「吟已輒哭」、「草野哀痛，悲長夜之不復旦也」。船山曾上書湖北巡撫章曠，提出聯合南督軍以抗清軍，惜未被採納。後投奔南明永曆政權，為翰林庶吉士，以父喪辭。後二年，至梧州，任永曆政權，行人司行人，因上書彈劾權臣，下獄，後被救出，流亡於湘南郴州一帶，南竄身窯洞，於此時期，船山完成了《周易外傳》與《老子衍》。順治十四年（1657）船山三十九歲，回到南岳雙髻峰的「續夢庵」。順治十七年（1660）船山四十二歲，徙居衡陽，築「敗葉廬」。

也。」由於王朝聘崇尚真知實踐之學，「敦尚踐履，不務頑空」，而船山又於〈顯考武夷府君行狀〉及〈譚太孺人行狀〉中，仍念念不忘父母所言之「行己有本末，以人為本而己為末」為「儒者分內事」，及其母之遺囑：「歸葬先君子岳阡之右，遠離城市穢土，協先君子清泉白石之志」。因此，吾人可知，船山每思「以頸血效嵇侍中濺御衣」並非無緣由的。

〔註6〕據《薑齋文集補遺》卷二〈顯考武夷府君行狀〉，稱船山十世祖名為「全」，九世祖名為「成」。然而《薑齋文集》卷十〈家世節錄〉則稱十世祖名為「成」，而九世祖名為「全」。由於〈行狀〉作於壬戌年，船山時年六十四歲，而〈家世節錄〉則作於順治十二年乙未年，船山年時三十七歲。曾昭旭先生認為當以後出者為正，見曾昭旭《王船山哲學》，第40頁。今筆者依之。

〔註7〕見〈大行府君行述〉、〈莊子通序〉、〈鼓棹集・卷二・女冠子詞序〉、《王之譜。「壺子」之說見於《薑齋文集補遺・卷二・躬圃說》，〈蘇太君孝壽說〉，於〈遣興詩〉頁二中稱「一瓠道人」，《愚鼓詞》中則謂「瓠道人」，於《薑齋文集・卷二・孝烈傳》謂「雙髻外史」。「船山老人」見《六十自定稿》頁21〈梅陰塚〉序。「船山老夫」見〈夕堂永日緒論序〉。「船山老農」見〈說文廣義序〉。「船山遺老」見〈噩夢序〉。「船山病叟」見《識小錄》引。

康熙元年（1662）船山四十四歲，吳三桂殺永曆帝於昆明，船山聞永曆帝死訊，悲痛的第三次續寫《悲憤詩》一百韵於此一時期。康熙二年（1663）船山四十五歲，完成了《尚書引義》。康熙四年（1665）船山四十七歲，修訂完成《讀四書大全說》。康熙八年（1669）船山五十一歲，於敗葉廬附近造築了「觀生居」，題堂聯「六經責我開生面，七尺從天乞活埋」。康熙十二年（1673），船山五十五歲，完成了《禮記章句》初稿。康熙十四年（1675年）秋，船山五十七歲，於觀生居二里外之石船山下築「湘西草堂」，繼續《禮記章句》的整理。康熙十五年（1676）春，船山五十八歲，於湘西草堂撰《周易大象解》，編《薑齋詩編年稿》。夏，渡湘江至衡陽城東訪蒙正發。秋，同去長沙，中秋夜與蒙正發、唐端笏聚于聽月樓。同年，黃宗羲著成《明儒學案》。康熙十六年（1677），船山五十九歲，春，登回雁峰。終成《禮記章句》。康熙十七年（1678），船山六十歲，吳三桂於衡陽稱帝，欲船山作勸進表，然船山謂曰：「我安能作此天不蓋、地不載語耶？」又曰：「我先朝遺臣，誓不出仕，素不畏死，今何用不祥之人，發不祥之語？」因此作〈祓禊賦〉。八月，七歲幼女夭折，作〈梅冢詩〉。同月，吳三桂死。康熙十八年（1679），船山六十一歲，成《莊子通》，六月作序，署名南岳賣薑翁。又始著《四書訓義》。同年，黃宗羲辭拒清廷修《明史》之請，然提供清廷史料，並允其子黃百家與弟子萬斯同去京參與修《明史》。康熙十九年（1680）船山六十二歲，編成《六十自定稿》。康熙二十年（1681），船山六十三歲，撰〈廣哀詩〉，成《相宗絡索》，著《莊子解》。康熙二十一年（1682），船山六十四歲，寫成《說文廣義》、《噩夢》二書。康熙二十五年（1686），船山六十八歲，著成了《周易內傳》及發例。康熙二十六年（1687）船山六十九歲，始著《讀通鑑論》。康熙三十年（1691）船山七十三歲，《讀通鑑論》及《宋論》定稿。康熙三十一年（1692）船山七十四歲，正月，絕食殉國而亡。

以上是船山生命的歷程及其思想發展的脈絡概述。此一詮釋經典的歷程的展現，乃是因為本文各章，所引之船山的文獻，涵蓋了船山一生的著作，因此有必要指出與釐清，那些文獻屬於船山早期作品，那些文獻屬於晚期作品。之所以需指出文獻形成的時代先後，實乃植基於一個實際的問題，那就是思想家的思維，往往有前後期的差異，或甚至矛盾與衝突。吾人若不先釐清文獻所屬的時期，則無法看出思想家思想發展的脈絡，亦無法解決與回答，思想家於發展所可能產生的矛盾衝突與困結。

　　復次，由於本文的論題是：「王船山『兩端而一致』之思維的辯證性及其開展」。此一論題是筆者於通讀《船山全書》之後，所形成的論題、命題。而這也就間接的意味著，此一命題、論題，實通貫著船山一生之思維，而呈顯在船山所有的注疏作品當中。同時，也間接的證明了，船山的思想，並無所謂的前後期的演變與轉變。所有看似前後矛盾、衝突、混漫、不通之文獻，並非船山眞有此毛病，而是讀者未能弄清語言有其脈絡與指涉的理論「層級」與「向度」之不同。〔註8〕植基於這樣的理解之下，筆者將船山學中，前後期的文獻，或看似矛盾的文獻，歸結於同一命題下，以證成筆者的論點，便有其合法性的基礎與依據。同時，也間接的證成了，船山學雖無體系相，卻自成其體系。而其體系，便展現在「理、氣」、「道、器」、「性、命」、「心、性」、「性、情」、「理、欲」、「理、勢」、「天、人」、「物、我」等，各個看似不相關聯、各自獨立、鬆散、無體系相的論題，實有一將之貫串而成體系的方法論，此即是「兩端而一致」。

第二節　研究成果的回顧與反思

　　船山學的開展乃是本於經典的詮釋，而船山對於經典的詮釋則是不離於中國的「註疏傳統」，是隨文解義與詮釋，就其方法論而言之，顯然所謂的詮釋乃是「我」和「六經」的互動，此一互動則是通過「註疏」而呈顯。〔註9〕由於船山學之開展乃是採註疏的方式，因此船山學所呈顯的便不是理論系統的說而

〔註8〕　筆者認爲，讀者之所以未能清楚辨別船山話語意義所屬的理論層級與向度，實是因爲未能了知船山學是一辯證性思維，而以形式邏輯、數理邏輯等分析性的思維與概念來理解船山，當然會認爲船山學語意混亂而散漫。事實上，邏輯亦有不同於形式邏輯、數理邏輯之存在的邏輯。例如，辯證性的邏輯，就是一種存在邏輯。就存在邏輯而言，「A」是可以等於「非A」，如化學中的合成。1＋1可以是1，而人的存在，也可以是1＋1等於3，佛教的「色空不二」即是。這就不同於形式邏輯、數理邏輯中的「A」不等於「非A」、3－1只能是2。

〔註9〕　關於「註疏」一詞於方法論上的意義，林安梧師有著甚爲精闢而獨到的見解，林安梧師說「『註疏』並不同於理論的建構，也不是意見的辯議：註疏乃是一種脈絡的契入及生活的參與。註疏是將自己的生活世界（life world）和經典水乳交融起來的，或者說就將經典視爲一個生活世界。類似這樣的契入及參與，當然不是理論的說，也不是分解的說，或者至少不是體系的說」，第55頁。筆者認爲，吾人若掌握住這個基本的特質，將有助於吾人對於船山學的理解，亦有俾於對中國學問的詮釋方法論的建構。

是隨文解義的說，林安梧師說：「王夫之雖然習於以注疏的方式來發表他的哲學思想，但他顯然是一個體系的哲學家（雖然無體系相），隨處發揮的義理思想都有所本，且能構成一龐大而豐富的體系。但也因爲他的著作是注疏體，因此閱讀起來卷帙浩繁，費時費力，再加上其表達方式及文字性格極爲獨特，是而常使人望之卻步。」〔註10〕曾昭旭先生亦說：「吾人讀船山書，很容易有這樣一個印象，就是船山極少直述義理，大抵都是據經典以引申衍發。尤其是如《尚書引義》、《老子衍》、《莊子通》幾本書，僅從書名就可想見他的著作精神，是既不背原典又不爲原典所限，而顯出一種自我的創造與原典的義蘊間相發明、相通融的特色。他如《周易外傳》、《詩廣傳》、《讀四書大全說》、《讀通鑑論》、《宋論》等，從外、廣、說、論諸字，也可知仍屬這種特色的發揮。其實就是看似傳統式傳注的《周易內傳》、《禮記章句》、《張子正蒙注》、《莊子解》等書，試深究其內容，仍然不是訓詁、史事的說明，而是義理的疏解。當然，前所述的說、論也同樣不是詞章家的抒感而是義理家的引義。這或者就是孔子所謂「述而不作」實即以述爲作之義，也是陸象山「六經注我」實亦同時是我注六經的精神。只是此義到王船山，似乎更屬自覺的表現，因而通貫於船山義理之中而蔚爲船山學的一大特色。」〔註11〕

因此欲理出其思想脈絡，得其學術思想之總綱實屬不易。且船山學不惟卷帙浩繁，其著作常又未署明年月，是以吾人如欲據其著作條理其思想發展及其定論實屬不易，蓋因一位成熟的思想家，其思想必有其發展性及其確立之時，然而其觀念思想發展的歷程爲何？及其所在歷程中所試圖解決的問題及其理論的定論爲何？這都得由其著作的成書先後來呈顯與肯定。如著作的先後年代無法確認，則容易使研究的工作發生幾項的困難，如在面對文獻說法似有矛盾與衝突時，那一種說法才是船山的定論？又此矛盾是否可經由發展的歷程來解消或眞是理論的缺憾，筆者認爲凡此種種皆需由文獻的成書時間來貞定。否則若僅就船山的著作歸納與隨意摘取著作中的枝節，那麼不僅易流於斷章取義無法眞明瞭其思想之全貌，亦無法釐定出其於學術思想史上的貢獻。〔註12〕

〔註10〕見林安梧師《現代儒學論衡》，第 175 頁。

〔註11〕見曾昭旭〈王船山兩端一致論衍義〉，收錄於《王船山學術研討會論文集》，第 109 頁。

〔註12〕林安梧師說：「船山的作品幾乎全是注疏體，但有體系性而無體系相。的確，船山學關連著其信仰的理念及實踐的興趣，他所重的是具體的解悟，即使他

　　目前船山學的研究成果頗為豐碩，上述之研究船山學的困境，所幸在前輩學者的辛勤研究之下，獲得相當程度的解決。在船山學術研究蓬勃發展的今日，吾人綜觀研究進路可約略分為幾個項類：一是對於船山學術全面性的觀照與研究——如張西堂先生的《船山學譜》，及蕭天石先生《船山學術》，和曾昭旭先生之《王船山哲學》，或專就船山之哲學作考察，如馮友蘭《新編中國哲學史》第五冊、勞思光先生《新編中國哲學史》第三冊、張立文先生《正學與開新》、陳贇先生之《回歸眞實的存有》……等。此外尚有對於船山專書的研究如曾春海先生的《王船山易學闡微》，或以船山所提的主張為研究進路如林安梧師《王船山人性史哲學之研究》，或是以船山學中一組核心概念為研究進路如羅光先生《王船山形上學思想》、許冠三先生的《王船山的致知論》、戴景賢先生的《王船山之道器論》，或是以船山學學術方法論為研究對象如杜保瑞《王船山易學與氣論並重的形上學進路》等，而大陸學者從辯證法、歷史哲學、經濟思想、易學方法論……等諸論題，皆不外此項類。〔註 13〕筆者認為這樣的研究成果與向度實不可不謂豐碩與多元。

　　在當代，對於中國哲學思想的研究，其焦點乃著重在如何重新詮釋與建構。學者們普遍的認為必須將傳統中國哲學思維的表述形式與關注的問題及其內涵轉化成為現代的思維與理解的方式，以期能夠於現代再起指導生活、涵養生命的作用，並期能在營養豐厚的傳統中國哲學的土壤中長出符應於現代社會並能有指導作用的現代哲學，能長出承先啓後繼往開來的現代哲學體系。〔註 14〕歷史的研究者除了需恰當的理解研究對象的「實謂」之外，尚需

也有抽象的思辨這樣的文字，但仍宜還原到具體的解悟之上加以理解，這樣我們才能化開船山學中一些糾葛難理的困結。總而言之，筆者一直認為當今中國思想的研究者當具有歷史意識和理論意識，而這二者又當以歷史意識為首，理論意識為次。所謂『歷史意識』重在讓思想歸回歷史的脈絡之中，讓思想開顯其自身。所謂『理論意識』重在從一更高的理論判準來俯視各個思想體系，讓諸思想體系各有其『判教』上的地位。」見林安梧師《現代儒學論衡》，第 200 頁。

〔註13〕林安梧師說：「自清末曾氏廣搜船山遺書彙刻之後，船山學始揚於世。民國以來船山學的研究者雖不絕如縷，但亦不興盛。以目前來講，大陸學者頗重視船山學，但他們是從唯物論的角度去審視它，詮釋它的。港台學者研究船山學，著名的有唐君毅、曾昭旭等先生。」見林安梧師《現代儒學論衡》，第 175 頁，註 8。林師此語乃說於 1985 年，如今又歷 21 年，研究成果之豐又更勝往昔。

〔註14〕傅偉勳先生說：「我們今天的哲學課題是，我們如何現代化地重新建構（reconstruct）與重新建立（reestablish）孟子一系為主的儒家心性論，一方面

進入到研究對象的「意願」、「蘊謂」、「當謂」與「創謂」，並對於研究對象做一批判的反省，方能提昇研究成果的歷史深度，傅偉勳先生認為眞正的詮釋學探討必須永遠帶有辯證開放的學術性格，亦必須不斷吸納適時可行的新觀點、新進路，且又能免於教條框架的侷限，以形成永不枯竭的學術活泉。如依中國傳統學術之詮釋學的兩大進路而言，亦即須不斷地統合「考據之學」（依文解義）與「義理之學」（依義解文），並自我提升爲「批判的繼承」與「創造的發展」之詮釋學成爲「創造的詮釋學」。〔註15〕研究不能僅停留在恢復歷史的原貌（實謂），而需進一步的理解歷史事件在歷史中的地位與意義，這是歷史研究者所應有的認識與態度。〔註16〕

第三節　研究方法的合法性基礎

「方法」，不僅僅只是做爲技術性操作的方式，「方法」也是一種態度，一種對於具體存在之物的適當態度與感知（perceive）能力。對於具體實存之適當的態度，才能有恰當的方法。〔註17〕對於研究對象的恰當態度，才能對

向西方哲學家們展示它在哲理上的強制性與普遍性，另一方面證立它爲倫理道德所由成立的根本哲學奠基理論。」見傅偉勳〈儒家心性論的現代化課題〉，《鵝湖月刊》第十卷第5期，第1頁。

〔註15〕見傅偉勳《從創造的詮釋學到大乘佛學——創造的詮釋學及其應用》，第2～3頁。

〔註16〕林安梧師說：「船山的作品幾乎全是注疏體，但有體系性而無體系相。的確，船山學關連著其信仰的理念及實踐的興趣，他所重的是具體的解悟，即使他也有抽象的思辨這樣的文字，但仍宜還原到具體的解悟之上加以理解，這樣我們才能化開船山學中一些糾葛難理的困結。總而言之，筆者一直認爲當今中國思想的研究者當具有歷史意識和理論意識，而這二者又當以歷史意識爲首，理論意識爲次。所謂『歷史意識』重在讓思想歸回歷史的脈絡之中，讓思想開顯其自身。所謂『理論意識』重在從一更高的理論判準來俯視各個思想體系，讓諸思想體系各有其『判教』上的地位。」見林安梧師《現代儒學論衡》，第200頁。

〔註17〕林安梧師說：「我們說談到一個什麼『方法』的時候，不妨去談它背後的基礎，其實是要注意到這個問題。你怎麼樣養成一個對『存有』的恰當態度，這是很重要的。如果你對整個存在的事物沒有恰當的態度，你是不可能有恰當的方法的，所以我們說『存有』與『方法』的密切關聯性是從『態度』上說，而這態度關聯，更具體一點說，也就是『情境』。在情境上，你如何恰當的通過一個情境的進入而能夠進到那個生活世界，使這個生活世界自己顯現它自己。」見林安培師〈存有、方法與思考〉，《鵝湖月刊》第一八卷第10期，總號第214，第8頁。

於具體實存之物（研究的對象）有感知能力，才能有適當的問題，有適當的問題才能得出相應的答案。〔註18〕因此，研究進路與研究對象的相應與不相應，是研究者於方法論抉擇上必需考慮的首要條件，因爲這關係到研究成果的有效性。而研究進路與研究對象相應與不相應的判準，則植基於方法論上的合法性與周延性；而方法論上的合法性與周延性，則植基於是否能對具體實存之文獻有適當的感知。關於此點，船山認爲「善讀書者，繹其言而展轉反側以繹之，道乃盡，古人之辭乃以無疵。」〔註19〕船山相信透過對於古典文獻的理解與詮釋，能有效的將隱藏的意義揭示出來。〔註20〕所謂的「繹其言而展轉反側以繹之」，其意指扣緊經典，讓經典自己說話以彰顯其自己，進而經由對於經典之「詮釋的轉化」（interpretative transformation）以調適上遂於「道」。〔註21〕這樣的經典詮釋乃是一種立基於經典文獻，而又能超越經典文字之局限的「創造的詮釋」（creative interpretation）活動。〔註22〕只是讀者之

〔註18〕林安梧師說：「問題……答案」這樣的邏輯之呼籲不只是一種學問倫理的要求而已，而是它本身就足以作爲一種方法學。大體說來，它之強調一概念之爲一概念，並不是從這個概念所包括涵蓋的各物所具有的性質抽繹出來，相反的，它往往是緊扣著人這個活生生的實存而有對於各物的存在之探問而來。換句話來說，概念間架之所以成立，它是不脫離主體對於研究對象的探問，並不是研究對象具有什麼性質，而是經由你的探問才使它的意義爲之顯現，我們並不是去模寫研究對象，而是去探問對象，這樣的探問必然的是以整個生活世界作爲其存在的基底，並以此作爲理解的基底，因之而開顯的。見林安梧師《存有、意識與實踐》，臺北，東大圖書，民國82年5月初版，第13頁。

〔註19〕見《尚書引義・泰誓中》，第79頁。

〔註20〕林安梧師說：「船山相信透過學思（理解與詮釋）我們可以深入語言背後的意義底蘊，揭發其義理，並且可以透入古典文獻中，直造乎道，並對其所閱讀的文獻作一『批判的裁成』，所謂『批判的裁成』即經由批判而裁成其文獻，使之通極於道的意心。換言之，船山認爲『理解』乃是一種『知道』或者說『揭發道的過程』，而『詮釋』則是『秉持道所作的批判及裁成活動』。」見林安梧《中國近現代思想觀念史論》，第67頁。林安梧師又說：「筆者認爲研究中國哲學必得通過文獻的理解才不致爽失差謬，而文獻的理解必得先以疏理的方式表達之，然後才能更進一步作理論的建構。」見林安梧《王船山人性史哲學之研究》，第4頁。

〔註21〕林安梧師說：「船山相信透過理解及詮釋的活動我們可以進入語言背後的意義結構之中，並因而自有取擇，以爲批判的準據；而且惟有經由批判之後『道才可能使之復』，換言之，經典的詮釋是要透過批判而達到『道之回復』，而『道之回復』即是『道之開顯』。」見《中國近現代思想觀念史論》，第70〜71頁。

〔註22〕林安梧師說：「創造性的詮釋並不是漫無依歸的臆想，而是以道爲依歸，以道爲判準的。創造性的詮釋其目的則在建立一恰當而嶄新的判準，並以之對經典

所以能理解作者之意欲，其理解基礎爲何？關於此點，在狄爾泰看來，讀者之所以能理解作者的理解基礎，乃植基在人與人之間有著來自於客觀精神的共同性。〔註 23〕此人與人之間的客觀精神的共同性，在中國哲學的傳統中即是「人」。這也就是說雖然讀者是從自身的個體性出發來理解作者，所理解的對象也始終是個別性的東西，但是由於作者與讀者的個體性都是在普遍的人性的基礎上所形成的，這就使得主體間際有著其本質的同一性。此主體間際之本質的同一性，便是理解所以可能的基礎。在中國哲學的傳統中，人性是根源於道，而人生活於道中，「道在人」而「人在道」，主體與主體間在此結構中因之能通而爲一，主體與主體間便有相互理解之可能，故讀者通過理解與詮釋作品以明瞭作者之意欲便有其有效性。〔註 24〕

由於作者的意旨乃是通過語言文字來表達的，因此想要能理解作者的思想，便需通過文本的理解。若依著西方近代語言分析學派的看法，或中國傳統考據學派的看法，語言文字僅止於是表達事物的符號。既然是符號，則有其絕對固定的含意，我們承認這樣的說法，是有其合法的理論基礎。然而我們更同意伽達默爾（Gadamer 1900～）所言的「語言並非只是標誌對象世界的符號系統。語詞並不只是符號，在某種較難理解的意義上說，語詞幾乎就是一種類似於摹本的東西。」〔註 25〕由於認爲語言文字並非只是指涉事物原型的單純符號，而是事物原型的摹本，事物乃是通過語言文字被表達、理解，伽達默爾說：「語言並非只是一種生活在世界上的人類所擁有裝備，相

或歷史事件做一批判，而批判的目的則指向經典的重建（上遂於道的重建）及歷史的實踐（上遂於道的實踐）。這種『上遂於道而且又從道而下及於人間世萬有』的來往過程，於理論的層面即構成所謂的『詮釋的循環』，而實踐的層面即構成『創造的循環』。值得注意的是，詮釋與創造依船山自來是通統爲一的，同樣都是通極於道，立基於人的。在這種『循環』（circle）中，即可凸顯其『兩端而一致』的對比辯證，它不僅是存有的開顯方式，歷史開展的方式，亦是詮釋活動的方式。」見林安梧《中國近現代思想觀念史論》，第 93 頁。

〔註 23〕見狄爾泰〈詮釋學的起源〉，收錄於洪漢鼎主編《理解與詮釋》，第 98～101 頁。

〔註 24〕林安梧師說：「我們展開的理解與詮釋最後是通極於道的，而其理解與詮釋是環繞著『天地人交與爲參贊之場域』而開啓的。這『天地人交與爲參贊之場域』可以是『歷史社會總體』、可以是『生活世界』、可以是『死生幽冥』、『過去、現在、未來』而交與參贊所成者。」見林安梧《儒學革命論》，第 210 頁。

〔註 25〕見〔德〕漢斯‧格奧爾格‧伽達默爾著，洪漢鼎譯，《眞理與方法 —— 哲學詮釋學的基本特徵》上卷，上海譯文出版社，民國 91 年 7 月 1 版 2 刷，第 10 頁。注 2 引德文版第 420 頁。

反，以語言爲基礎、並在語言中得以表現的乃是：人擁有的世界。對於人類來說，世界就是存在於那裏的世界……但世界的這種存在卻是通過語言被把握的。這就是洪堡特從另外角度表述的命題的眞正核心，即語言就是世界觀。」〔註26〕依著伽達默爾這樣的說法，那麼「能夠理解的存在就是語言」這個命題，吾人不能理解爲存在即是語言，而當理解成吾人能只能通過「語言」來理解與把握「存在」。也就是說，所謂的「存在即語言」這個命題，在伽達默爾處仍當是通過語言存在能被把握。伽達默爾說：「它不是指理解者對存在的絕對把握，而是相反，它是指：凡是在某種東西能被我們所產生的東西僅僅能夠被理解的地方，存在才被經驗到」，〔註27〕對於一個從事思想研究的工作者而言，雖然其無法與思想家面對面的交談以獲得正確而具體的理解，然而這個思想家的思維理路與學說能爲後人所知的原因即是其作品。因此作品的理解可說即是思想家的存在被經驗到。如此一來，通過文獻以求理解作者的思想便有其合法性的基礎。

　　然而語言畢竟不直接就是思想本身，語言只是思想表達的形式，而同時又限制著所表達的思想。因此對於文獻的研究，不能只停留在語法學、語義學等語言邏輯之分析，而必須進一步的了解作者的精神世界，站在作者的立場，盡力的把握文本形成時的語言系統、歷史情境、作者的動機目的上來解讀文本，〔註28〕牟宗三先生曾說：「思想家發出這些話，是由他個人生命中發出的一種智慧，所以你要了解這些話，那你的生命中也要有相當的感應才可以。他所發出的這智慧的背景、氣氛，及脈絡，您要懂，這就不是純粹的訓詁便可以了解的。……說到思想問題，便要重概念。若要講古人思想，便不能隨意發揮，這便要了解文句，了解文句，並不是訓詁文句。……若果你對他們的生命沒有感應，又把他們的文化背景抽離掉，而孤立地看這些話，那你便完全不能懂。……不知道他們所說的這些話的社會背景、文化背景是什麼，而只會用些不相干的浮薄觀念去瞎比附，這便是現代人了解古典的一個很大的障礙。」〔註29〕陳寅恪先生亦說：「凡著中國古代哲學史者，其對於古

〔註26〕同前註，注3引德文版第446～447頁。
〔註27〕同前註，第11頁。注1引德文版第2版序言，第XXIII頁。
〔註28〕林安梧師認爲「文獻途徑」實含有三個步驟：一是生命存在的呼應，二是概念的提出，三是問題的掌握。三者是關聯爲一體，而以生命存在的呼應爲最基本。參見林安梧師《存有、意識與實踐》，第10頁。
〔註29〕見牟宗三〈研究中國哲學之文獻途徑〉，見《鵝湖月刊》第121期，第4頁。

人之學說，應具瞭解之同情，方可下筆。蓋古人著書立說，皆有所為而發；故其所處之環境，所受之背景，非完全明瞭，則其學說不易評論。而古代哲學家去今數千年，其時代之真相，極難推知。吾人今日可依據之材料，僅為當時所遺存最小之一部；欲藉此殘餘斷片，以窺測其全部結構，必須備藝術家欣賞古代繪畫雕刻之眼光及精神，然後古人立說之用意與對象，始可以真了解。所謂真了解者，必神游冥想，與立說之古人，處於同一境界，而對於其持論，所以不得不如是之苦心孤詣，表一種之同情。始能批評其學說之是非得失，而無隔閡膚廓之論。」〔註30〕

陳寅恪先生認為詮釋者若不能對古人有著同情的理解，則所做的詮釋難以滌除「以今度古」的疑慮，故陳寅恪說：「著者有意無意之間，往往依其自身所遭際之時代，所居處之環境，所薰染之學說，以推測解釋古人之意志。由此之故，今日之談中國古代哲學者，大抵即談其今日自身之哲學者也；所著之中國哲學史者，即其今日自身之哲學史者也。其言論愈有條理統系，則去古人學說之真相愈遠。」〔註31〕這也就是說，以文獻為研究的途徑並非是只是文字的考據訓詁，其更要求詮釋者需進一步的去理解思想家存在的背景、氣氛、脈絡，了解作者的精神世界，通過站在作者的立場上的「心理移情」的方法與「同情的理解」來解讀文本。讀者在閱讀時，將自己「移入」作者創作時心境與作者的時代精神世界，並暫時的將自己的主體性揚棄，完全是設身處地的站在作者立場上來理解作品。在此同情的理解狀態下，讀者通過作品的語言形式便可重新體驗作者的原意。〔註32〕很顯然的，在陳寅恪先生看來，所謂的客觀性即是讀者的主體性必須被揚棄，如此才能達到對作者原意的客觀認識。

只是此種設身處地式的「文獻途徑」如何可能？詮釋者如何能懂思想家

〔註30〕 見陳寅恪為馮友蘭所著之《中國哲學史》一書所寫的審查報告書；見馮友蘭《中國哲學史》下冊，第 1193 頁。
〔註31〕 見陳寅恪為馮友蘭所著之《中國哲學史》一書所寫的審查報告書；見馮友蘭《中國哲學史》下冊，第 1194 頁。
〔註32〕 故狄爾泰說：「每一行詩都通過那使詩得以產生的體驗的內部關係被復原為生命。存在於精神中的諸多可能性，通過基本理解活動所理解的外部言語被呼喚出來。精神行走在熟悉的道路上，在這條道路上，他以前曾從類似的生命環境出發來享受和遭受、要求活動。無數條道路通往過去也向著未來的幻想開放。無數的思想特徵從被閱讀的語言中涌現出來。」見狄爾泰〈詮釋學的起源〉，收錄於洪漢鼎主編：《理解與詮釋》，第 103 頁。

存在的時空背景、氣氛與脈絡？也就是所謂的「回到過去」如何可能？則是必需進一步說明與回答的。換言之，筆者所欲追問的是，單純的回到過去與立說之古人處同一境界，排除詮釋者自身的時代環境與學問背景是否可能？此種要求徹底排除詮釋主體的主觀性，要求清除一切先入爲主的先見或成見，站在作者的立場以求盡力的把握作者原意，以便客觀準確的揭示文本的原義是否可能？關於此一問題，筆者認爲，任何一個文獻的詮釋者或研究者皆屬於歷史的，永遠處於歷史的流變中而無法置身歷史之外。在黑格爾看來，精神的本質或最高的使命不在於對過去事物的恢復（因爲那是不可能的），而在於通過永遠具有現性性的思維、概念，同過去的事物相中介、相溝通。黑格爾說：「古代藝術作品，現在已缺乏當初由於神靈與英雄的毀滅的悲劇而產生出自身確信來的那股精神力量了。它們現在就是它譬爲我們所看見的那樣，……是已經從樹上摘下來的美麗的果實：一個友好的命運把這些藝術作品傳遞給我們就像一個少女把那些果實呈獻給我們那樣。這裏沒有它們具體存在的眞實生命，沒有長有這些果實的果樹，沒有構成它們的實體的土壤和要素，也沒有決定它們的特性的氣候，更沒有支配它們成長過程的一年四季的變換。同樣，命運把那些古代的藝術品給予我們，但卻沒有把它們的周圍世界，沒有把那些藝術品在其中開花結果的當時倫理生活的春天和夏天一并給予我們，而給予我們的只是對這種現實性的朦朧的回憶。」〔註33〕

　　伽達默爾亦說：「正如所有的修復一樣，鑒於我們存在的歷史性，對原來條件的重建乃是一項無效的工作。被重建的、從疏異化喚回的生命，並不是原來的生命。『即使是』按其古老狀況重新設立的建築物，都不是它們原本所是的東西。」〔註34〕因此，詮釋者在看待文獻時，必然是從已有的現成的歷史處境中去看待文獻。這也就表示，詮釋者必然的從伽達默爾所說的「現在的視域」中去看待文獻。此種「現在的視域」去看待文獻是否就意味著詮釋者是從今人的立場、以現在的標準去看待或衡量古人的人事物呢？這是否就表示著，詮釋者是將今人的觀點強加於歷史的人事物呢？筆者認爲若將「過去的視域」與「現在的視域」割裂開來，認爲「過去的視域」與「現在的視域」是各自孤立，相互隔絕的，那麼詮釋者從現在的視域看過去，的確會產生以今度古，將今人的觀點強加給古人的偏見；以脫離歷史流變的孤立的視

〔註33〕見黑格爾《精神現象學》下卷，第231～232頁。
〔註34〕見伽達默爾《眞理與方法》，第220頁。

域，去從事詮釋活動，的確會產生遠離歷史真相的困境。同樣的，如果割斷歷史，採取孤立的態度，認為存在著與後世隔絕與詮釋者自身世界毫無關係的「過去視域」或「封閉的視域」，這同樣也存在著伽達默爾所說的「魯濱遜的島嶼」，這實亦是一種虛構。在伽達默爾看來，要理解歷史事件的意義，要評論古人或歷史事件，就決不能把過去的視域看成與後世隔絕的一種封閉的、異己的視域，孤立的「現在視域」與孤立的「過去視域」都只能是抽象的，因為，每一個現在都是過去的沉積，而每一個過去都含藏著未來的事物。換言之，今天在場的事物背後隱藏著明天的、未出場的事物；昨天出場的事物背後隱藏著尚未出場的未來事。換言之，伽達默爾認為，存在是歷史性的、連續性的、整體性的，而非斷裂的、孤立的，今必然含藏著古，古必也含藏著未來。在此思維的基礎之下，人絕不能跳過自身生活在其中的歷史，而站在一個孤立絕緣的過去中看待當時的歷史事件；同時過去的歷史事物亦不可能只是過去的歷史事物。植基於此，可知在黑格爾與伽達默爾看來，歷史的研究不僅不應該只是要恢復過去，甚至要想完全恢復過去乃是一件不可能而無效的工作。

　　這也就是說，所謂的回到過去或所謂的設身處地的方法，我們並不能理解為將「現在的視域」與「過去的視域」割裂開來，彼此互為異己而互為孤立。所謂的「回到過去」或「過去的視域」並非是指跳脫現在而孤立地回到過去，其必然帶著經過歷史發展後的觀點去參與過去。因為任何一個詮釋者乃是實存於其文化歷史的脈絡之中無法跳脫，存在自身是歷程的同時也是整體的，每一個存在皆負載和沉積著過去又涵蘊著未來，若借用海德格爾的概念來表示，今天出場的事物背後實隱藏著過去的未出場的事物；而昨天出場的事物其背後亦涵藏著未來的而尚未出場的未來事物。筆者認為所謂的回到過去與設身處地的方法，應當在此種古今視域交融之「大視域」的基礎之下，過去、現在以及未來才有可能相互融通，也唯有如此所謂的今人與古人的對話才有可能，司馬遷於《史記・太史公自序》中所說的「通古今之變」，與船山所說的「因而通之，可以與心理不背」，〔註35〕也只有在這樣的理解基礎之上才有可能，故張世英先生說：「你之為今天的你，是有你的歷史背負的，歷史傳統構成著你，你是隸屬於歷史傳統的，你跳不出或者說不可能跳出歷史傳統而變成一個沒有經歷過後世歷史發展的古人。……其實，我們今天這樣

〔註35〕見《莊子通・序》，第 47 頁。

設身處地想古人之所想的時候已經包含、摻雜了我們作為一個經歷了歷史發展、歷史傳統的今人的觀點、視域在內，你所設想的古人所想已經參與了今的成分。因為很明顯，剛才所說的那些所謂設身處地之所想，已經包含我們今人的評價的成分在內，那都是我們今人從歷史發展的觀點而想到的，都是我們把古與今融通起來，把古與今當作一條統一的連續的發展過程來考慮才想到的。」〔註36〕

　　在此種大視域的思維之下，筆者認為歷史的研究不當只是一修復的工作，而當是一種參與、視域的融合。研究者當參與到歷史傳統中，今人參與到古人的思想中，此即是中國傳統哲學所講的體驗，船山曾說：「設身於古之時勢，為己之所躬逢。研慮於古之謀為，為己之所身任。取古人宗社之安危，代為之憂患，而己之去危以即安者在矣。取古昔民情之利病，代為之斟酌，而今之興利以除害者在矣。得可資，失亦可資也，同可資，異亦可資也。故治之所資，惟在一心，而史特其鑒也。」也就是說所謂的設身處地乃是一種內在體驗的方法，此即是「參與」古人，此種「參與」即是與古人同在，將「自身置入」古人的處境，使現在「內在於」過去，而與過去「同在」。只是此種自身置入於其他處境之設身於古之時以為己之所躬逢的參與，並不是要研究者處於一個與後世隔絕的、孤立的、異己的過去時域或古之時勢之中。所謂的自身之置入，不是丟棄自己，而是研究者必須將自己一起帶到這個處境中。這樣的自身之置入，既不是此個別性移入於彼個別性中，也不是使另一個人受制於我們自己的標準，而是克服了研究者的個別性與他者的個別性，伽達默爾說：「既不是一個個性移入另一個個性中，也不是使另一個人受制於我們自己的標準，而總是意味著向一個更高的普遍性提升，這種普遍性不僅克服了我們自己的個別性，而且也克服了那個他人的個別性。」〔註37〕伽達默爾這裏所說的「更高的普遍性」實際上就是他所說的「大視域」，自身的置入就是把自身置入大視域中，把古今溝通起來，而不是使古與今相互隔絕，彼此異己。〔註38〕此實同於船山之「通古今

〔註36〕見張世英《新哲學講演錄》，第450頁。

〔註37〕見伽達默爾《真理與方法》，第391頁。

〔註38〕此種自身置入的參與內在的體驗，若以具體的經驗比擬之，唯有「作夢」差可比擬。在夢境中，沒有一個夢境是沒有「作夢者」（主體）參與其中，只是參與的身份或有不同，有時是以第一人稱的身份、有時是以第三人稱旁觀者的角色參與之，此皆是自身的置入參與，是一種內在於夢境中的體驗。在此「作夢」的狀態中，「夢境」的形成既不能跳脫參與者的心意識及形成心意識的歷史背景的積累；同時參與者又只能隨順著「夢境」參與其中而不能決定與妨礙夢境

而計之」、「今合往古來今而成純」的歷史觀。因此，理解歷史事件的恰當視域，便是融合古與今、視過去與現在為一體的，有連續性的整體。此一視域是由「過去的視域」與「現在的視域」有機的結合在一起的古今相通的視域，而此即是伽達默爾稱之為「大視域」或「唯一的視域」。〔註39〕在此種古今融合的「大視域」之下，從今看古，便不發生以今人的標準衡量古人之以今度古，強加主觀意志與偏見於歷史的事件上。

　　由於所謂的設身處地的回到過去的「文獻途徑」方法論，就是要求詮釋者不要孤立地站在「現在的視域」或詮釋者「主觀的偏見」中主觀主義地詮釋文獻文本，但也不是說（事實上也不可能）要站在一個沒有現在之孤立的「過去視域」，去詮釋理解文獻，而是要站在古今視域交融通而無偏滯的「大視域」的立場去詮釋文本。筆者認為此種以「天地人交與為參贊的場域」做為一切存有學、知識與實踐的基礎，視死生幽冥、過去、現在、未來皆可通而為一之存有的連續觀與縱貫的歷史脈絡來理解、詮釋文獻，〔註40〕「文獻邐路的方法」，比起以西方哲學理論或概念而不思其文化哲理之脈絡是否能相符應，便強加比附硬套於船山學之上，相信會是較妥適的研究的方法與邐路。〔註41〕而且這也符合船山自身所相信的：通過經典文獻的研究與詮釋才

的發展。換言之，筆者認為伽達默爾所言的「自身之置入」和「參與」的大視域，其既參與而不干涉，既融合而又保有個別性，實有雷同於「作夢」的狀態。所不同的是伽達默爾此說，尚概括了我們平常所說的設身於古人之處境，對古人的思想、意圖具同情的瞭解與認識，且要在更高的普遍性或大視域中看出歷史事物在後世流傳過程中所顯示的歷史意義和歷史效果。

〔註39〕　見伽達默爾《真理與方法》，第391頁。

〔註40〕　參見林安梧《儒學革命論》，第204～211頁。

〔註41〕　曾昭旭先生曾說：「在研究船山的學者，一般都易以『辯證法思想』來概括，大陸學者尤然。這雖然不能算錯，但辯證法是一個非常含混而複雜的概念，尤其不能用所謂正反合來概括。所以，我以為不如放棄將船山義理塞進某一個西方哲學概念或理論中以限定之的做法，而直接用船山自己提出的概念來涵攝。然後，我們當然可以對這名言或概念依船山義理再加以分析、充實、釐訂，以期它能反過來對船山學的諸般材料有更強的詮釋力。我以為這才是一個更切實務本的作法。」見曾昭旭〈王船山兩端一致論衍義〉，收錄於《王船山學術研討會論文集》，第109頁。曾昭旭先生進一步的指出說：「我認為研究中國所有學術，都應當直接就自家的材料抽繹出與其相應的學術概念，以建構出熨貼的學術系統，而不應逕取出於西方文化情境中的西方學術理論來強套。吾人所應取資於西方者只是概念思考能力之啟發，而非可直接襲用西方由概念思考所產生的種種概念與理論。」見曾昭旭〈王船山兩端一致論衍義〉註2；此文收錄於《王船山學術研討會論文集》，第109～114頁。

是通極於道而能揭示道的合法進路。因此，本文研究船山的態度與方法便是依著船山所揭櫫的詮釋態度與方法：通過理解與詮釋船山所遺留的文獻，以求接契於船山，期能展現船山注經的義理思維模式與方法，並期能將船山的義理及其理論體系型態和現代意義揭示出來而使之澄明。這是本論文的研究態度及其進路之擇定的合法性基礎的說明。

第四節　問題的提出

此論文之論題的形成並非是預設的。此論題之所以不是預設的，這是因爲此一論題乃是筆者在通讀船山所遺留之文獻；同時，檢視了當代船山學研究的主要成果之後，對於船山學所形成的理解。此中我們所欲探究的是，令吾人深爲憾動之「六經責我開生面，七尺從天乞活埋」的話語，其所展現的強烈的民族文化道統延續之危機感與開新之使命感，在船山學中是通過何種方法論實踐的完成？船山所展顯的理論思維型態及其體系，在傳統中國思想的歷史發展脈絡中，是否眞能別開生面？此是本論文所關懷的問題核心。

考船山所遺留的文獻可發現，船山通過經典的註疏詮釋，徹底的將宋明儒學中的核心命題，諸如「道、器」、「理、氣」、「體、用」、「能、所」、「知、行」、「理、欲」、「理、勢」、「心、性」、「性、命」、「天、人」、「形上、形下」等重大爭議通過「兩端而一致」的方法，將對比之兩端綰合起來，而由此展開與建構出船山學及其理論體系，〔註42〕今試舉數例以證之，例如：

（1）規於一致而昧於兩行者，庸人也；乘乎兩行而執爲一致者，妄人也。〔註43〕

（2）合者，陰陽之始本一也，而因動靜分而爲兩，迨其成又合陰陽於一也。〔註44〕

〔註42〕參見林安梧《中國近現代思想觀念史論》，第86頁，註39；另可參閱郭齊勇〈尚書引義中關於認識主體和辯證邏輯的思想〉，收入蕭萐父編《王夫之辯證法思想引論》，第350頁。

〔註43〕見《周易外傳》卷七〈雜卦傳〉，第1113頁。船山認爲偏執辯證的統一體而忽略存在具有對比差異性之兩端者即是「庸人」。

〔註44〕見《周易外傳》卷六〈繫辭下傳〉第四章，第1041頁。兩端是由「一」之所分化，而分化之兩端又合爲辯證的統一體。此中，陰陽未分的始本之一，是無分別的純粹之「一」；而合陰陽所成之一則是經迴分化而又辯證的上提爲綜合性的統一體。就理的發展及其層級而言之，此辯證的統一體的形式已非原

（3）惟其本一，故能合；惟其異，故必相須以成而有合。然則感而合者，所以化物之異而適於太和者也。〔註45〕

（4）盈天地之間皆器矣。器有其表者，有其裏者，成表裏之各用，以合用而底於成，則天德之（乾），地德之（坤），非其縕焉者乎？〔註46〕

（5）故合二以一者，既分一爲二之所固有矣。是故（乾）、（坤）與《易》相爲保合而不可破，破而毀，毀而息矣。〔註47〕

（6）陰非陽無以始，而陽藉陰之材以生萬物。形質成而性即麗焉，相配而合，方始而即方生，坤之元所以與乾同也。〔註48〕

（7）獨乾尚不足以始，而必並建以立其大宗，知能同功，而成德業。〔註49〕

（8）如實言之，則太極者，乾坤之合撰。〔註50〕

（9）夫天地之所爲大始者，因是而山澤雷風水火，皆繁然取給於至足之乾坤，以極宇宙之盛，而非有漸次以嚮於備。〔註51〕

（10）乾坤極而正者也，六十二卦不極而亦正者也。何也？皆以其全用而無留無待者並建而捷立者也。〔註52〕

（11）惟其坤並建，六陽六陰各處於至足以諸用。而十二位之半隱而半

初純粹形式的「一」，而是較高級的「一」。故船山說：「道之流行於人也，始終合，中於分，終於合。」見《周易外傳》卷六〈繫辭下傳第四章〉，第1041頁。從純粹的一到辯證性綜合的一，此一歷程即是存在所以發生與發展的歷程，是存在從存有的根源開展爲存有具體實現之歷程。張立文說：這個始——中——終的序列，就是「一」——「兩」——「一」和「合」——「分」——「合」的序列。在這幾個序列中，一與兩、合與分是結合在一起的。見張立文《正學與開新》，第332頁。

〔註45〕見《張子正蒙注》卷九〈可狀篇〉，第365頁。
〔註46〕見《周易外傳》卷五〈繫辭上傳〉第十二章，第1026頁。
〔註47〕見《周易外傳》卷五〈繫辭上傳〉第十二章，第1027頁。
〔註48〕見《船山全書》《周易內傳》卷一，第18頁。陰是保聚原則是質料因，而陽則是創造性的原則是動力因。陽是創造的原則、是實現的原則、是形式因，故謂陰需有陽方能有創造之始。陰是質料因，是具體化的原則，有此質料因形式方能具體化，故船山謂陽亦需有陰以生萬物。有形式亦有質料此即是一具體之物。
〔註49〕見《船山全書》《周易外傳》卷五，第4頁。
〔註50〕見《船山全書》《周易外傳》卷五，第4頁。
〔註51〕見《船山全書》《周易外傳》卷四，第18頁。
〔註52〕見《船山全書》《周易外傳》卷七，第12頁。

見。惟見者爲形象之可用者也。〔註53〕

（12）易之乾坤並建，以顯六畫卦之理。乃能顯者，爻之六陰六陽而爲
十二。所終不能顯者，一卦之中，嚮者背者，六幽六明，而位亦
十二也。〔註54〕

（13）十二者象天十二次之位，爲大圓之體，太極一渾天之全體，見者
半，隱者半，陰陽寓於其位，故斡轉而恆見其六，乾明則坤處於
幽，坤明則乾處於幽。《周易》並列之，示不相離，實則一卦之嚮
背，而乾坤皆在焉。非徒乾坤爲然然，明爲屯蒙，則幽爲鼎革，
無不然也。〔註55〕

（14）無有乾而無坤之一日，無有坤而無乾之一日，無陰陽多紾不足於
至健至順之一日。要所用者，恆以其數位之半，相乘於錯綜而起
化，故氣數有衰王而無成毀，蒸陶運動，以莫與爲終始。古今一
至，而孰有不至者哉。〔註56〕

僅觀上述所引之數文吾人即可知，船山論述事物時一定揭示了二個對比的概
念，並視此對比的概念是彼此互涵互攝，是「彼必涵此，而此必涵彼」。也就
是「兩端」之概念是存在事物的分說，而此分說的兩端是統一於存在的事物
之上，「兩端」是「一致」的「兩端」，而「一致」是「兩端」的「一致」。更
進一步的說，船山學的「兩端而一致」的對比辯證思維模式，一方面既開顯
爲「兩端」，另一方面則又綜合爲「一致」，而開顯的兩端，又有一端是主軸，
這主軸形成了上昇的動力，最後則綜合爲「一致」。〔註57〕這就使得「發生學」
與「存有學」、「抽象的」與「具體的」、「普遍的」與「個別的」、「出場者」

〔註53〕見《船山全書・周易外傳》卷五，第3頁。
〔註54〕見《船山全書・周易外傳發例》，第5頁。
〔註55〕見《船山全書・周易外傳發例》，第6頁。
〔註56〕見《船山全書・周易外傳》卷六，第22頁。
〔註57〕林安梧師明確的指出說：「『兩端而一致』對比辯證的思維模式乃是船山思考的
基本模式，他論略任何一事物時一定設定了兩個範疇，而又說此必含彼，彼必
含此，然後再展開彼此所含的辯證性，而後達到一辯證性之綜合；而且綜合又
不是由正反之對立而辯證之綜合，而是正負兩端而成之辯證之綜合。這樣的辯
證方式一方面保留了『兩端』之各爲『兩端』，一方面則又說明了此『兩端』而
『兩端』，此是『辯證之開展』（Dialectical development），由『兩端』而『一致』，
此是『辯證之綜合』（Dialectical synthesis）；而這是同時進行的，船山所謂『乾
坤並建而捷立』即指此而爲言。辯證之開展與辯證之綜合是同一件事之兩面，
此即『辯證之圓融』。」見林安梧《王船山人性史哲學之研究》，第111頁。

與「未出場者」統一起來，而走出了程朱學與陽明學窠臼的籠罩，透過將「超越的形式理念」與「實體化的主體性」之二端的統一，而將人存在的具體現象性與抽象的超越性統一起來，同時也使得「貞一之理」的形上層與「相乘之機」的作用層達成統一，解決了「一」與「多」、「理」與「事」、「理想」與「現實」因著割裂所形成的對立與矛盾。〔註58〕

就學者主要的研究成果而言，唐君毅先生認為船山言氣，不言一氣之化，而言二氣之化，二氣之德為乾坤，故其講《易》，主乾坤並建，謂太極即陰陽二氣之化之渾合，此又異於先儒二氣原於一氣之說。且氣之動靜、虛實、聚散、幽明，皆相待而不二，故二而一，其一即在其二其兩中見，而船山的道器論，實主道與器為一物之二面，而與一實乃為一兩相成，常變相成。〔註59〕許冠三先生說：「由其模式之基本構造言，夫之「立兩」之說以下五型：（1）就道之體言，……（2）就道之用言，……（3）就心之用言，……（4）就聖賢致知之先例言，……（5）就致知之基本原則言。」〔註60〕在林安梧師的研究中則指出：船山學大體而言有三個面向，一是自然史的哲學，其表現為「理氣合一論」；一是歷史人性學，其表現為「理欲合一論」；一是人性史的哲學，其表現為「理勢合一論」，此三者則可統名之為「人性史的哲學」。而所謂的「人性史哲學」則是人與歷史、人與生活世界乃是一相互詮釋相互創造的互動循環的關係，歷史與世界乃是由具有人性身份的人所開發、參與而成之為歷史，人性之為人性乃是經由歷史來詮釋，在此相互主體性之相互詮釋與創造中，人與歷史、人與生活世界、人與天、人與人、人與物等兩端便辯證的綜合而成為一個整體。此一思維，若用船山自己的話，即是「兩端而一致」的思維，〔註61〕林安梧師說：「『兩端而一致』的對比辯證思維模式，它不但是道（存有）開展的韻律，而且也是歷史進展的韻律，亦是具有人性身分的人、具有詮釋能力的人展開其詮釋活動的思維方式。「道」（存有）、「歷史」與「人之詮釋」終其極是通貫為一的，存有學、歷史學及詮釋學是通貫為一的。」〔註62〕

此「兩端而一致」的思維，雖首見於船山《老子衍》，其義則於《張子正

〔註58〕 參見林安梧《中國近現代思想觀念史論》，第14～25頁。
〔註59〕 見唐君毅《中國哲學原論・原教篇》，第515～540頁。
〔註60〕 見許冠三《王船山的致知論》，第69頁～70頁。
〔註61〕 見林安梧《王船山人性史哲學之研究》，第19頁；林安梧：〈重返王船山：以「理欲合一論」為核心的展開〉，收錄於《王船山學術研討會論文集》，第156頁。
〔註62〕 見林安梧《中國近現代思想觀念史論》，第91頁。

蒙注》、《周易內傳》、《周易外傳》等書中多所發揮，但此一思維實貫通整個船山學中。〔註 63〕曾昭旭先生亦認爲「兩端而一致」之概念，貫通整個船山學，〔註 64〕曾先生將「兩端而一致」之意義劃分爲「本體宇宙論意義」、「工夫論意義」、「教化意義」與「學術意思」等四大類。〔註 65〕很顯然的，不論從船山所遺留的文獻來看，或從前輩學者的研究成果而言之，皆指向貫通整個船山學的核心範疇，乃是「兩端而一致」。雖然「兩端而一致」的思維貫通著整個船山學，然而在目前的研究成果之中卻只有唐君毅、曾昭旭與林安梧師等三先生曾正視並指出船山的存有學、歷史學與詮釋學是在「兩端而一致」的思維模式之下開展，而且此對比辯證性思維，正是船山學所以能別開生面的方法論。可惜除了曾昭旭與林安梧師等二先生曾爲文，將此把握船山學的入路指出，並擘劃出理解與詮釋的規模之外。至今尚未有研究工作者在此基礎上，進一步的勾勒出「兩端而一致」之對比辯證性思維，所使用的論域、層次，及其理論的意義，此不僅甚爲可惜，同時亦是研究船山學一重大的缺憾。因爲，思想家自身的思維方法，實即是研究一位思想家思想體系最核心的關鍵。任何忽略思想家自身的思維方法論的研究工作及其成果皆無法眞確的理解與掌握思想家的學說及其理論深意。植基於此，筆者便擬在唐君毅、曾昭旭、林安梧師等三先生所建立基礎之上，進一步描繪出船山學「兩端而一致」之對比辯證性思維的理論確義及其使用的論域和層次，並將之與宋明儒者對比，以呈顯出船山學的理論思維在思想史上的地位及其意義。

〔註 63〕林安梧師說：「『兩端而一致』對比辯證的思維模式乃是船山思考的基本模式，他論略任何一事物時一定設定了兩個範疇，而又說此必含彼，彼必含此，然後再展開彼此所含的辯證性，而後達到一辯證性之綜合；而且綜合又不是由正反之對立而辯證之綜合，而是正負兩端而成之辯證之綜合。這樣的辯證方式一方面保留了『兩端』之各爲『兩端』，一方面則又說明了此『兩端』而『兩端』，此是『辯證之開展』（Dialectical development），由『兩端』而『一致』此是『辯證之綜合』（Dialectical synthesits）；而這是同時進行的，船山所謂『乾坤並建而捷立』即指此兩者而言。辯證之開展與辯證之綜合是同一件事之兩面，此即『辯證之圓融』。」見林安梧：〈重返王船山：以「理欲合一論」爲核心的展開〉，收錄於《王船山學術研討會論文集》，第 159～160 頁。

〔註 64〕曾昭旭先生說：「由船山自己提出來的，足以貫通整體船山學的概念，就是『兩端一致』。由此引申發展建構而成的理論也即可稱爲『兩端一致』。」見曾昭旭〈王船山兩端一致論衍義〉，收錄於《王船山學術研討會論文集》，第 109 頁。

〔註 65〕見曾昭旭〈王船山兩端一致論衍義〉，收錄於《王船山學術研討會論文集》，第 109 頁。

第二章 「理」與「氣」：存在的 「精神性」與「物質性」

　　船山學重「氣」是學界的共識，然而關於船山之「氣」概念其內容爲何，學界卻無一致的看法，要歸約有下列幾項主張，有主張船山的氣概念乃是物質性的如侯外廬先生主編的《中國思想通史》，任繼愈先生主編的《中國哲學史》，肖萐父、李錦全等二先生主編的《中國哲學史》；李志林於《氣論與傳統思惟方式》中更直接主張船山所言的氣乃是唯一物質實體。此外，亦有主張船山「氣」概念並非是獨立存在的概念而是建立在與「理」概念的關係之上，認爲「理」與「氣」的關係是一般與特殊的關係，如馮友蘭先生之《中國哲學史新編》。也有學者認爲船山是取實在論的立場來言氣，如勞思光先生之《新編中國哲學史》。

　　亦有學者認爲船山的氣概念是屬於辯證結構的，如林安梧《王船山人性史哲學之研究》一書。而張立文先生於《正學與開新——王船山哲學思想》一書中認爲在船山處，氣是宇宙萬物的根源，而氣自身的結構則是辯證結構。天地間萬物之所以存在以及存在的形式，都是氣所給予的。氣所生化的萬有世界，雖都實存，但有虛、實之別。而所謂的虛實則是指的不同狀態，虛是指氣的本然狀態也就是指氣之未凝結、聚合的狀態，或是萬物離散的形態，這樣的氣又稱爲本體之氣或本然之氣。而實則是指涉已凝結、聚合的氣，它是一種有形有象的存在形態。〔註 1〕張立文先生又說：「如果說道與器是指事物實體、普遍法則和具體事物、特殊法則而言的話，那麼，理與氣就是指事

─────────────────
〔註 1〕 見張立文《正學與開新》〈船山哲學的邏輯結構〉，第 118 頁。

物實體和它的固有法則而言。」﹝註2﹞很清楚的張立文認為在理與氣的關係之中，氣是具體之存在，而理則是事物的固有法則，是氣固有的條理，理與氣是辯證的統一結構。

　　然而林安梧師指出：「『理與氣』的結構乃是對比辯證性且相涵而為一的結構。」﹝註3﹞林安梧師更進一步的指出，船山則是一「典範轉移」的人物，船山將「氣」提到「本體」的地位，此更進於濂溪、橫渠。由於言心言理皆不離氣，船山特以「氣」為首出，則氣之作為「本體」而實是一「辯證之綜合的概念」。﹝註4﹞曾昭旭先生亦主張船山是即氣以言體，「氣」概念是本體義。﹝註5﹞而張立文先生所主張的辯證結構是「氣」自身內在有二種對立差異矛盾之「陰氣」與「陽氣」辯證和諧的統一而形成不同之二氣之「氣」的概念。張立文先生認為在船山處，氣的終極存有形態是太虛和合之氣，此太虛和合之氣，乃是陰陽二氣絪縕和合而成。陰與陽在先秦時期並未以之為氣而是指

﹝註2﹞　見張立文《宋明理學研究》，第578頁。
﹝註3﹞　見林安梧《王船山人性史哲學之研究》，第106頁。進一步的推言，「理」與「氣」的關係，吾人可說，就存在的形式與內容而言，氣是就存在具體落實時的形式而言，而理則是就具體存在的內容屬性而言。若以潛能與實踐這兩個概念來說明時，則理是潛能而氣是實現。潛能是實現之潛能，也就是實現的屬性；而實現則是潛能之實現，也就是潛能之具體化，此潛能與實現並非是先後的而是共時共構的，如此一來船山就解決了理與氣如何統一與同一的問題。若以「精神」與「物質」兩個概念來言說，船山這樣的提法其實也解決了精神與物質矛盾衝突的問題。此外吾人欲說的是不僅理與氣的關係是如此，就是氣自身亦復對立面的統一，所謂的太和絪縕之氣即是陰陽等對比而立之二氣所形成之統一，此統一並非是同一性的統一，而是差異性的統一，此差異性的統一亦非以單純的結合此對比差異之兩方而形成的統一，而是以互涵互孕的方式來達成差異性之和諧的統一，也就是說這樣的統一並非是抹殺特殊性、個別性以求統一，而是保留了差異性所取得的高度統一。也因為統一體之中保有差異性，故有了內在的運行變化的動力因，而成為事物發展之所以可能的依據。筆者認為船山此處所展現的思想與黑格爾所言之事物自身皆含有其對立面，有相似之處。只是船山與黑格爾不同的是，在黑格爾處，對立面乃是指否定性的因素，也就是說在黑格爾「即自」(正立)之概念必有一對立概念「對自」(反立)在對立的關係中否定「即自」概念。而船山的對立是對比而顯的差異性，而非否定。而同的是「對立」與「矛盾」是事物所以能發展的根源性因素。
﹝註4﹞　見林安梧《王船山人性史哲學之研究》，第14頁，註20。
﹝註5﹞　曾昭旭先生說：「船山之言氣，則背後有此一大串天、誠、神、道、中、理、性、心、仁、敬等等義理為其本，亦即有全盤之儒學乃至佛道之學為其根柢，以直貫於氣，並提挈此氣而言體者。」見曾昭旭《王船山哲學》，第329頁。

攝正反對立面不同的向度，此處船山直以陽與陰爲氣，並以此二氣之和合即是爲太虛和合之氣。〔註6〕是以筆者認爲就張立文先生所理解的船山學之「太虛和合之氣」乃是對立之二氣的統一體，是兩種不同質性之氣所和合而成者。

此外亦有學者主張氣爲本體而理爲功能，如蒙培元先生於《理學範疇系統》中認爲船山的理氣論乃徹底的改造程朱學的理氣論，提出了以氣爲本體，理爲功能的理氣一元論。船山不僅堅持理者氣之理，不離氣而存在，另方面又強調理作爲模式，代表事物發展的規律，並對事物起了「主持調劑」的作用，辯證的解決了理氣關係問題。〔註7〕蒙培元先生明確的指出氣的地位乃是宇宙萬有形成的根據，然而關於什麼是氣，蒙先生仍未做出具體而明確的說明。然而唐君毅先生主張船山的哲學思想，是取客觀現實的宇宙論之進路，初非心性論之進路，故特取橫渠之言氣，而去橫渠太虛之義。彼以氣爲實，頗似漢儒。然船山言氣復重理，其理仍爲氣之主，則近于宋儒，而異于漢儒。惟其所謂理雖爲氣之主，謂離氣無理，謂理爲氣之理，則同于明儒。〔註8〕於此可知，學界所具的共識乃在船山重「氣」，然而卻對於船山學中「氣」概念的內涵義並無定論。然而在船山學中，「氣」概念是核心的範疇，其「自然」、「人性」、「歷史」等三大論述向度，皆通過「氣」來詮釋建構。因此，吾人認爲實有必要先釐清船山學中「氣」概念的內容屬性，方能正確的展開船山學的詮釋。

第一節　「氣」的本體化與上提

關於宇宙存在的第一因及宇宙萬有存在的內容與本質爲何，儒釋道三家的理解是不同的，道家認爲宇宙是由「道」所創生的，佛教則主張世界是因緣合和而成是無自性，事物形成之條件一旦消失或不具全時，事物必然壞毀，因此世界的本質是虛妄不眞，並無所謂的第一因義的造物主，一切皆是業力之所造。面對佛教與道家這樣存有的觀點，船山認爲虛空之中並非是空無一物，而是有氣充周其間以做爲現實具體存在的基礎。船山曰：

（1）健者，氣之健；順者，氣之順也。天人之蘊，一氣而已。〔註9〕

（2）虛空者，氣之量；氣彌綸無涯而希微不形，則人見虛而不見氣。

〔註6〕參見張立文先生《正學與開新——王船山哲學思想》，第94頁。
〔註7〕見蒙培元《理學範疇系統》，第28頁。
〔註8〕見唐君毅《中國哲學原論・原教篇》，第516頁。
〔註9〕見《讀四書大全說》卷十〈孟子・告子上〉，第1052頁。

凡虛空皆氣也。〔註10〕

（3）陰陽二氣充滿太虛，此外更無他物，亦無間隙，天之象，地之形，皆其所範圍也。〔註11〕

（4）人之所見爲太虛者，氣也，非虛也。虛涵氣，氣充虛，無有所謂無者。〔註12〕

（5）太虛即氣，絪縕之本體，陰陽合於太和。雖其實氣也，而未可名之爲氣。〔註13〕

（6）絪縕，太和未分之本然。〔註14〕

（7）陰陽未分，二氣合一，絪縕太和之眞體。〔註15〕

（8）絪縕太和，合於一氣，而陰陽之體具於中矣。〔註16〕

（9）絪縕不息，爲敦化之本。〔註17〕

（10）太虛之爲體，氣也。氣未成象，人見其虛，充周無閒者皆氣也。
〔註18〕

（11）陰與陽和，氣與神和，是謂太和。〔註19〕

（12）言太和絪縕爲太虛，以有體無形爲性，可以資廣生大生而無所倚，道之本體也。二氣之動，交感而生，凝滯而成物我之萬象，雖即太和不容己之大用，而與本體之虛湛異矣。〔註20〕

（13）太極者其大而無尚之辭。「極」至也，語道至此而盡也。其實陰陽之渾合者而已，而不可名之爲陰陽，則但贊其極至而無以加，曰太極。〔註21〕

（14）陰陽，無始者也，太極非孤立於陰陽之上者也。〔註22〕

〔註10〕見《張子正蒙注》卷一〈太和篇〉，第23頁。
〔註11〕見《張子正蒙注》卷一〈太和篇〉，第26頁。
〔註12〕見《張子正蒙注》卷一〈太和篇〉，第20頁。
〔註13〕見《張子正蒙注》卷一〈太和篇〉，第32頁。
〔註14〕見《張子正蒙注》卷一〈太和篇〉，第15頁。
〔註15〕見《張子正蒙注・太和篇》，第35頁。
〔註16〕見《張子正蒙注・太和篇》，第46頁。
〔註17〕見《張子正蒙注》卷二〈神化篇〉，第76頁。
〔註18〕見《張子正蒙注・太和篇》，第23頁。
〔註19〕見《張子正蒙注》卷一〈太和篇〉，第34頁。
〔註20〕見《張子正蒙注》卷一〈太和篇〉，第40～41頁。
〔註21〕見《周易內傳》卷五下〈繫辭上傳〉第十一章，第561頁。
〔註22〕見《周易內傳》卷五下〈繫辭上傳〉第十一章，第562頁。

（15）陰陽之本體，絪縕相得，合同而化，充塞於兩間，此所謂太極也，
　　　張子謂之「太和」。〔註23〕

（16）《易》之爲道，乾、坤而已，乾六陽以成健，坤六陰以成順，而陰
　　　陽相摩，則生六子以生五十六卦，皆動之不容已者，或聚或散，
　　　或出或入，錯綜變化，要以動靜夫陰陽。而陰陽一太極之實體，
　　　惟其富有充滿於虛空，故變化日新。〔註24〕

（17）太極之在兩間，無初無終而不可間也，無彼無此而不可破也，自
　　　大至細而象皆其象，自一而萬而數皆其數。故空不流而實不窒，
　　　靈不私而頑不遺，亦靜不先而動不後矣。……要此太極者混淪皆
　　　備，不可析也，不可聚也。〔註25〕

（1）、（2）、（3）、（4）等四則說，由於「氣」之質性是希微無形，是人的視
覺感官所無法見到的。因此，無盡的虛空之中看似空無一物，但其實有「氣」
普遍存在於虛空之中，並非一無所有。由於盡虛空滿太虛一皆是陰陽二氣，
故說「虛涵氣」而「氣虛」。（5）、（6）、（7）、（8）、（9）、（10）、（11）、（12）
等八則謂「太虛」即是「太和絪縕」。此中「太和」是「陰與陽和」、「氣與神
和」；「絪縕」則是氣之混然未分陰陽之存有狀態。「氣」是指太虛之體存在的
具體形質，而「神」即指太虛之妙化無形，這是指「太虛」自身即爲創造性
自己，是萬有存在的所以然之根據。故知「太虛之體」自身是即存有即活動，
其活動即創造。關聯著（5）則所說的「太虛即氣」來看則知，從存有論而言，
「氣」是存在的第一因，「氣」是首出的，〔註26〕故林安梧師指出說：「作爲

〔註23〕見《周易內傳》卷五下〈繫辭上傳〉第十一章，第561頁。
〔註24〕見《張子正蒙注》卷一〈太和篇〉，第23～24頁。
〔註25〕見《周易內傳》卷五下〈繫辭上傳〉第九章，第1016頁。
〔註26〕周芳敏說：「透過對認識進路、存在本體及道德根源三向範疇的檢索，以『氣
　　　　本』識解船山學之理論困境固已極爲昭然。未能界定目標意旨，而遽以之
　　　　分派學術，恐將造成目標及所指的雙重陷落。以『氣本』詮說船山，既無
　　　　視於船山雙面進逼、一致兩端的工夫進路，也忽略了『理與氣相互爲體』
　　　　在船山思想體系中的重要性。」見周芳敏《王船山「體用相涵」思想之義
　　　　蘊及其開展》，第128頁。筆者認爲周氏此說不確。因爲在船山學中「氣」
　　　　是「理氣」對比辯證性當構的統一體。「理與氣相與爲體」是在「氣」概念
　　　　下之兩端分說的端體，「理」是指的運行軌約之體，而「氣」則指顯體、體
　　　　現之體。「理」與「氣」是辯證性的統一於「氣」。也就是說「氣」是指具
　　　　體的存在，而「理」與「氣」則指存在的二種質性與向度。而「理氣相與
　　　　爲體」則指此二質性是辯證的結構。在「理」是「氣」之「理」，而「氣」

本體意義的『氣』是理氣二者辯證之綜合（Dialectical synthesis），是一『對比於心、物，理、氣二端而成的一個辯證性概念』，那我們便可清楚的斷定就本體之未開展時的狀態而說『理氣合一』是截然無疑的，而此時的『合一』則仍以『氣』為首出而談其辯證的合一。由於本體論上理氣是合一的，則本體之體的氣所開展為個體的氣當然即隱含著理在。」〔註27〕又說：「就本體論之意義層面而言，氣是首出的。」〔註28〕

　　而（13）、（14）、（15）、（16）、（17）、（18）等六則指出，氣的創造是通過陰陽交感、相互摩蕩、錯綜變化合和之作用而有聚散的變化運動。具體的萬有，在氣的聚散活動中為之形構產出，〔註29〕船山說：

（1）虛者，太虛之量；實者，氣之充周。升降飛揚而無間隙，則有動者以流行，則有靜者以凝止。〔註30〕

（2）聚則見有，散則疑無，既聚而成形象，則才質性情各依其類。〔註31〕

（3）氣之聚散，物之死生，出而來，入而往，皆理勢之自然，不能已止者也。

（4）散而歸於太虛，復其絪縕之本體，非消滅也。聚〔而〕為庶物之生，自絪縕之常性，非幻成也。〔註32〕

是「理」之「氣」的辯證性架構之下，說「理」由「氣」顯，「氣」依「理」行。故以「氣」為本為首出，並無礙其作為存在精神性、道德性、價值的根源性之存在，因「理」是氣之理。筆者認為周氏以「道德本體及價值根源結穴於性理」而反對以「氣為本」，反對視船山學為氣本論，認為以氣本論言船山學者，實身陷雙重陷落之困境。顯然是因為周氏未能了「氣」概念在船山學那裏不只是「物質性的」同時也是「精神性的」。「氣」是「存在的物質性」與「存在的精神性」，此二者的辯證性的統一。「氣」是辯證性的而非只是物質性的同時也具精神性的，在唐君毅、蔡仁厚、曾昭旭、林安梧諸先生的研究中早已指出，學者宜參看之，以避免落於偏於物質性的或偏於精神性之偏見，或疑船山為理氣二元論者，此皆是不知船山學中「兩端而一致」的詮釋方法與立論精神。

〔註27〕見林安梧《王船山人性史哲學之研究》，第 101 頁。
〔註28〕見林安梧《王船山人性史哲學之研究》，第 101 頁。
〔註29〕船山說：「故言不言，行不行，動靜互涵，以為萬變之宗。」見《周易外傳》卷上〈震〉，第 949 頁。
〔註30〕見《張子正蒙注》卷一〈太和篇〉，第 27 頁。
〔註31〕見《張子正蒙注》卷一〈太和篇〉，第 19 頁。
〔註32〕見《張子正蒙注》卷一〈太和篇〉，第 19 頁。

（5）陰感於陽而形乃成，陽感於陰而象乃著。遇者，類相遇；陰與陰遇，形乃滋，陽與陽遇，象乃明。感遇則聚，聚已必散，皆升降飛揚之理勢。〔註33〕

（6）陰錯陽，陽錯陰，變之二象也。陰陽之種性分，而合同於太極者，以時而爲通爲變，人得而著其象，四者具矣，體之所以互成，用之所以交得。〔註34〕

（1）與（2）等兩則，說「氣」之存在有「動」有「靜」，所謂的「動」即說「氣」的流行，而所謂的「靜」即是「氣」的凝聚。「氣」之凝聚即成形成象，此謂之「有」；「氣」之流行即升降飛揚充周無形，此謂之「無」。而（3）、（4）、（5）、（6）等四則，說「氣」之凝聚之有形有象即是萬物之生；而「氣」之散則是萬物歸復爲原初的存有狀態。萬物的「生死」，實即是「氣」之聚散。換言之，在船山看來，萬有的生與死，實只是「氣」之存在的不同狀態，並非是存在與不存在。而船山之所以這麼說，實乃植基於萬有的存在是由「氣」所形構，「氣」之存在只有「聚」與「散」，「有形」與「無形」，並無所謂的消滅。「氣」之聚，即是「氣」從無限普遍性的存在狀態，歸復爲無限普遍性的狀態。換言之，「氣」之「聚」與「散」，萬有的生與死，只是存在的「無限普遍性」與「特殊有限性」之兩種狀態的轉變，故船山有萬物「死而不亡」之說。

第二節　「氣」是「物質」與「精神」之辯證性的綜合

「氣」爲形構宇宙萬有的第一因，這只能表示船山認爲：「氣」在自然世界中是居於首出的位置，但這尚不足以指稱船山是「唯物論」者，因爲在船山學那裏，「氣」並非只是純粹物質性的概念，「氣」是「理」與「氣」之辯證性統一的綜合性概念，「理」與「氣」是統一於「氣」概念，「理」指著「氣」的道德性、精神性的向度，而「氣」則指向「氣」的物質性向度，此二端是辯證的統一於「氣」，船山說：

（1）以天爲理，而天固非離乎氣而得名者也，即理即氣之理，而後天爲理之義始成。浸其不然，而舍氣言理，則不得以天爲理矣。何

〔註33〕見《張子正蒙注》卷一〈太和篇〉，第 28 頁。
〔註34〕見《周易內傳》卷五〈繫辭上傳〉，第 562 頁。

也？天者，固積氣者也。〔註35〕

（2）言氣即離理不得。〔註36〕

（3）凡言理者有二，一則天地萬物已然之條理，一則健順五常、天以命人而人受爲性之至理，二者皆全乎天之事。〔註37〕

（4）萬物皆有固然之用，萬事皆有當然之則，所謂理也。〔註38〕

（5）理者，天所昭著之秩序也。時以通乎變化，義以貞其大常，風雨露雷無一成之期，而寒暑生殺終於大信。〔註39〕

（6）理本非一成可執之物，不可得而見；氣之條緒節文，乃理之可見者也。故其始之有理，即於氣上見理。〔註40〕

（7）理只在氣上見，其一陰一陽，多少分合，主持調劑者即理也。〔註41〕

（8）天以其陰陽五行之氣生人，理即寓焉而凝之爲性。故有聲色臭味以厚其生，有仁義禮智以正其德，莫非理之所宜。〔註42〕

（9）天以陰陽、五行爲生人之撰，而以元、亨、利、貞爲生人之資。元、亨、利、貞之理，人得之以爲仁義禮智；元、亨、利、貞之用，則以使人口知味，目辨色，耳察聲，鼻喻臭，四肢順其所安，而後天之於人乃以成其元、亨、利、貞之德。〔註43〕

（1）與（2）等兩則，其在說「氣」不能離「理」，而言「理」不能捨「氣」，「理氣不離」是建立在「理」即是「氣之理」，而「氣」即是「理之氣」。這就是表示在船山學中，「理」與「氣」的結構，是「此即彼而彼即此」的辯證性結構，而有別於程朱學之「理」自是「理」而「氣」自是「氣」。在程朱學那裏，「理」是形而上的存在，「氣」是形而下的存在，形上與形下的統一，只能在現象界具體之存有處上說，而不能在超越的存有層上說。在船山這裏，由於「理」與「氣」是辯證性的結構，「理」與「氣」的分別，只是「氣」之內容的二種向度之分別

〔註35〕見《讀四書大全說》卷十〈孟子・盡心上〉，第1109～1110頁。
〔註36〕見《讀四書大全說》卷十〈孟子・盡心上〉，第1114頁。
〔註37〕見《讀四書大全說》卷五〈論語・泰伯上〉，第716頁。
〔註38〕見《四書訓義》卷八〈誠明篇〉，第136頁。
〔註39〕見《張子正蒙注》卷三〈誠明篇〉，第136頁。
〔註40〕見《讀四書大全說》卷九〈孟子・離婁上〉，第992頁。
〔註41〕見《讀四書大全說》卷五〈論語・子罕〉，第727頁。
〔註42〕見《張子正蒙注》卷三〈誠明篇〉，第121頁。
〔註43〕見《讀四書大全說》卷十〈孟子・盡心下〉，第1137～1138頁。

說，就具體的存在實況而言，「理氣不離」之說，是在建立在「理」爲「氣之理」
而「氣」爲「理之氣」的基礎之上。這是船山學與程朱學不同之處。（3）、（4）、
（5）、（6）等四則指出，所謂的「理」涵具著二種意義：其一是「條理義」，其
二是「性理義」。從自然的世界的觀點來看，關聯著（4）、（5）、（6）等三則來
說，「理」是「氣」上所見之「理」，是「天所昭著之秩序」，是「氣的條緒節文」，
是「萬有的當然之則」。這是靜態的說，「理」是「氣」之內在的軌約性法則；
關聯著（7）則來說，則「理」需在「氣上見」，「理」是「氣」之「主持調劑者」，
這是動態的說「理」爲「主宰之理」，這是從具體實存處上說。

　　若關聯著（8）與（9）等二則來說，「理」是「性理」是人性之「仁、
義、禮、智」，此「仁、義、禮、智」即是天道之「元、亨、利、貞」之理。
天道之「元、亨、利、貞」主持分劑著宇宙秩序，使事物有其條緒節文，這
是從天處上立說；而人性之「仁、義、禮、智」，則調劑著人的「耳、目、
口、鼻」等感官知覺嗜欲，使聲色臭味之需求合於禮分，這是從人處上立說。
然而天道的法則與人道的道德理性之法則，因著根源的同一性而得其本質的
同一性。此同一性如卡爾納普於《世界的邏輯結構》中所說的：「我們稱同
一世界線上的兩個世界點是生成同一的；同樣地，同一事物的兩個狀態也是
生成同一的。」〔註44〕如此，宇宙秩序即是道德秩序，宇宙法則即是道德
法則。〔註45〕在此思維的基礎之下，說理爲氣之理，而氣爲理之氣，由於
「理」不僅具「物理義」，同時亦具「道德義」與「價值義」。故知，氣不只
是物質之氣，其同時亦復具有價值性與精神性。因此，「氣」亦可說是精神
之氣，〔註46〕「氣」實即是一「理」與「氣」對比辯證性的綜合概念，而
不能單純的將之視爲「唯物論」或「物質性」，〔註47〕故林安梧師指出說：

〔註44〕卡爾納普說：「Two world points of the same world line, we call genidentical；
likewise, two states of the same thing.」 Carnap, *The Logical Structure of the
World*, 199.

〔註45〕林安梧師說：「值得注意的是，船山所說的理氣兩端則又以氣這端爲核心，船
山將之上提而爲理氣二端辯證之綜合，並以倫理性的語詞賦給這本體之體的
氣一倫理味（價值意味或道德意味），如此一來自然世界和人文世界打成一片
矣。」見林安梧《王船山人性史哲學之研究》，第105頁。

〔註46〕蔡仁厚先生說：「船山則在言理言心之外，又重言氣。氣有物質生命之氣，也
有精神之氣。精神之氣能兼合運用物質與生命之氣，所以言氣者必當以精神
上之氣爲主。」見蔡仁厚〈從「理、心、氣」的義蘊看船山思想之特色〉，第
105頁，收錄於《王船山學術研討會論文集》，第101～108頁。

〔註47〕於此筆者欲進一步指出的是，「氣」是否只能是物質義，或一言氣就得歸於唯

「『氣』不祇是『物質性』的概念，它兼具有『精神性』或『倫理性』的意義，而且它是具有辯證發展能力的本體。換言之，船山這裏所說的『氣』不可以精神或物質來強爲依歸，氣乃是隱含了精神及物質兩端依倚而相互辯證之概念。」〔註48〕曾昭旭先生亦說：「故吾人看船山之重言氣，決不可誤解之爲『只是氣』，而當正解之爲『亦是氣』，『只是氣』便是唯物論（「唯」即是「只」義），『亦是氣』則即氣以顯體。……再進言之，儒學之基本態度原即是『全體肯定』者，故於本體之指點，當說之爲：亦是天，亦是誠、亦是神、亦是道、亦是中、亦是知、亦是理、亦是氣、亦是性、亦是心、亦是仁、亦是敬、亦是奧、亦是創生、亦是存有，……而此許多『亦是』則實仍是一。」〔註49〕

在「氣」爲「理氣」辯證的關係結構之下，若以亞里士多德的「四因說」（four causes）之「形式因」（formal cause）「質料因」（material cause）、「動力因」（efficient cause）、「目的因」（final cause）等四因比擬之，則「氣」可說具足了「形式因」、「目的因」、「動力因」、「質料因」。在「理」與「氣」兩端對比分說之下的「氣」，其提供了形構宇宙萬物的「質料因」與「動力因」；而「理」因其爲「氣」之主持分劑、調劑者，故可說「理」提供存在的「目的因」與「形式因」。因此船山說：「氣只是能生，氣只是不詘，氣只是能勝；過此以往，氣之有功者皆理也。德固理也，而德之能生、不詘而能勝者，亦氣也。才非不資乎氣。而其美者即理也。」〔註50〕氣只是能生、不詘、能勝，這就表示「氣」自身是即存有即活動，其自身即是能動者，故知「動力因」

物主義，此中實有討論的空間，因爲在中國哲學中「氣」概念往往不是純粹的物質，而是物質與精神性實體的統一體，關於此一問題，可參見羅光《中國哲學的精神》，第53頁－第59頁；唐君毅《中國哲學原論・原教篇》，第628～629頁；牟宗三《心體與性體》第19～42頁；蔡仁厚《宋明理學北宋篇》，第110～111頁，等諸先生之著作。由於非關本文主題，是以於此僅指出將氣簡化爲唯物主義實有可商榷之處，而不於此詳加探討。

〔註48〕見林安梧師《王船山人性史哲學之研究》，第101頁。

〔註49〕見曾昭旭《王船山哲學》，第329頁。

〔註50〕見《讀四書大全說》，第717頁。氣只是能生、不詘、能勝，這就表示「氣」自身是即存有即活動，其自身即是能動者，在理氣辯證性結構之下，動力因是由「氣」所提供。而過此以往氣的種種之功皆理，在「理」是「氣」之主持分劑、調劑者的脈絡下，「氣」從無限普遍無形離散發展至特殊有限具體的狀態，皆是理之條理與主持，故知「理」提供了「形式因」與「目的因」，故謂「美者即理也。」

是由「氣」所提供。德之生亦氣與才資乎氣，這就表此「氣」提供了「質料因」。過此以往氣的種種之功皆是理，在「理」是「氣」之主持分劑、調劑者的脈絡下，「氣」從無限普遍無形離散發展至特殊有限具體的狀態，皆是理之條理與主持，故知「理」提供了「形式因」與「目的因」，故可說「美者即理也」。由於「理」與「氣」辯證的統一於「氣」，分別提供「氣」之存在的「形式性」、「目的性」、「動力性」、「質料性」，因此船山有了「理與氣互相爲體」、「理氣相與爲體」，「離氣無理」、「離理無氣」的說法，船山說：

（1）天與人以氣，必無無理之氣。〔註51〕

（2）天之與人者，氣無間斷，則理亦無間斷。〔註52〕

（3）理即是氣之理，氣當得如此，便是理，理不先而氣不後。〔註53〕

（4）無理處便已無氣。〔註54〕

（5）理與氣互相爲體，而氣外無理，理外亦不能成其氣，善言理氣者必不判然離析之。〔註55〕

（6）氣化有序而互古不息，惟其實有此理也。〔註56〕

（7）理氣相涵，理入氣則氣從理也。〔註57〕

（8）理只是以象二儀之妙，氣方是二儀之實。健者，氣之健也；順者，氣之順也。天人之蘊，一氣而已。從乎氣之善而謂之理，氣外更無虛托孤立之理也。〔註58〕

（9）理者理乎氣而爲氣之理也，是豈於氣之外別有一理，以游行於氣中者乎？〔註59〕

（10）氣固只是一個氣，理別而後氣別。乃理別則氣別矣，惟氣之別而後見其理之別。氣無別，則亦安有理哉！〔註60〕

（11）理便在氣裏面，故《易》曰：「一陰一陽之謂道。」又曰：「形而

〔註51〕見《讀四書大全說》卷十〈孟子・告子上〉，第1076頁。
〔註52〕見《讀四書大全說》卷十〈孟子・告子上〉，第1077頁。
〔註53〕見《讀四書大全說》卷十〈孟子・告子上〉，第1052頁。
〔註54〕見《讀四書大全說》卷十〈孟子・告子上〉，第1059頁。
〔註55〕見《讀四書大全說》卷十〈孟子・告子上〉，第1115頁。
〔註56〕見《張子正蒙注》卷三〈誠明篇〉，第115頁。
〔註57〕見《思問錄・內篇》，第413頁。
〔註58〕見《讀四書大全說》卷十〈孟子・告子上〉，第1052頁。
〔註59〕見《讀四書大全說》卷十〈孟子・告子上〉，第1076頁。
〔註60〕見《讀四書大全說》卷十〈孟子・告子上〉，第1058頁。

上者謂之道。」，形而上者，不離乎一陰一陽也。〔註61〕

（12）神化者，氣之聚散不測之妙，然而有迹可見；性命者，氣之健順有常之理，主持神化而寓於神化之中，無跡可見。若其實，則理在氣中，氣無非理，氣在空中，空無非氣，通一而無二者也。〔註62〕

（1）、（2）、（3）、（4）、（5）等五則指出理氣不離，無無理之氣，亦無無氣之理，氣外無理，而理外無氣。這就表示著在船山學中，「理」與「氣」不離，並非如朱子般只能從形而下的現象界、具體存在處立說。在朱子學那裏，「理」與「氣」雖不離，但「理」與「氣」亦是不雜，「理」與「氣」說到究竟，終是二元分立；而在船山學那裏所言的「理氣」則是辯證性的一元，是對比辯證性的統一，「理」與「氣」只是「氣」之存在的二種質性之分說。植基於這樣的理解，筆者認爲，船山的「理氣不離」義與「理在氣中」義是有別於朱子「理不離氣」義與「理在氣中」義。而（6）、（7）、（8）、（9）、（10）、（11）、（12）等七則所揭櫫的是「理氣相涵互體」之義。船山認爲「氣」之所以能妙化萬物而有其序，實乃因爲「氣」中有「理」；而「理」之軌約性的主持分劑之作用的對象是「氣」，通過「氣」，「理」才能得其具體的眞實義，而非只是一形式虛懸抽象的空概念。

在此脈絡下所說的「理氣互體」並非是互爲主體義，而是互爲端體之體，此中「理」是就「氣」之作用有其定則，是在「理別而氣別」的意義上說「理爲氣之體」，這是「定體義」的端體；而「氣」則是指「理」之具體作用處與呈顯處，這是就「氣別而見理別」的意義上說「氣爲理之體」，這是「顯體義」的端體。此定體義之「理」與「顯體義」之「氣」二者，皆統一於「氣」，統一於具體之存在，是存在內容質性的二端分說。在此意義下的「理氣不離」是辯證性的不離，「理在氣中」是辯證性的存在，並非如朱子學只能是作用義的說，只能在具體存在處說，〔註63〕進而能說「理」不先而「氣」不後義的

〔註61〕見《讀四書大全說》卷十〈孟子・告子上〉，第1076頁。

〔註62〕見《讀四書大全說》卷十〈孟子・告子上〉，第23頁。

〔註63〕林安梧師說：「理與氣不可分作兩橛，理與氣相互爲體——『理以氣爲體』，『氣以理爲體』，氣外無理，理外亦不能成氣。就「理以氣爲體」而言，理是就氣之表現而說的理，這樣的理是「條理之理」，……就「氣以理爲體」而言，理乃是能夠主持調劑一陰一陽之氣的理，這樣的理是「主宰之理」。……理之作爲體並不是以之生氣的體，而是具體「象二儀之妙」的作用。象者，表彰也，開顯也，理是開顯陰陽二氣，表彰陰陽二氣之動力，它足以使得陰陽二氣顯現其分合激盪之奧妙。」見林安梧師《王船山人性史學之研究》，第99～100頁。

「理在氣中」。〔註64〕因此，船山說：「離理於氣而二之，……其亦勝固而不達於天人之際矣。」〔註65〕今茲以圖示「氣」之結構，爲「理」與「氣」之辯證性綜合之結構：

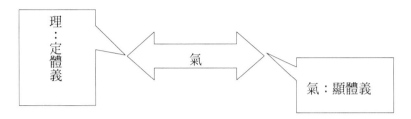

第三節　對比之兩端的相入與包孕是存在運動變化之因

　　世界之所以有動靜生滅變化之存在的歷程，在船山看來，這是因爲「氣」自身是對比辯證性的結構，其內部有著二種對比的質性，處於不斷交互包孕之辯證性的歷程。在對比的兩質性間彼此相互作用之下，「氣」便因此有其運動變化之創造性歷程，船山說：「升降飛揚，乃二氣和合之動幾，雖陰陽未形，而已全具殊質矣。」〔註66〕又說：「一氣之中，二端既肇，摩之蕩之而變化無窮。」〔註67〕此皆「陰陽和合之氣所必有之幾。」〔註68〕氣自身存在著對比之兩端，而兩端間彼此相互摩蕩作用，因此推動了氣的運動。此中的「摩」，是指對立的兩方走向彼此，是以「彼」中有「此」而「此」中有「彼」。而所謂的「蕩」，則是指對比而立的兩端相互作用相互影響。〔註69〕對比而立的兩方之所以能相互作用而又相互影響，則又先預取著對比而立的兩方需先走向彼此，使「彼」中有「此」，「此」中有「彼」，才能相互作用而又相互影響以致於創造出萬物，〔註70〕船山說：

〔註64〕林安梧師說：「陰陽之實是氣而不是理，理乃是顯現於氣上之條理，或者能使得此陰陽二氣如其條理的主宰之理。理是不能虛托孤立的，船山如此掛搭氣而言理，所以強調『理即是氣之理，氣當得如此便是理』。理必須藉由氣之實而彰著其自己，故『理不先』，氣必得經由理而『象二儀之妙』，故『氣不後』。」見林安梧師《王船山人性史學之研究》，第100頁。

〔註65〕見《讀四書大全說》卷十〈孟子‧告子上〉，第1077頁。

〔註66〕見《張子正蒙注》卷一〈太和篇〉，第27頁。

〔註67〕見《張子正蒙注》卷一〈太和篇〉，第42頁。

〔註68〕見《張子正蒙注》卷一〈太和篇〉，第15頁。

〔註69〕船山說：「摩者，兩相循也。蕩者，交相動也。」見《周易外傳》卷六上〈繫辭下傳〉第一章，第578頁。

〔註70〕船山說：「兩端者，虛實也，動靜也，聚散也，清濁也，其究一也。……濁入

（1）凡物皆太和絪縕之氣所成。〔註71〕

（2）天無體，太和絪縕之氣，爲萬物所資始，屈伸變化，無跡而不可
測，萬物之神所資也。〔註72〕

（3）人物之生，皆絪縕一氣之伸聚。〔註73〕

（4）絪縕太和未分之本然。〔註74〕

（5）絪縕太和之眞體。〔註75〕

（6）太虛即氣絪縕之本體，陰陽合於太和。〔註76〕

（7）若其所自來，則皆二氣絪縕，迭相摩蕩，分而爲兩儀者，同函於
太極之中，莫非此貞也。〔註77〕

（8）摩者，兩相循也。蕩者，交相動也。〔註78〕

（9）絪縕，二氣交相入而包孕以運動之貌。〔註79〕

（10）惟兩端迭用，遂成對立之象，於是可知所動所靜，所聚所散，爲
虛爲實，爲清爲濁，皆取給於絪縕之實體。〔註80〕

（11）絪縕者，氣之母。〔註81〕

（12）陰陽之外無太極，得失順逆不逆於陰陽之推蕩，則皆太極渾淪之
固有。〔註82〕

（13）絪縕之中，陰陽具足，而變易以出，萬物不相肖而各成形色，並

清而體清，清入濁而妙濁，而後此其一也，非合兩而以一爲之紐也。」見《思
問錄》，第 411 頁。

〔註71〕見《張子正蒙注》卷五〈至當篇〉，第 195 頁。
〔註72〕見《張子正蒙注》卷一〈參兩篇〉，第 50 頁。
〔註73〕見《張子正蒙注》卷一〈太和篇〉，第 44 頁。
〔註74〕見《張子正蒙注》卷一〈太和篇〉，第 15 頁。
〔註75〕見《張子正蒙注》卷一〈太和篇〉，第 35 頁。
〔註76〕見《張子正蒙注》卷一〈太和篇〉，第 32 頁。
〔註77〕見《周易內傳》卷六上〈繫辭下傳〉第一章，第 578 頁。
〔註78〕見《周易內傳》卷六上〈繫辭下傳〉第一章，第 578 頁。
〔註79〕見《周易內傳》卷六上〈繫辭下傳〉第五章，第 597 頁。所謂的交相入之包
孕，乃是一種辯證性的運動，之所以說其爲辯證性，是指對比而立的兩方走
向彼此而互涵互攝，彼中有此，此中有彼。故船山說：「凡陰陽之名義不一，
陰亦有陰陽，陽亦有陰陽，非判然二物，終不相離之謂。」見《張子正蒙注》
卷一〈參兩篇〉，第 57 頁。
〔註80〕見《張子正蒙注》卷一〈太和篇〉，第 36 頁。
〔註81〕見《周易外傳》卷二〈臨〉，第 870 頁。
〔註82〕見《周易內傳》卷六上〈繫辭下傳〉第一章，第 578 頁。

育於中，隨感而出，無能越此二端。〔註83〕

（14）絪縕渾合，太極之本體，中涵陰陽自然必有之實，則於太極之中，不昧陰陽之象，而陰陽未判。固即太極之象，合而言之則一，擬而議之則三，象之固然也。〔註84〕

（1）、（2）、（3）等三則，其旨在說萬有皆是根源於太和絪縕之氣，在太和絪縕之氣的屈伸聚散作用中，萬有得以存在。（4）、（5）、（6）等三則所指出所謂的絪縕是指太和、太虛之本體、眞體，陰陽和合而渾然未分的狀態。（7）、（8）、（9）、（10）等四則指出太和絪縕之體，雖是渾淪未分之狀態，然而此未分之狀態，實是自身對比辯證性之交互作用的統一體。此對比辯證性之交互作用即是對立面的相互摩盪，而所謂的摩盪則指對比而立的兩端，交相入而包孕。此種交相入而又相涵互攝的包孕之運動，實即是一種辯證性的運動。之所以說此交相入，而又相涵互攝包孕、相互摩盪之運動，是一種辯證性的運動，這是因爲此一運動是對比而立的兩方，相互走向彼此且互涵互攝，使得存在的狀態成爲彼中有此，此中有彼的存在狀態，故可說是辯證性的綜合運動。〔註85〕萬物皆由「氣」所生，而「氣」自身是「即存有即活動者」。「氣」之所以是即存有即活動者，則是因爲「氣」自身內部存在著辯證性的絪縕作用。所謂的「絪縕」作用是指對比的兩端走向彼此的辯證性運動。「氣」因著此辯證性的運動方得以展開自我實現的歷程，方得以展開創造性存在的歷程，故（11）則說「絪縕」爲「氣」之「母」。

由以上所述可知，太和絪縕之體的存有狀態雖是陰陽未判，然實已內在潛具著「陰氣」與「陽氣」，故（12）、（13）、（14）等三則說絪縕之中具足「陰氣」與「陽氣」，此皆太極渾淪之固有。換言之，太和雖是純粹渾淪無分之體，但此一原初之無分的狀態，實是對比而立之辯證性綜合的統一體。此對比而立的二端是潛存於此無分之統一體的內部，對比而立的兩端走向比彼而互涵互攝的辯證性活動的歷程，即是此無分之體所以能即存有即創造之動力因。若原初的狀態是具體呈顯的出場者，「陰氣」與「陽氣」是未出場者。然而不論是出場者或未出場者，皆是在場者，皆是眞實的在場存在者，「陰氣」與「陽

〔註83〕見《張子正蒙注》卷一〈太和篇〉，第43頁。

〔註84〕見《張子正蒙注》卷一〈參兩篇〉，第45～46頁。

〔註85〕船山說：「凡陰陽之名義不一，陰亦有陰陽，陽亦有陰陽，非判然二物，終不相雜之謂。」見《張子正蒙注》卷一〈參兩篇〉，第57頁。

氣」皆本具而辯證的統一成爲太和絪縕之體。此中太和是辯證的說「陰氣」與「陽氣」兩端之統一體；而「陰氣」與「陽氣」則是兩端分說「太和」之潛存的質性與德能。〔註86〕由於太和之體是「陰氣」與「陽氣」辯證性的綜合體，是「陰氣」與「陽氣」之兩端的一致。因爲太和之體本具此對比而立的兩端，才能因著對比之兩端的交相感通，而成其爲創造性、根源性的實存，船山說：

（1）借令本無陰陽兩體虛實清濁之實，則無所容其感通，而謂未感之先初無太和，亦可矣；今既兩體各位，則溯其所從來，太和之有一實，顯矣。非有一，則無兩也。〔註87〕

（2）然則萬殊之生，因乎一氣，二氣之合，行於萬殊。〔註88〕

（3）惟兩端迭用，遂成對立之象，於是可知所動所靜，所聚所散，爲虛爲實，爲清爲濁，皆取給於太和絪縕之實體。〔註89〕

（4）太極無陰陽之實體，則抑何所運而何所置邪？抑豈止此一物，動靜異而遂判然爲兩耶？夫陰陽之實有二物，明矣。自其氣之冲微而未凝者，則陰陽皆不可見；自其成象成形者言之，則各有成質而不相紊。自其合同而化者言之，則渾淪於太極之中而爲一；自其清濁、虛實、大小之殊異，則固爲二。〔註90〕

（5）二氣所生，風雷、雨雪、飛潛、動植、靈蠢、善惡皆其所必有，故萬象萬物雖不得太和之妙，而必兼有陰陽以相宰制，形狀詭異，性情區分，不能一也；不能一，則不能久。〔註91〕

（6）日月寒暑之兩行，一陰一陽之殊連，人以睹其明，定其歲，而謂

〔註86〕 故船山說：「知太極之藏，惟兩儀之絪縕不息，而易簡以得天下之理。」見《周易內傳》卷六上〈繫辭下傳〉第一章，第578頁。

〔註87〕 見《張子正蒙注》卷一〈太和篇〉，第36頁。

〔註88〕 見《張子正蒙注》卷一〈太和篇〉，第38頁。

〔註89〕 見《張子正蒙注》卷一〈太和篇〉，第36頁。

〔註90〕 見《周易內傳·發例》，第660頁。太極之中有對比而立之陰陽、清濁、虛實、大小之殊異，因此所謂的合而爲一，便是指對比而立的陰陽、清濁、虛實、大小之殊異是辯證綜合的統一於具體存在（器）。張立文先生說：「從陰陽變化渾淪於太極之中來看，陰陽二物合而爲一；從渾淪太極之一中分爲清濁、虛實、大小的殊異的對待來看，是一分爲二。因此，『一分爲二』，『合二以一』是事物變化象動過程中所表現出的一種形式。」見張立文《正學與開新》，第334頁。

〔註91〕 見《張子正蒙注》卷一〈參兩篇〉，第55頁。

之爲方體，實則無方無體，陰陽不測，合同於絪縕而任其變化，
乃神易陰陽之固然也。晝夜分兩端，而天之運行一；生死分兩端，
而神之恒存一；氣有屈伸，神無生滅，通乎其道，兩立而一見，
存事歿寧之道在矣。〔註92〕

（7）蓋以緐兩而見一也。〔註93〕

（8）天下之變萬，而要歸於兩端。兩端生於一致。〔註94〕

（9）一之體立，故兩之用行；如水惟一體，則寒可爲冰，熱可爲湯，
於冰湯之異，足知水之常體。〔註95〕

（1）、（2）、（3）、（4）等四則，其旨在說，無對立之兩體，則太和絪縕之體即無法運行變化，因爲對比的兩端之交互作用是存在所以能運行發展的動力因。〔註96〕此中第（4）則指出，此對比之兩端必然辯證的走向對立面，而彼此互涵互攝地綜合統一成爲太和絪縕之體，故可關著（4）、（6）、（7）等三則而說「兩立而一見」、「兩而見一」。辯證性的太和之統一體，乃是由著「陰氣」與「陽氣」之對比的兩端走向彼此，而彼此相涵互攝包孕所形構的辯證性結構。

值得注意的是，雖然船山學中的「太和之氣」自身是一辯證性的綜合概念，但吾人不可即此便輕率的將之與黑格爾的辯證法相比附。因爲在黑格爾那裏，雖然也講辯證法，也講辯證性的統一。然而王船山學的辯證法實有別於黑格爾，此一基本的認識牟宗三先生早已提醒學者。於此筆者想進一步的略說船山學與黑格爾的不同乃在於：一就立基點而言，在黑格爾那裏，對立面的統一是在「主──客」對立兩端的關係結構之中，講對立面的統一；而船山的「對立面的統一」是立基在「一體」、「整體性」中，講其內部涵蘊著對比之兩端。雖然黑格爾亦受萊辛與賀爾德林的影響而有「一體」的觀念，

〔註92〕見《張子正蒙注》卷一〈太和篇〉，第 39 頁。天道之神化與運行是通過日月、寒暑、晝夜之兩端而呈顯。

〔註93〕見《張子正蒙注》卷一〈太和篇〉，第 37 頁。

〔註94〕見《老子衍》，第 18 頁。所謂的「兩端」即是對比而立的兩端；對比而立之兩端則是統一於「一」。這也就是說「兩端」是「一致」的「兩端」，而「一致」則是「兩端」的「一致」。

〔註95〕見《張子正蒙注》卷一〈太和篇〉，第 36 頁。此處所說之「體」是指本體，「用」則是「體」的作用。「體」是「用」之「體」，故「用」是「體」之「用」。

〔註96〕張立文説：「由於船山把氣和合體（或稱爲太和體）看做本身就固有地蘊涵著陰陽二氣（或稱兩端），陰陽摩蕩的相互作用是運動的終極原因，所以船山哲學就避免了到氣之外去尋找運動的終極原因的預設或安置。」見張立文《正學與開新》，第 325 頁。

但其一體是透過對立面的統一之辯證法以達成統一的一體，這與立基在「一體」觀念下講「對立面統一」的船山學是不同的。二，就對立面統一的方法論而言，黑格爾在「主──客」對立之關係結構下，通過「主體」收攝「客體」之認識的方法，也就是純粹概念的認識思想方式以達成統一；而船山則是以「相涵互攝」彼此相互包孕的方式。這也就是說黑格爾所說的辯證法是「思辨的」、「抽象的」，而船山的辯證法則是「實踐的」、「具體的」。三、由於黑格爾的辯證法是思辨的，認識論的，是通過共相的昇進以達至，因此他的辯證法只能是排除物質性的絕對精神，此點早在黑格爾的《精神現象學》的序言中早已十分明白的說出來了。在黑格爾看來，物質本身是不能有矛盾發展的，只有精神性的主體或絕對，才能是對立面的統一。而在船山學那裏的辯證法是不排除「物質性」的，這是黑格爾與王船山思維上最大的不同。植基於黑格爾辯證法的基礎、方法論及其所達的理論結果來看，此種不斷的對立統一的辯證性歷程，仍是建立在揚棄、以主體吞沒客體，不脫「主──客」思維的認識方法論，故其所達成的統一，是彼仍是彼而此仍是此的「對立面」的統一，其辯證性的歷程的只能是停留在精神世界，終究還是拒絕了自然的物質性。故筆者認為若從理性的劃分而言，黑格爾的辯證法仍屬於「思辨理性」，而船山學的辯證法則繫屬於「辯證理性」，因為船山學是通過相涵互攝走向彼此的相互包孕式，彼中有此，此中有彼，彼此交融的相涵互攝，而可說此即是彼，彼即是此，這才是真正的辯證理性。而這樣也才能超越的克服「精神」與「物質」如何統一的問題，如此才能成為「具體的」、「實踐的」而非「思辯的」、「抽象的」、「形式的」。植基於此，吾人實不當視船山學的辯證法雷同於黑格爾的辯證法。

由於對比之兩端走向彼此，即是太和絪縕之體所以能運動創造的動力根源，因此便可關聯著（8）則而說天下之變萬歸於兩端。所謂變萬歸於兩端是指變化之所以然的動力因是根源於對比之兩端的交互的辯證性作用，而兩端生於一致即指，有此辯證性的綜合之兩端的交互作用之下才能變化無窮，所謂「一氣之中，二既肇，摩之蕩之而變化無窮」。〔註97〕植基於此而可關聯著（9）則而說「一之體立，故兩之用行」，關於此點，張立文先生說：「有此『有一』的太和實體，中涵升降、動靜等互相感通的性能，便有絪縕摩蕩屈伸的端始，兩才能各顯其作用。所以講非有『一』，便無『兩』。『兩』的

〔註97〕見《張子正蒙注》卷一〈太和篇〉，第42頁。

存在以『一』的存在爲前提，『一』的存在又必須通過『兩』來表現，無『兩』則『一』亦不能呈現，而失去其存在的價値。」〔註98〕植基於此，我們可說「兩端」是「一致」的「兩端」，而「一致」是「兩端」的「一致」。此種說太虛絪縕之體自身內在潛具「陰氣」與「陽氣」，並視太虛、太和之體是「陰氣」與「陽氣」之辯證性的綜合，而對比兩端之「陰氣」與「陽氣」，並視太虛、太和之體是「陰氣」與「陽氣」之辯證性的綜合，而對比兩端之「陰氣」與「陽氣」走向彼此，並相涵互攝的包孕兩端彼此，此「兩端而一致」的思維，實即曾昭旭先生所說的「本體宇宙論」意義的「兩端而一致」，同時也是綰合「存有學」與「發生學」的「兩端而一致」，〔註99〕故而可說：「天下之變萬，而要歸於兩端。兩端生於一致」。

第四節　小　結

　　綜合以上的論述可知，相對於偏重「理」概念之程朱學，與側重「心」概念的陸王學，船山學則是強調「氣」概念。船山主張萬有皆由氣之作用所創生形聚，故「氣」便被上提爲「創造性的本體」之高度，是存在的第一因。〔註100〕只是船山學中所言的「氣」的概念，並非是「自然主義」或「唯物主

〔註98〕見張立文《正學與開新》，第328頁。

〔註99〕見曾昭旭〈兩端一致論衍義〉，第 109～110 頁。收錄於《王船山學術研討會論文集》，第 109～114 頁。只不過曾昭旭先生認爲本體宇宙論的「兩端一致論」乃純爲虛說，非但無辯證的歷程，乃至連頓教都不可說，只能說體用相涵相即。因爲天道無妄，永只有承體起用的如如。然而筆者認爲在「氣」是即存有即活動的脈絡之下，「氣」必然的實現地開展，必然的創造。若本體宇宙論的兩端而一致只能是虛說，而無辯證的歷程，那麼此一本體亦將只是一只存有而不活動的靜存之體，而不能有其創造性，不能成爲存在所然的根源。由於「氣」是即存有即活動，即活動即創造，故此處的「兩端而一致」它是有辯證性活動的歷程，而此辯證性活動的歷程即是創造性的活動，故它是存有學的同時也可說是發生學的。既是存有學的也是發生學的，當然就不可將之視爲虛說。

〔註100〕林安梧師說：「船山這裏所說的『氣』不可以精神或物質來強爲依歸，氣乃是隱含了精神及物質兩端而相互辯證之概念，氣乃是『對比於心物兩端而成的一個辯證性概念』（A dialectical concept in contrast with the dichotomy of mind and matter），亦可以說是『對比於理氣兩端而成的一個辯證性概念』（A dialectical concept in contrast with the dichotomy of Li and Chi）。換言之，作爲本體論意義的「體」時，「氣」是「理」、「氣」二者的辯證之綜合。就本體論之意義層面而言，氣是首出的。」見林安梧師《王船山人性史學之研究》，第

義」的「物質之氣」。船山之「氣」概念是兼及於「虛體」與「氣」而將兩者辯證的統一於「氣」概念之上。說「氣」是辯證性的統一體，其意指氣內涵「道德價值之理」與「物質性」等兩個向度。就此兩端的分別說：「氣」是用來說明「氣」的「物質性」，及其作用和存在的狀態，其指「氣」的「升——降」、「聚——散」、「動——靜」、「有——無」、「顯——隱」、「陰——陽」、「清——濁」等具體對比的作用；而「虛體」與「理」則指「氣」的神化清通之質性。就兩端綜合的說：「理」與「氣」是辯證的統一於「氣」。「理」是「氣之理」，「氣」是「理之氣」，「理與氣」只是一「氣」之兩端分說，「理」與「氣」實則是一不是二。

在此思維之下所說的「理在氣中」與「氣上見理」，就異於將「理」視爲形而上者，而「氣」只視爲形而下，「形而上」與「形而下」分裂爲二，兩層存有之程朱學。因此，在程朱學那裏，雖然「理在氣中」需於「氣上見理」且「理氣不離」，但這只能就形而下處說，而且「理」與「氣」二者雖是不離但亦不雜，「理」是價值性的精神性的存在，而「氣」則只能是一物質性的存在，「理」與「氣」終究是二不是一。在形而上處，則只是「理」而不是「氣」。

由於船山以「氣」爲「創造性的本體」，而「氣」具形而上之「精神」與形而下之「物質」等兩個向度，「物質」與「道德」、「自然」與「人文」皆收歸於「氣」。「氣」的運動變化，及其存在的狀態，皆受自身「精神性」的道德律則所規約。〔註101〕在「精神」與「物質」二端辯證的統一，且以「道德

101頁。

〔註101〕 陳贇説：「王船山放棄了宋明儒學中的主宰、規範功能的觀念，而代之以調節、變理、利導的含義。於是，宋明以來的理的概念在這裏改變了含義。王船山關注的則是氣（生命力）的調節、生長，只要這種生長不受抑制，這種力量的各個方面均能得到發育，這就是理（動詞性的『治理』），否則就是非理。這裏，理完全失去了那種先天性的含義。合理性在這裏不再意味著以壓制氣的方式去符合一個理，而是氣本身的可持續生長本身就是合理。因此，理的意義不在於規範，而在於呵護生機、生氣、生命力。正是通過這樣的方式，人文之内斂的、自律的規範性、抑制性形態在王船山這裏開始轉化爲生長性、創造性、發揚性的形態。」筆者認爲在船山學那裏「理」是軌約性的同時亦是創造性的，此二者是理之質性並行而不悖，無所謂轉化的問題。此乃因爲於「理」即是「氣」之理，是「氣」自身之律則，因此「氣」依著自身之「理」而運行，即是「氣」之自如其如。「氣」唯有在自如其如之狀態下，「氣」才能得其調暢。此義表現在對於「理——欲」的觀點上，則「欲」如其「理」

律則」軌約著「物質性」的思維之下，修養的實踐工夫便不存在著「精神」與「物質」二端是否能統一通而為一的問題？而轉向於「存在」如何將此內在潛具的「道德律則」，實踐的揭示於存在的歷程中？生活世界中的典章制度與生活實踐，能如於人內在所具的道德法則？也就是說，船山所關注的焦點即於將人內在的道德法則實踐於「歷史文化」、「社會政治經濟」、「宇宙天地人我」，使之「皆示我以此心之軌則」、「皆顯我以此心之條理」。因此相較於程朱陸王之學，船山學特重實存與客觀形色世界的肯定，故唐君毅先生指出說：「船山之所進，則在其於言心與理外，復重言氣。朱子陽明豈不亦言氣？然其所重終在彼而不在此。而船山則真知氣之重者也。……。船山言心理與生命物質之氣，而復重此精神上之氣，即船山之善論文化歷史之關鍵。蓋一重氣則吾人于歷史文化固亦可視為吾心之理之例證……一重氣而崇敬宇宙之宗教意識，……一重氣而禮之分量重，……一重氣而表現于情之詩樂，……一重氣而政治經濟之重要性益顯矣。一重氣而論歷史不止于褒貶，而可論一事之社會價值、文化價值、歷史價值及世運之升降，而有真正之歷史哲學。一重氣而吾國之歷史文化，吾民族創之，則吾民族當自保其民族、復自保其歷史文化，二義不可分。」〔註102〕

　　由於「兩端而一致」的思維貫通著整個船山學的著作，對於自然世界所存在的「物質」與「精神」兩個向度，他通過詮釋與注疏經典的方式，揭示出這二個向度有著「兩端而一致」對比辯證性而統一的關係，林安梧師稱船山此一理氣的觀點為「理氣合一論」，林安梧師說：「『兩端而一致』的對比辯證思維模式是通貫整個船山系統的。雖然這個思維模式是船山對於人性史之諦觀所得，但他卻廣泛的運用到對於自然界的考察，他通過對於《易傳》的詮釋而成就其自然史哲學，他斷定自然史世界的開展亦隱含了『兩端而一致』的對比辯證，此即所謂的『理氣合一論』。」〔註103〕筆者認為，船山將「理」與「氣」兩端統一於「氣」，使得「氣」成「理」與「氣」辯證性的統一體。此一辯證性綜合的統一體，船山將之詮釋為「誠」，這就賦與「氣」價值義與

　　之規約，則「欲」亦是「理」；此義表現在對於「性──情」的觀點上，則「情」如其「性」之規約，則「情」亦是「性」。若「理」無其軌約義，不在於對「氣」的規範作用，則何來「欲」能即是「理」的說法，又何能說「情」即是「性」，更不可說「氣即是理之氣」。由此可知，陳贇之說不確。

〔註102〕見唐君毅《中國哲學原論·原教篇》，第628～629頁。
〔註103〕見林安梧師《王船山人性史學之研究》，第97～98頁。

道德義，氣不再只是一自然義、物質義，同時具有倫理義、價值義。如此，自然與道德等兩端，也就被縮合起來，自然世界的開展即是人文世界，人文世界也就是自然世界的開展，自然與人文是一不是二。〔註104〕

〔註104〕林安梧師說：「船山將倫理性價值性的概念——『誠』用來代替『氣』的地位，而開啓了一套價值意味的自然史哲學或倫理意味的自然史哲學。於是以『氣』爲首出概念的自然史哲學，一變而爲以『誠』爲首出概念的自然史哲學。原來客觀氣化的自然世界，一變而成爲人們主觀之誠所潤化而成的世界。自然世界經由人們的價值化、倫理化之後成爲人文世界，自然世界與人文世界亦因此而通統爲一。」見林安梧師《王船山人性史學之研究》，第102頁。

第三章 「道」與「器」：存在的 「根源」與「實現」

　　船山學中「道」與「器」的關係，實是一核心的問題，蓋在船山的著作中，「理」「氣」之論述多以「道」「器」之討論為依據。然而吾人若欲對船山學中「道器論」的理論體系能有恰適的理解與掌握，則船山學中「天下惟器而已矣」、「道乃器之道」、「器者不可謂之道之器」與「形而上者，當其未形，而隱然有不可踰之天則」與「器敝而道未嘗息」等命題，需審慎的理解與詮釋，因為這些命題不僅關係了船山學理論體系之型態的衡定；同時，各命題間所呈顯的語意看似存在著理論意義之矛盾與衝突，若吾人無法正確的掌握與釐清各命題間的實義，則所有詮釋的結果只是徒增觀念的災難，柯靈烏曾說：「除非你了解命題是要回答什麼問題，否則您不能確定該命題意指什麼；而且你搞錯了問題，你將誤解命題的原意。誤解命題的癥候之一，就是認為這個命題和另一命題矛盾，而事實上並不矛盾。」「除非兩命題是同一問題的答案，否則它們不會彼此矛盾。」〔註1〕柯靈烏於此指出了看似命題間所呈顯的矛盾，很有可能是閱讀者、詮釋者未能弄清楚命題所屬的理論層次及其所回答的問題。

　　關於命題立義間所呈顯的矛盾性，在船山學中更顯嚴重，前輩學者的看法歧異不一，有主張船山言「道」有兩重涵義，如馮友蘭先生認為王船山對於「道」此一概念的理解，有兩層意義。一是作為事物的原理、原則的「道」，

〔註1〕 參見柯靈烏（R. G. Colingwood）著，陳明福譯《柯靈烏自傳》，臺北，故鄉出版社，民國 74 年 3 月。

存在於這種事物之中，如果這一種事物不存在了，這個「道」也就不存在了，這就是「器敝而道息」。二是作爲一種事物所以存在的物質基礎的「道」，是「器敝而道未嘗息」。〔註2〕亦有認爲此是船山學思想發展所呈顯的矛盾變化，如勞思光先生認爲船山之「道器論」所以會有此種矛盾實有二種可能性，一爲語意之混辭，二爲思想發展之變化。若就語意義上說，則會有矛盾，若就思想之發展變化而言，則《內傳》爲晚年之作，而《外傳》成於三十七歲，屬於早期之作，因此可將兩傳之殊異處視爲思想變化之表現。〔註3〕勞思光先生又說：「《內傳》謂『道與器不相離』，雖與肯定『器』先於『道』衝突，但就理論之穩定性看，則原勝於『器』先於『道』之說。即以《外傳》原文（見上引）而論，船山雖謂『器者不可謂之道之器』，但器無其道則『不成』一點，已難於解說。說『不成，非無器也』，更多生出一問題，蓋若所謂『器』，在『不成』時仍是一種『有』，則只能是說『器之理』有；即轉入朱熹之思路，與船山原意相去更遠矣。從此等理論困難著眼，即可知船山《外傳》中之說本有困難，則《內傳》之說，即可視爲船山較晚之主張，如此，此一疑難可得一適當之解答。」〔註4〕

簡要言之，於此筆者想要追問的是，船山於「道器論」中各命題間所呈現的矛盾對立現象，這些衝突對立是否眞的存在？設若眞存在，則其存在之因爲何？是因爲船山用語渙漫不謹嚴，才造成了理論的矛盾與對立而不可解？或者是這樣的矛盾與衝突其實是因爲船山思想之發展與轉變所造成？若各命題間實不衝突，則何以會顯矛盾衝突等對立相？此外，船山學的理論型態是否只是單純的唯氣論或唯物主義論者？又船山學中「道」與「器」的理論意義及建構的徑路與價值之所在又爲何？此皆是本章所關心而欲釐清之問題。

第一節　「道」與「器」各有其優位性

關於船山「道器論」的問題，大陸學者侯外廬、邱漢生、張豈之等先生認爲王夫之的道器論，是從認識的觀點出發，「器」是根本，而「道」則是作爲事

〔註2〕　參見馮友蘭《中國哲學史新編》第五冊，第306頁。
〔註3〕　參見勞思光《新編中國哲學史》（三下）・第七章〈明末清初之哲學思想〉（下），第689頁。
〔註4〕　參見勞思光《新編中國哲學史》（三下）・第七章〈明末清初之哲學思想〉（下），第689頁。

物自身之規律，道不能懸空獨存，其只能依存於器而體現於形器之中，〔註5〕「道」只能是事物的屬性、質性。因此船山曰：

> 天下惟器而已矣。道者，器之道；器者，不可謂之道之器也。無其
> 道則無其器，人類能言之；雖然，苟有其器矣，豈患無道哉！君子
> 之所不知，而聖人知之；聖人之所不能，而匹夫匹婦能之。人或昧
> 於其道者，其器不成；不成非無器也。無其器則無其道，人鮮能言
> 之，而固其誠然者也。洪荒無揖讓之道，唐、虞無弔伐之道，漢唐
> 無今日之道，則今日無他年之道者多矣。未有弓矢而無射道，未有
> 車馬而無御道，未有牢醴璧幣鐘磬管絃而無禮樂之道，則未有子而
> 無父道，未有弟而無兄道，道之可有而且無者，多矣。故無其器則
> 無其道。〔註6〕

關於船山此段文字，勞思光先生認為此即表示「器」是船山學中首出的概念，而「道」則只是是「器」之性質、屬性，勞思光先生說：「在船山看來，『器』乃最基本之實有，『道』只表『器』之功能、性質及關係等，故『道』可說是『器之道』，而『器』不可說是『道之器』也。此是船山持『實在論』觀點之顯明證據。」〔註7〕而肖箑父與李錦全二先生則認為，船山於此堅持了「天下惟器」、「道在器中」的唯物主義路線，在理論上發揮了批判宋明理學家「離器而言道」的唯心主義思想的效用。船山以「道」為標幟事物的共同本質或普遍規律，用「器」標幟個別特殊具體之事物，而「道」與「器」二者實是統一不可分的。肖箑父、李錦全二先生更進一步的指出，船山這樣的說法與宋明理學家的立場根本的看法是有所不同的。首先，在船山看來，「道」與「器」之間的相互關係是相對的，是「統此一物」，兩個方面不是截然分離的兩體。所謂的形而上、形而下，都是指某一特殊對象而言，不容許把它們割裂為二。對朱熹所謂「理與氣決是二物」與「道在物外」、「道在器先」的看法並不認同。其次，由於船山主張「天下惟器」，因此不能說「器者道之器」，只能肯定「無其器則無其道」，這是唯物主義的原則。因為一般只能在個別中存在，只能通過個別而存在，沒有個別就沒有一般。這就邏輯地指明了使一般的抽

〔註5〕　見侯外廬、邱漢生、張豈之等主編《宋明理學史》下卷，第920頁。
〔註6〕　見《船山全書》第一冊，《周易外傳》卷五〈繫辭上傳〉第十二章，第1028頁。
〔註7〕　參見勞思光《新編中國哲學史》（三下）‧第七章〈明末清初之哲學思想〉（下），第687頁。

象脫離個別而轉變爲單個存在物,是錯誤的思維途徑,是唯心主義謬誤的認識根源,是以可推知船山所採的立場是唯物主義的立場。〔註8〕

　　簡要言之,前述學者認爲,船山學是「唯器」、「唯氣」或「唯物主義」之論者,「器」是首出之概念,「道」只是「器」之屬性,是自然科學意義之物理,「道」不是現象存在的超越的所以然之理,「道」並非「存在之理」,「道」是「形構之理」或甚以爲是「歸納普遍化之理」。而且學者們認爲,船山此說乃表示反對程朱「理氣爲二」、「道在器先」之說。只是從語意邏輯之分析而言之,若船山是唯物主義論者,或只是「唯氣」、「唯物」論者,則何以船山不反對「無其道則無其器」,而謂「人類能言之」?而且觀船山之語意似乎其所欲強調的乃是——「無其器則無其道」此語是「誠然之言」,「人特未察且人鮮能言之」,並非反對「無其道則無其器」。況且若單以「無其器則無其道」此一命題,便稱船山是「唯物主義論者」,「道」只能是物質之物理義,則亦失之粗疏,因爲主張「理」、「氣」爲二之程朱,於形而上超越的存有層處,雖只能肯定「理」之存在,不過於現象界之「作用層」處、「實現論」處亦能肯定「無其器則無其道」,然而伊川與朱子卻不是唯物主義論者,如朱子亦曾說:「天下未有無理之氣,亦未有無氣之理。」〔註9〕又說:「理非別爲一物,即存乎是氣之中。無是氣,則是理亦無掛搭處。」〔註10〕朱子於此亦同意「理氣不離」,「無氣則無理」,然而此一命題只能於形而下的具體實現之作用層處成立,於形而上的超越層的「存有論」處,則「理」是先驗的存在,「理」是離「氣」而獨存,於形而上超越的存有層處則「無其器則無其道」的命題便能成立,因此朱子說:

　　　　所謂理與氣,此決是二物。但在物上看,則二物渾淪,不可分開各
　　　　在一處,然不害二物之各爲一物也。若在理上看,則未有物而已有
　　　　物之理;然亦但有其理而已,未嘗實有是物也。〔註11〕

由上所述,可知若單就「天下惟器」與「無其器則無其道」等命題,而不追問此一命題所屬之理論層級與所欲回答的問題爲何,不僅無法就此確認船山是否反對程朱理學或唯物主義論者,甚至連這些命題的義理脈絡都不足以恰當的理

〔註8〕　肖、李二先生的觀點,詳見於所主編《中國哲學史》下卷,第225頁。
〔註9〕　見《朱子語類》卷一。
〔註10〕　見《朱子語類》卷一。
〔註11〕　見《朱子文集・卷四十六・答劉叔文》。

解與把握。於此，吾人所面對的問題：船山「道者，器之道」，而「器者，不可謂之道之器」之命題又該作何解釋？船山各命題間所顯的文義上的矛盾與衝突之因爲何？是否眞是船山用語意義不嚴格或混亂而不可解？〔註12〕還是船山於立義所指涉的理論層級、所欲回應的問題並不相同？因此，各命題間實不相妨？此諸問題皆需進一步進探索分析說明之。

據前引文吾人可知，船山論「道」與「器」之關係，是從政治、社會制度、禮制、器物、倫理等各種層面說明了「道者，器之道」、「器者，不可謂之道之器也」、「無其器則無其道」的論點，勞思光先生認爲船山此說所透顯的理論意義乃在於，船山的「道」與「器」之關係，實不可以「道器合一」釋之，因爲在「道器合一」的思維之下，就語言邏輯的分析而言，不但可說「道者，器之道」，同時亦可說「器者，道之器」，今船山卻說「器者，不可謂之道之器」，是以不當以「道器合一」釋之。〔註13〕然觀船山言「道者，器之道」所舉之例，「道」是時空經驗之形而下具體之現象事物，於行爲實踐時所當依循的軌約性的道德法則。「道」此一概念是指道德行爲實踐之價值的「應然之理」，而不是言「存有論」之存在的所以然之根據。換言之，「道者，器之道」此一命題所指涉的理論層級是在於「價值層」，而不是就「存有論」的層面說，

〔註12〕關於船山用語有混漫之嫌，勞思光先生有三點之析論，茲臚列於下，勞先生說：「第一：就『未形』、『形之所自生』說『隱』，則此即應指『形器』未出現之段落言，倘就此意義說『形而上』，說『道』，則顯然『道』可先『器』而存有，蓋『未形』即無『器』可說，而有『天則』，則即是有『道』（或『理』）也。但如此說時，即與程朱理氣之論基本上相同，而與船山自身所持『道者器之道』，而『器者不可謂之道之器』之觀點反成衝突。此是一疑難。第二：『隱於形之中而不顯』說『隱』字之意義，由此以釋『形而上』及『道』，則與前說大異；蓋如此說時，乃指『道』內在地存有於『器』中，而必然『形』然後方能說『隱於形之中』；如此，仍可維持『道』不先於『器』之說，然此與『隱然有不可踰之天則』又難相容，因『道』如只是『隱於形之中』，則不能說『氣之所自生』一段。此是另一疑難。第三：上引《周易內傳》文，明說『道與器不相離』；若是互不相離，則應同時說：『道者器之道』，『器者道之器』，而不應說『器者不可謂之道之器』—— 如《外傳》所云。蓋如上文所釋，若取《外傳》此說，則『道』與『器』間有理論次序之先後，而不可逆轉，即非『不相離』，『不相離』乃可逆轉之關係也。此又是另一疑難。」參見勞思光《新編中國哲學史》（三下），第688～689頁。

〔註13〕勞思光先生說：「案船山以爲『道』乃『器之道』，而又謂『器者，不可謂之道之器』，則此說未可以『道器合一』釋之，蓋此所謂『不可』者，正涵有一理論次序之認定。」見勞思光《新編中國哲學史》（三下），第687頁。

在「道者，器之道」此一命題下所言之「道」，不是「存在之理」亦非「形構之理」，〔註14〕亦不是透過歸納與抽繹之過程所得的知識概念，用以描述存在之然的「歸納普遍化之理」。〔註15〕「道」不就「存有論」存在的超越的所以然處上說，而是就價值處上說，因此固然可說「道者，器之道」而「器者，不可謂之道之器」，而不涉及道器間的關係是否為合一。

「道」既是「應然之理」，而不只是「歸納普遍化之理」，則「道」是價值層面的道德價值義，是具體現實存在物的精神性的軌約原則。因此，雖然船山言「道」時皆就現象界之具體存在物而言其理，然而其所言之「道」卻不只是自然科學下的「物理」義，具體實存之物有其精神性的法則為之主，當然具體之存在就不只是物質性之存在。既然存在「不只是」物質性之物，而是具有內在的精神性、價值的應然之理，是物質與精神對比辯證性之存在，那麼吾人當然不可將船山學視為「唯物主義」，牟宗三先生曾說：「他的傳統是孔孟以及宋明儒者的傳統，所以他在基本原理與立場上，純然是儒者德性之學的立場（黑格爾畢竟于內聖方面不足）。可是他與程朱陸王亦為不同類型者。程朱講理，陸王講心，門庭施設，義理規模，都極條理整然，可為後學之矩獲。這也就是說，他們都比較清楚明顯，也就是說，都含有分解的意味（當然是超越的分解）。惟王船山講性命天道是一個綜合的講法。……若通曉

〔註14〕 「存在之理」與「形構之理」皆是存在的所以然之理，皆是存在所以存在的根據，只是「存在之理」與現象具體之存在是異質層，而「形構之理」則與現象具體之存在是同質層。

〔註15〕 牟宗三先生說：「(一)歸納普遍化是經過歸納的程序而來的普遍化，並不是那普遍性自己；(二)、歸納普遍化之真假值是概然的，並不是必然的；(三)、歸維普遍化所撰成之普遍原則（一般通例、理）亦是類概念，因而亦是多的；(四)、歸納普遍化亦代表經驗知識；(五)、歸納活動施于存在之然（具體事物）自身之曲折內容上，因描述、記錄、類同、別異而推概之。」見牟宗三《心體與性體》(一)〈第一部綜論〉，第101頁。至於「存在之理」則是就形而上的、超越的本體論而言之，「存在之理」與自然存在自身是異質層的，它具有創造與實現之義，如程朱陸王所言之理皆是「存在之理」；而「形構之理」則是現象學的描述的所以然，是物理學的，形而下的所以然，與自然自身是同質同層的所以然，如告子、荀子所言之義。牟宗三先生說：「此種自然義、描述義、形下義的『所以然之理』，吾人名之曰『形構之原則』（principle of formation），即作為形構原則的理，簡之亦即曰『形構之理』也。言依此理可以形成或構成一自然生命之特徵也。亦可以說依此原則可以抒表出一自然生命之自然徵象，此即其所以然之理，亦即當作自然生命看的個體之性也。」（同前揭書，第87～89頁。）

程朱陸王之所講，則知船山所言皆不悖于宋明儒之立場。有人把他往下拖，講成唯氣論，實大謬誤。他的思想路數，是繼承張橫渠的規模下來的。張橫渠的思想在某義上說，亦是綜合的，從乾坤大父母，氣化流行，講天道，講性命。這裏面也有理，也有氣，沒有像朱子那樣有分解的表現。船山即繼承此路而發展。他的才氣浩瀚，思想豐富，義理弘通。心、性、理、氣、才、情，貫通在一起講，故初學極不易把握。……他那綜合的心量，貫通的知慧，心性理氣才情一起表現的思路，落在歷史上，正好用的著，因為人之踐履而為歷史，也是心，也是性，也是理，也是氣，也是才，也是情，一起俱在歷史發展鼕然呈現，而吾人正藉此鑒別出何為是，何為非，何為善，何為惡，何為正，何為邪，何為曲，何為直，何為上升，何為下降。……由其通于古往今來而為一，故能透過一連串的歷史事象，而直見有一精神之實體在背後蕩漾著，故見歷史直為一精神表現之發展史，……乃確見到創造歷史之本原，據經以通變，會變以歸經。」〔註16〕

　　植基於此，雖然船山屢屢就具體存在物以言「道」，吾人實不宜簡單的將之視為「唯物主義」，而當視為儒者透過真實具體之生命以指點出經驗之存在所內具抽象先驗的道德法則之方式。因為就儒者而言，抽象普遍的道德法則，其先驗性與超越性並不是虛懸形式的，而是在具體真實的生命中體現其內在的先驗性與超越性。儒者肯認人能將內在的道德理性及其律令於行為作用中澈底的實踐，透過具體生命的踐仁盡性之道德踐履，人便能體證道德理性自身之純粹嚴整性，而此道德的實踐即是人的道德創造，此理事一如圓礙無礙的思維，是儒者之智慧。因此，不論是在形而上本體宇宙論的向度或普遍的道德實踐理性與律令，儒者都是通過具體的生命上指點。〔註17〕

　　於此欲進一步的說明的是，船山所言之「揖讓之道、弔伐之道、射道、御道、禮樂之道、父道、兄道」，是指禮樂倫理制度之「應然之理」。此「應然之理」是落在感官知覺經驗作用之氣化處說，說吾人行為發動所當依循之

〔註16〕見牟宗三《生命的學問》，第177～179頁。

〔註17〕關於此點，蔡仁厚先生於論張載思想時曾指出說：「儒者之言太虛神體、言天道性命，則在於明示宇宙之生化即是道德之創造。故言虛言神，不能離氣化；氣化是實事，亦不可以幻妄論。就化之實、化之事而言，說『氣』化；就即用以明體、通體以達用而言，說『神化』。天道神化，不能虛懸而掛空，故必然是虛不離氣、即氣以見神，必然是神體氣化之不即不離。實理主宰乎實事，乃是立體直貫地成其為道德之創造。」見蔡仁厚《宋明理學‧北宋篇》，第129頁。

價值性的軌約性法則。既是落在萬殊的氣化世界中，則於面對殊異之萬有時必需有不同的「應然之理」，方能相應而窮盡萬物的曲折之相，也就是說「應然之理」是因著萬殊之形器而有其不同，不同的物類，各有其不同的價值的「應然之理」。既然「應然之理」於擬議立名時因著所對應之物類的殊異，而有其不同的名稱如「子道」、「父道」；反過來說，若無氣化之「器」，則固無相應於殊異情境之「應然之理」可說。由此，人於立名擬議之時，固然可謂「無其器則無其道」，同時亦可說「道者，器之道；器者，不可謂之道之器」，是以船山謂之曰：

> 道之隱者，非無在也。如何遙空索去？形而上者，隱也；形而下者，顯也。纔說個形而上，早已有一形字為何按之跡，可指求之主名。
> 〔註18〕

又說：

> 謂之者，從其謂而立之名也；上下者，初無定界，從乎所擬議而施之謂也。然則，上下無殊畛而道器無異體，明矣。〔註19〕

至此，吾人可知當船山說「道者，器之道；器者，不可謂之道之器也。」時，實是從現象界作用層處就立名擬議而言「道」與「器」的關係，而不是「存有論」地從超越的存在所以然處立說，亦非「宇宙論」地從實然處解析「道」與「器」的關係。因此，吾人實不可據此命題的字義表象，便將船山學視為唯物主義論或唯物的氣論。

第二節 「道」與「器」是自身的同一

前文吾人已簡略的論證，於「道器」的關係中，船山並非以「器」為首出之概念，亦非以「道」為「器」之屬性；相反的，船山是透過「器」以指點「道」，然而此「道」是靜態的說實踐的應然之理，是軌約性的道德理性法則，此實頗似於朱子之學而有不同於朱子之處。在朱子看來活動是屬於「氣」而「道」則只是個存有而不活動的理，創造生化的活動屬於氣，而理只是個靜態之理。雖然船山言「道」有其靜態的法則義，然而這靜態的法則義卻是在經驗的作用層中，說氣化有其內在的道德的軌約性律則，而此內在的道德

〔註18〕見《讀四書大全說》卷二〈中庸〉第十一章，第？頁。
〔註19〕見《周易外傳》卷五〈繫辭上傳〉第十二章，第568頁。

律法實有其形而上的超越性根源，此一根源不是只存有而不活動的實存，而是「即存有即活動」的創生性實體，船山說：

> 形而上者，當其未形，而隱然有不可踰之天則，……形之所自生，隱而未見者也。及其形之既成，而形可見。形之所可用以效其當然之能者，如車之所以可載，器之所以可盛，乃至父子之有孝慈，君臣之有忠禮，皆隱於形之中而不顯，二者則所謂當然道也。形而上者也。形而下即形之已成乎物，而可見可循者也。形而上之道，隱矣，乃必有其形，而後前乎所以成之者能良能著，後乎所以用之者之功效定，故謂之形而上而不離乎形。道與器不相離。故卦也，辭也，象也，皆書之所著也，器也。變通以成象辭者，道也。民用，器也。鼓舞以興事業者，道也。聖人之意所藏也。合道器而盡上下之理，則聖人之意可見矣。〔註20〕

在船山看來，「道」並不是靜態的只存有而不活動之軌範的法則義，而是「超越的動態的所以然」，是現象存在所以可能的「超越性根據」（Transcendental ground），「道」的活動即是萬有的生化與創造，故「道」是「創造性的原則」（principle of creative）、是「實現的原則」（principle of actualization），「道體」是「創造性的實體」（creative reality），因此「道」可說是「存在之理」而不只是「形構之理」、「歸納普遍化之理」，就船山學而言之，動態地說則「道」是創造性的實體，是生化之源，其存在是即存有即活動；靜態地說則「道」是「理」，是「不可踰之天則」，是萬物運動變化之所依循之律則。由於「道」是創生性的實體，是即存有即活動者，因此「道」必引發本體宇宙論的生化過程，必帶出氣化生生不息之運動，而現象即由此而產出。氣化運動既是由「道」之活動所帶出，生化的歷程是建立在「道體」自身存有的活動性上；因此，生生不息之氣化必定依循著「道」，由此而可說「道」是運動變化所必然依循之定然律則，而吾人通過現象以知道體便有其理論上的合法性。〔註21〕

〔註20〕見《船山全書》第一冊，《周易外傳》卷五〈繫辭上傳〉第十二章，第568頁。

〔註21〕牟宗三先生說：「如就原初義『天命之體』是即存即活動者而言，則所謂『流行』最初是就此體自身之『於穆不已』說。『於穆不已』是形容此體永遠不停止地起作用，即就此『不已地起作用』說『天命流行』，乃至說『天命流行之實體』，言此天命不已地起作用即是流行，而此亦即是體也。此雖是就體說流行，然亦實是流行而不流，無流相也，行而不行，無行相也。……唯因其不體也。此雖是就體說流行，然亦實是流行而不流，無流相也，行而不行，無行相也。……唯因其不已地起作用遂有氣之生化不息之實事呈現，就此生化

作為法則義之「道」其對於氣的軌約性作用有其必然性，此必然性是依
因著「道」做為即存有即活動者的創生性實體，能帶出氣化活動而內涵分析
先驗地對氣有軌約的必然。也就是說，在「道」體未對氣作用時，此軌約性
便已先驗的潛能的具有，故船山說「當其未形，而隱然有不可踰之天則。」
由於現象界萬有之存在皆是「道體」之活動所帶出的氣化所創造，此創造性
的德能「道」是無形而內具於氣所成之萬有之中，是之故船山謂「隱於形之
中而不顯」，就形而下之「器」而言，「道」是具體有限的存在物內在的
（Immanent）軌約性之道德律法，現象之存在有其內在的道德理性、道德法
則，如此，存在是道德性的存在，而道德便是自律的道德而非它律的道德。
現象所具之內在的道德理性是源自於超越無限普遍的形而上之「道」，此超越
的道德理性成為內在的道德理性，這就使有限的存在內具著無限普遍的道德
理性與超越性。

復次，就形而上之「道」而言，「道」是形而上隱而不可見者，道體之具
體實現（道的具體終始過程），不能離乎陰陽而需通過陰陽以表現之。「道」
既是通過陰陽之運動變化不已以實現之，則當然可說陰陽之終始運行無礙即
是道體之朗現，因此，通過對氣化流行的認識即是對「道」的認識與理解。
然而從「氣」去瞭解道體，這樣瞭解的「道」一定會帶著一個宇宙論的行程
（cosmological process），〔註22〕此一行程是歷程性、時間性、歷史性的行程，
此一創造不僅是宇宙的創造同時亦是道德的創造。通過此一氣化創造之歷
程，「道體」自身及其創造性的德能與作用才能為之彰顯，也就是說「道體」
並非只是一純粹形式的空概念，它的具體真實性是表現於器物之上，「道體」

不息之實事言，遂流有流相、行有行相之實流行，此是氣化之流行也。氣化
之流行有流行相，而為其體的那於穆不已之天命流行之體實無流相，亦無行
相也。……在先秦古義，天命流行是實說（剋就不已地起作用說），然卻是流
而不流之流，行而不行之行，故無流相、無行相，只是一如如的不已地起作
用也，故得為體。氣化流行自亦是實說，然此卻是有流相、無行相。（動是流
相行相，靜是不流相、不行相。一動一靜，合而觀之，是一總流行相，所謂
生化不息也）。有流行相之氣化流行以無流行相之天命流行為其體，此體是即
存有即活動之體也，亦是誠體、神體、妙萬物而為言之體也，故窮神即可知
化。」見牟宗三《心體與性體》第一冊，第 375～376 頁。

〔註22〕牟宗三先生說：「道為一誠體之流行，為一有軌迹之終始過程。道是一道德的
創造之真幾，不能不有具體的流行，不能不有其終始的過程。此即通過其成
始成終之創造生化而無間歇，而不流逝（虛脫），而了解道。」見牟宗三《心
體與性體》第一冊，第 328 頁。

在時間的歷程中展現其自己，林安梧師說：「依船山看來，道是在時間中開展其自己的，是變動的，是萬殊的，是遞衍而不止息的。由於時間是道開展的必要條件，而時間有一動變不居的特質，因而道在時間的變動中所開展的勢態亦有所異，由於勢態之有所異，則其表現之理亦有所別矣。道並不只是一孤立的超絕體，它經由時間的向度而開展，並表現於器物之上，因此要是沒有器物則道無由彰顯，而人們亦得通過道之所顯的器物及在時間中開展的歷程才能諦知『道』。如上所說，船山指出道必在時間歷程中表現其自己，並且若不經過時間歷程中的表現（器物之表現）則無所謂道。換言之，道與時間性是結合為一的，由於兩者之結合為一，故道必開展為歷史。而當我們說『道必開展為歷史』時，我們亦可以說『道隱含著歷史性』。」〔註23〕

再者，由於現象之萬有乃是因著「道」自身的活動性而被創造出來，因此吾人可說「道」因著自身的活動性與創生性，必使得抽象的形式的無限普遍無具體內容之「道」概念，通過「道」自身所創生的具體存在而得其具體內容之彰顯與貞定，所以船山謂「必有其形，而後前乎所以成之者之良能著，後乎所以用之者之功效定」。船山透過「形而上」與「形而下」之分解說，以表達「即形而下見形而上」之思維，此一思維其實便是「即器見道」、「即用見體」，故牟宗三先生說：「『形而上者謂之道，形而下者謂之器。』這是分解地說，『即用見體』是圓融地說。分解地說，有道有器，有可看見，有不可看見。雖然有可看見的，有不可看見的，有有形的，有無形的，圓融地說，非形者即於形之中見出。這個叫『即用見體』。」〔註24〕於此，欲進一步說明的是，「成之者之良能」；「道」，其須通過現象之具體存在物，方得以為之彰顯。這也就是說「道」的創造性德能，「道」是存在的所以然之理，其具創造性的德能，是創造性的原則，同時也是實現性的原則，等諸義的真實性，是通過現象具體之存在的真實性，而得其真實性的保證。設若，無具體之現象的存在，則「道」之存在的真實性，亦無由以證明之。故船山說：「據器而道存，離器而道毀。」〔註25〕關於此點，林安梧師說：「道必顯為形器方是道，必有形器方有道，這便是『道的形器化原則』，亦可稱為『道的個殊化原則』。依船山看來離了這原則而高談道之寂與虛則將陷入邪說妖妄之境，而應予嚴厲

〔註23〕見林安梧《王船山人性史哲學之研究》，第 46 頁。
〔註24〕見牟宗三《周易哲學演講錄》第 203～204 頁。
〔註25〕見《船山全書》第一冊，《周易外傳》卷二〈大有〉，第 861 頁。

駁斥。也就是說，離了形器便離了眞實的歷史世界，而直想造乎道，將主體
直接沒入一形上實體這樣的方式是船山所反對的。他認爲惟有經由主體對客
體之掌握，進而與形上實體之間產生一種張力，由這種張力而有一『合一而
兼兩』、『兩端而一致』的辯證關係，這樣的方式才是正途。」〔註 26〕唐君毅
先生亦認爲船山所謂之道，即器之道之義，乃本于先肯定器之眞實，乃能肯
定道之眞實，唐先生說：「船山之言道，乃即形器以明道，……便可知其思想，
乃先肯定現實一切存在之眞實性，先肯定個體事物之眞實性，必肯定個體事
物之眞實性然後其『前乎所以成之者之良能』乃著，『後乎所以用之者之功效』
乃定。」〔註 27〕於此欲指出的是，唐先生與林安梧師所指出的正是船山學所
以異於程朱學之處。蓋就程朱學而言之，器之所以爲眞實，其根據乃在於理
爲眞實，故理顯于氣所以成之器，亦爲眞實之器。而程朱學所以用理之眞實
來說氣之眞實者，乃是在理先氣後的脈絡之下必然有的思維方式。在程朱學
的系統中「道」的眞實性是理論系統中最基源的理論預設，在此預設之下「器」
的眞實性是由「道」的眞實性來保證。而船山之所以由「器」、「氣」之眞實，
以說其「理」之眞實；「道」之眞實需由「器」之眞實來證成，「器」眞所以
「道」眞，實乃因「道」爲隱而未見者，而「器」是形而可見者，且就邏輯
而言，「器」既是體自身的活動性所帶出之氣化所創造，因此「器」之眞實，
即可證「道」爲眞實。植基於此，吾人即可得知雖然船山反對陽明學末流的
論點，然而這並不意謂著船山學就必然同於程朱之學。〔註 28〕

　　於此欲進一步說明的是，船山所言之「所以用之者之功效」則是指「形

〔註 26〕見林安梧《王船山人性史哲學之研究》，第 48～49 頁。所謂的「道的形器化
　　　　原則」與「道的個殊化原則」，林安梧師說：「這裏所謂的『道的形器化原則』
　　　　與『道的個殊化原則』是強調道必彰顯爲形器，而形器即是個殊之物，而人
　　　　亦必須通過『形器』及『個殊之物』方可能諦知『道』。……又相對於『道的
　　　　形器化原則』及『道的個殊化原則』，依船山意，實又隱含著『形器必統於道』、
　　　　『個殊之物必統於道』的原則。」同書，第 48 頁，註 8。
〔註 27〕見唐君毅《中國哲學原論・原教篇》，第 519 頁。
〔註 28〕唐君毅先生認爲船山之言道，不取朱子嚴分形上形下，嚴分體用之說。朱子
　　　　以形而上者即理，理之義則或同于道。形下爲氣。理爲體，而理之顯于氣，
　　　　爲用。船山則統形上形下，而以氣化爲形上、爲體，即形器明道，即事見理，
　　　　即用見體。此頗類似陽明。然陽明之即用見體，體惟是良知天理。即事見理，
　　　　事惟是致此良知天理。陽明以人道攝天道，無獨立之天道論。而船山之言即
　　　　器明道，即事見理，即用見體，則不僅據以明人道，同時據以明天道，而有
　　　　獨立之天道論。見唐君毅《中國哲學原論・原教篇》，第 517 頁。

之所可用以效其當然之能者」，船山指即是車可載，器可盛，父子之有孝慈，君臣之有忠禮。吾人若以西方哲學之觀點而言之，船山將「器用之理」與「人倫道德之理」，同視之爲「當然之能」，似有混淆「功能性」與「價值性」之疑。只是就船山學而言，人有其用無異於器有其用，因爲人與器物皆是根源於「道」，皆因著「道」而有其用而有其能，只是人之能與物之能因著物類之不同而有所不同，〔註29〕人之能即是「道德的實踐理性」，其表現於「道德實踐」，而物之能則是「功能性」其實現於「器物之物」。雖然，形之所可用之當然之能，因著物類之殊異性而有不同，不過人與物之能皆根源於形而上之道。因此，船山將「器物之用」之「功能性」與「道德實踐」之「實踐理性」統一地同視爲「當然之能」實有其理論的合法性，吾人實不應將之視爲理論概念使用上之混漫，而當視爲此乃從存在的根源性上立論所必然有的說法。

復次，抽象的形而上之「道」，於下貫成爲現象界具體存在物之內在超越性時，「道」通過具體的有限的存有而得其具體化，抽象無限之「道」既得其具體化，這就意謂著無限普遍之「道」，成爲殊相之「道」而有其特定具體的內容，故船山謂之曰「所以用之者之功效定」。如此一來，抽象無限普遍性之存在的所以然之「存在之理」，與具體個體化之行爲實踐所當依循的軌約性之「應然之理」，便取得了本質上的同一性（Identity），道德實踐時所應遵循的「應然之理」，實爲抽象的無限普遍之宇宙秩序的具體化、個體化，〔註30〕是以船山謂之曰：「二者則所謂當然之道也」。換言之，船山認爲生活世界中行爲踐履所當依循的「道德法則」、「道德秩序」即是「宇宙秩序」，軌約著現象的經驗世界的宇宙法則、因果法則，即是價值的精神性的道德法則。如此一

〔註29〕人與其它的物類皆根源於「道」，何以同源自於「道」，人有道德的實踐理性，而物卻只能是一器用而無實踐的道德理性，在儒者看來此是類別間的差異性，是人之異於禽獸之處。而物類的差異之所以生，在船山看來則是因爲「道統天地人物，善性則專就人而言也。一陰一陽之道，天地之自爲體，人與萬物之所受命，莫不然也。而在天者即爲理，不必其分劑之宜；在物者乘大化之偶然，而不能遇分劑之適得。則合一陰一陽之美以首出萬物而靈焉者，人也。」

〔註30〕牟宗三先生說：「天命實體之下貫于個體而具于個體（流注于個體）即是性。『於穆不已』即是『天』此實體之命令作用之不已，即不已地起作用也。此不已地起命令作用之實體命至何處即是作用至何處，作用至何處即是流注至何處。流注于個體即爲個體之性。」見牟宗三《心體與性體》第一冊，第31頁。

來，通過人的道德踐履所實現的道德律法，即是宇宙的秩序及其精神的展現，而人的道德實踐即是道德的創造。換言之，在船山看來，形而上超越的道德實踐理性及其存在的真實性是通過具體存在物之實踐而得其存在真實性，故船山謂「形而上而不離乎形。道與器不相離」。

至此，吾人可說船山的道器理論，實為道德實踐理性及其真實的理論的開展，此道德實踐理論建構所採的進路乃是通過《易傳》而導歸先秦孔孟之學，將客觀地超越地說之「天」、「於穆不已」之道體吸納而以主觀的行為實踐形著之真實化之，於主觀面與客觀面皆能圓滿而不虛歉。此實有別於象山陽明學從主觀面入手，而為孟子學之深入與擴大，於客觀面稍有虛歉而不甚能挺立；亦別於伊川、朱子將《易傳》所言之道體性體視為「只存有而不活動」之理，道體只能是一本體論的存有（Ontological being）。〔註31〕而同於濂溪、橫渠、明道或甚至五峰、蕺山所開出的《中庸》、《易傳》、《論語》、《孟子》通而為一之圓教一本系統。此種調適晚明儒學程、朱、陸、王末流之或「蕩之虛玄」或「流於情識」之弊病，回溯於北宋儒學以上遂先秦儒學，即是船山所以能別開生面之處。〔註32〕

由於宇宙的法則秩序與道德的法則秩序，具本質的同一性，這就使得形而上超越層的存有（本體）與形而下現象界的存有，此二層存有間有了溝通的可能性。且於理論上船山這就避免了康德學說中「道德法則」與「因果法

〔註31〕牟宗三先生說：「先秦儒家是由《論》《孟》發展至《中庸》與《易傳》，而北宋諸儒則是直接由《中庸》、《易傳》之圓滿頂峰開始漸漸向後返，返至于《論》《孟》。人不知其通而為一之背景，遂以為北宋諸儒開始，是形而上學的意味重，似是遠離孔孟實踐之精神。固是形而上學，然卻是先秦儒家發展至《中庸》、《易傳》所本有之『道德的形上學』，固以《論》《孟》為底據，非是空頭的『知解形上學』（Theoretical metaphysics）。惟因自此圓滿頂峰開始，一時或未能意識及。然其不自覺的背景固以通而為一為其底據也。」
〔註32〕以「一本」為圓教之模型，牟宗三先生是最早提出此一看法之人，牟先生說：「明道不言太極，不言太虛，直從『於穆不已』、『純亦不已』言道體、性體、誠體、敬體。首挺立『仁體』之無外，道言『只心便是天，盡之便知性，知性便知天，當下便認取，更不可外求』，而成其『一本』之義。是則道體、性體、誠體、敬體、神體、仁體乃至心體，一切分一。故真相應先秦儒家之呼應直下通而一，調適上遂之新。如果有可以使吾人感到宋明儒之理境有與先秦儒家不相似處，首先當從此本質的圓教之意義上去想，不可浮光掠影，從枝末點滴上去妄肆譏議也。至於造詣、意味、氣象，則是主觀的事，隨時有不同，自不會全同，亦不必能及先秦之儒家，此不必言。」見牟宗三《心體與性體》第一冊，第44頁。

則」因分屬於不同存有層，而各爲所屬之存有層的運作法則，所產生之二層存有間如何能溝通的曲折問題。〔註 33〕在船山看來，道德性的天理實理，並非只是一抽象地的概念，它並非只是一存有而不活動的存在，它必然的下貫而內存於人，此具體有限的個體生命之中，而成爲生命的內在實踐理性、道德的律法、行爲的應然性原則。就理論上而言，所有的存在物皆受天道之下貫而皆內具此天道，也就是說不論是人是物於理上皆具此「天道」，雖然此道德的實體是由人的道德意識及其實踐而顯露，然而卻不限於人類。也就是說，無限的道德創造性實體除了開啓道德世界，同時也創造了存在的世界。由於道德的世界與存在的世界皆由此一創造性的道德實體所開出，因此，道德實踐理性即是宇宙的理性，道德律法即是宇宙秩序；自然界的「因果法則」即是道德踐履的「當然」之「道德法則」。在「道德法則」與「因果法則」本質的同一性之架構下，「本體界」與「現象界」此二層的存有便有溝通的可能性。需說明的是，就理論言之，雖然「人」與「物」皆承天道下貫而皆內具此宇宙的理性與道德的律法。然而儒者認爲，「物」只是靜態的具有此道德法則，而人則可動態的實踐之，也就是說人有著內在的純粹道德理性與法則，同時人亦因有純粹的道德實踐理性，因之而有道德實踐的能力，此即是「良知」與「良能」，而此正是人與其它的物類之間的差別性。因此道德學中所言之有限的存在物能即有限而無限，有限的存在能體證無限超越的理境，價值的應然便有可能成爲作用的實然，此皆指涉人此一物類而言之。

第三節　「具體存在」即是「道體」自身的澄明

由於船山認爲通過「器」之存在，「道體」才能爲人所證知，其存在的真實性亦因之得其保證。然而「道」是創生性的實體，是動態的即存有即活動者。

〔註33〕在康德學說中，道德價值及其律令之根源劃歸於先驗的形而上之超越的智思界，而自然的「因果律則」是屬於自然界、感覺經驗界，因此康德所需面對的問題便在於如何溝通此二層不同之存在，牟宗三先生說：「依康德，自由意志所先驗構成的（自律的）普遍的道德律是屬於睿智界，用今語說，是屬於價值界、當然界，而知性範疇所決定的自然因果律則是屬於感覺界，經驗界，實然或自然界。這兩個世界間距離很大，如何能溝通而合一呢？這個問題，在康德的批判哲學中，是幽深曲折地來思索，也可以說是相當的艱難。」見牟宗三《心體與性體》第一冊〈第一部綜論〉，第 115 頁。

「道體」的活動之所以說是創造性的活動，是因其活動必然地帶出不息之道德、生化之創造，故可說此活動是創造性的活動；亦因此一創造性的活動是「道體」自用其體，自如其如的活動，故創造性的活動所產出的具體存在物，皆可視爲是道體的自我彰顯。因此「道體」並不是一虛懸的靜態的只存有而不活動的純粹形式概念。〔註34〕就船山學而言，「道」是動態的說，其自身必然的創造萬有，通過萬有創造「道」的眞實性因之得以彰顯，因此船山反對佛老以「寂」與「虛」說道，船山反對佛老將「道」視爲「寂」、「虛」，認爲佛老之言乃離「器」而言「道」，割裂了「道」與「器」統一的關係，此不僅違反了「道」「器」不離之原則，同時亦不是對「道體」的正確認識。〔註35〕因爲就船山看來，「道體」自身的存在是即存有即活動的創造性實體，而不是只存有不活動。就存有的實況而言之，「道體」是創造性實體。「道體」自身有具體的內容而非只是一個純粹虛玄的形式的空概念。〔註36〕「道體」此一存有既是動態的存有而非靜態的存

〔註34〕 牟宗三先生說：「本體不能光擺在那裡，要通過我們的實踐工夫把它體現出來，證實本體確實如此。本體不是光景，也不是一個抽象的概念，客觀的道體通過實踐理性而顯。」見牟宗三《宋明儒學的問題與發展》，第 183～184 頁。

〔註35〕 船山說：「老氏瞀于此，而曰道在虛，虛亦器之虛也。釋氏瞀于此，而曰道在寂，寂亦器之寂也。淫詞炙輠，而不能離乎器，然且標離器之名以自神，將誰欺乎？」見《周易外傳》卷五〈繫辭上傳〉第十二章，第1029頁。於此欲說明的是，就佛教的教理而言，萬物是由一創造性的主體所創生或世界與萬物有一起始點乃是一種思惑、妄想，此爲是一種無明。等覺菩薩此位階的法身大士所需破的最後一品根本無明，即是能生起一切現象、萬物之起點認爲萬物有一起點之無明，此無明名之曰「生相無明」，等覺菩薩破盡此無明方能證入圓覺之地——成「佛」。法身大士於破盡「生相無明」時，則時空的概念即斷盡，而能眞契入「過去無始，未來無終」之聖境。至於老子的以「無」言「道」，爲天地萬物之始之本，此「無」實是一種遮詮，實爲一種姿態，實無一實體性之「無」客觀地存在。「無」就老子而言，是一遮詮字，遮人爲造作以顯「無爲」與「自然」。以「虛」、「無」言「道」，此實爲一種境界而非實物，故牟宗三先生稱之爲「境界型態」之形上學，而非「實有形態」之形上學，而「道」之「生」乃是通過無爲無執之讓開一步，「不禁其性」、「不塞其源」無執無爲地物自生自濟，此即是「無爲而無不爲」之義，而牟先生謂此即是「道」之生——「不生之生」。

〔註36〕 牟宗三先生認爲儒家的體用義是道德的創造實體之體用，是康德所說意志因果性（是一種特別的因果性，與自然因果性不同）之體用，是性體因果性、心體因果性之決定方向之創生的體用。故此創造實體確有能生義、生起義、引發義、感潤義、妙運義。此創造實體之客觀性、實體性、實現性（創生性、生化性）不只一種姿態，而確是一種客觀的實體、實有之所具。惟此實體實有不是柏拉圖型的，不是智及之靜態的形式，乃是意志、德性之動態的性

有，其活動是自用其體之創造性活動。〔註37〕凡言「道體」必不能離其自身的創造，必有其具體的開展與實現，也就是說，一說「道體」必有其「器用」而不能離「器用」。是以船山認爲離「器用」以言「道體」，皆不是對「道體」的正確認識；相反的，通過形而下的器物即可體證形而上超越的「道體」，因此船山進一步的指出：

> 盡器則在其中矣。聖人之所不知不能者，器也。夫婦之所與知與能者，道也。故盡器難矣。盡器則道無不貫。盡道之所以審器，知至於盡器，能至於踐形，德盛矣哉！〔註38〕

就朱子學而言，流行生化不息之實事只在於氣，而理之流行只是依託於氣之流行，理自身實無所謂的流行，理之流行只是個虛說，若以現代的話語來說，朱子學所言之理乃是「只存有而不活動」。然而在先秦古義之中，天命流行是從於穆不已地起作用處之實說，「道體」只是一如如不已地起作用者，是流無流相行無行相、動無動相的「不動之推動者」。說「道體」不動是就其自身之活動是自如其如不變其自己而在其自己；說「道體」是推動者是指「道體」自身的活動能帶出領出氣之生化不息之實事。〔註39〕由於現象界之萬有皆由「道體」自身之活動所帶出，雖然「道體」是隱微不可見者，然而「形器」則是具體可見。因此，欲證知形而上隱微不可見之「道體」，實可通過具體可見之形而下分殊之現象，故謂「盡器則道在其中矣」。如此，「器」實可說是「道」之「器」，而「道」實可說是「器」之「道」。由於「器」是「道」之「器」，故可說「盡器則道無

體、心體、虛體、神體、誠體、乃至天道、天命以及太極。此創造的實體亦實有亦神用（活動），亦主觀亦客觀，乃是超然之大主。此種形上學名曰道德的形上學。如果此中亦含有一種宇宙論，乃是道德創造之宇宙論。如果亦含有一種存有論，乃是創造實體之存有論，實有形態之存有論，不只是境界形態也。見牟宗三《心體與性體》第一冊，第464頁。

〔註37〕唐君毅先生云：船山雖以道爲氣之道，然道與氣之名義固各別。氣自用其體以成器，而其自用其體之方式或道路，即道也。氣之自用其體，即實有之萬形萬器之所以成，而道亦即爲萬形萬器所同表現遵循之實理。故船山釋道爲萬物所眾著而共由者。萬物之所眾著而共由者，即陽以生之，陰以成之之理。而此理即二氣之所以自用其體之方式也。陽之生爲象，（象者，有微象而未成形，即物之始生也。）陰之成爲形。由生而成，成而後生：由象而形，由形而象。此生成之更迭，形也。見唐君毅《中國哲學原論・原教篇》，第523頁。

〔註38〕見《船山全書》第十二冊，《思問錄・內篇》，第427頁。

〔註39〕牟宗三先生說：「有流行相之氣化流行以無流行相之天命流行爲其體，此體是即存有即活動之體也，亦是誠體、神體、妙萬物而爲言之體也，故窮神即可知化。」見《心體與性體》第一冊，第376頁。

不貫」；而「道」是「器」之「道」，故可說「盡道所以審器」。

植基於此，船山認為「道」與「器」的關係不僅可說「道」是「體」而「器」是用，同時亦可說：「群有之器，皆與道為體者矣。」〔註40〕也可說「故形色與道，互相為體，而未有離矣。」〔註41〕船山以「形色」、「群有之器」皆「與道為體」、「互相為體」，此種論點初看似乎與以「道」為「體」而「器」為「用」的儒學傳統有異，然而此並非是船山於概念使用上的混亂，而是船山從「存有義」之超越的「根源義」與「實現義」之作用的呈顯處等二種不同層次去分說「體用」的關係。船山認為就存有的根源而言之，「道」是「本體」而「器」是本體之用；就具體實現處而言之「器」是「道」具體的存在處，「器」可說是「道」的「體現」處、呈顯處，是以船山曰：

> 道以陰陽為體，陰陽以道為體，交與為體，終無有虛懸孤致之道。
>
> 故曰「無極而太極」，則亦太極而無極矣。〔註42〕

此處所言的「交與為體」即是前文所言之「互相為體」，「器」需有「道體」方能存在而有其「器用」，就此向度說「道」為器之體，此「體」是存有論下的超越的本體義；「道體」必需通過「器用」才能彰顯其自己，就此向度說「器」為道之體，此「體」可說是載體，是實現論之體現義。換言之「體」有存有論意義之「致用之體義」，亦有實現義之「備體（道）之體義」等二層涵義。由於此處所言之「體」並不是就主體義而言之，因此，吾人不可將道器交與為體與道器互相為體等命題理解為「相互主體性」，而當從「存有的根源」與「作用的呈顯」此二者是始終相成而相涵之向度切入方能恰如其分的理解與詮釋。〔註43〕以「道」為體是就存有的所以然之體而言之，以「器」為體是就存有的體現之體而言之。是為了強調「器」的「備道義」與「作用的彰顯義」，船山又曰：

> 與道為體，一與字，有相與之義。凡言體，皆函一用字在。體可見，用不可見；川流可見，道不可見；則川流為道之體，而道以善川流之用。此一義也。必有體而後有用，惟有道而後有川流，非有川流

〔註40〕見《周易外傳》卷二〈大有〉，第862頁。
〔註41〕見《周易外傳》卷三〈咸〉，第904頁。
〔註42〕見《周易外傳》卷三〈咸〉，第903頁。
〔註43〕林安梧師說：「所謂的『始終相成』是『始以肇終』而『終以集始』。所謂『體用相涵』是『體以致用』而『用以備體』。」見林安梧《王船山人性史哲學之研究》，第110頁。

而後有道，則道爲川流之體，而川流以顯道。此亦一義也。〔註44〕
即存有即活動的「道體」其內涵分析必然地具有其作用，故船山謂「凡言體，
皆函一用字在」，船山言「體」可見，而「用」不可見，不可見者之「用」，
其義即是前文所言之「所以成之者」、「變通以成象辭者」，是「作用之所以然
之義」而非「作用之然義」，故謂「用」不可見；而可見之「體」即是川流，
則「體」字之義即是「體現義」非本體義，故謂「體」可見。換言之，船山
此處所言之「體」並非本體層中的「本體」而是作用層中的「體現義」。雖然
船山處對於「體用」概念的用法迥異於傳統的「體用」概念的用法而頗易引
起誤解，然而船山之所以就作用層的彰顯處言「體」，這其實正是強調工夫與
實踐的船山學的核心價值之所在。因爲就人之道德學而言，道德根源於實踐
理性，道德不是空說即能成其爲道德，道德需通過實現方能得其存在的眞實
性與具體性，若只言道德而無具體的實踐之，則道德只是一個空概念。以「孝」
概念爲例，「孝」需在「養親」「尊親」「顯親」上方能謂之「孝」，方能成其
爲「孝」，「養」「尊」「顯」即是道德的實踐，此即是「孝」，並沒有一獨立於
實事之外的「孝」概念存在，也就是說言道德是「存有」即是「實踐」，道德
之有、道德的存在，是通過實而存在。言道德需「超越的根源性」與「實踐
性」同時肯認方能無偏遺。於此，欲進一步指出的是，雖然宋明儒者於言「道
器」關係時，皆視「道」爲「體」而「器」爲「用」，然而視「器」爲「體」，
將「器用」從作用層的角度言其爲「體」，則伊川與朱子可說是先驅，朱子引
伊川之語曰：

> 程子曰：「此道體也，天運而不已，日往則月來，寒往則暑來，水流
> 而不息，物生而不窮，皆與道爲體。」〔註45〕

朱子又曰：

> 「與道爲體」，此句極好。……問：「如何是與道爲體？」曰：「與那
> 道爲形體。」……道不可見，因從那上流出來。若無許多物事，又
> 如何見得道？便是許多事物與那道爲體。水之流而不息，最易見者。
> 如水之流而不息，便見得體之自然。……道本無體，此四者非道之
> 體也，但因此則可以見道之體耳。那無聲無臭便是道，但從那無聲
> 無臭處尋去，如何見得道？因有此四者，方見得那無聲無臭底，所

〔註44〕見《船山全書》第六冊《讀四書大全說》卷五〈論語・子罕篇〉，第734頁。
〔註45〕見朱熹《四書集註》，第107頁。朱子引伊川釋〈子在川上〉章之語。

以說「與道爲體」。〔註46〕

觀伊川與朱子之語則即知，與道爲「體」之意即是與道爲形體。也就是說「形器與道爲體」之「體」是現實義之備體之體，是指有限的殊相事體，並不是存有義的「本體」。要言之，朱子言「器」「與道爲體」是從認識論的角度，是從可以見「道之體」處言之，就此點觀之，船山並不與朱子有異。然而朱子言道本無體，器非道之體，是就可見而言之，船山卻直言「器」爲「道」之體，學者認爲此是船山學與朱子學之迥異之處，同時也是船山的新發展。

於此欲指出的是，雖然就文字的表象上看來，朱子言「道無本體」不以「器」爲「道之體」，似與船山「器爲道之體」，有所不同，然而此不同基本上是不存在的，因爲朱子是從存有論的立場言不可視「器爲道之體」，而船山則是從實現論的層次言「器」爲道之體。若就實現論的立場而言之，朱子亦不反對「器」爲「道」之「體」，而亦言「與道爲體」。朱子亦認爲，由「器」可以「見道之體」，此正與船山無異；若就存有論而言，船山亦以「道」爲存有論之「本體」而無異，視「道」是主持分劑者，故船山亦有「道以善川流用」之說。植基於此吾人可知，在相與爲體此一命題的論述中，船山並非只是命題形式的繼承朱子，同時亦是內容精神的繼承朱子而無不同的思維與詮釋進路。雖然，船山從「存有層」與「作用層」二義以言體，不同於朱子只以「存有層」言「體」；然而此只是文字概念的表象，就若理論的意義與層級而言之，船山學「作用層」之「體」，其義實無異於朱子學中作用層中的「器用」義。〔註47〕

船山以言「器」爲「體」，實是爲了提醒重本輕末、重體輕用的儒學末流正視「器」不僅於道德實踐理論中居於核心地位，更是道德實踐之入徑，而冀能於已流於蕩之虛玄的晚明儒學有所補偏救失，故船山於《周易外傳》卷

〔註46〕見黎靖德編《朱子語類》卷三十六，第974～978頁。
〔註47〕周芳敏先生說：「以道爲川流之體，蓋同朱子之意；然以川流亦可爲道之體，則朱子固已直言不可。由此可知，船山『與道爲體』之說雖有承於朱子，但已發展出不同的思維線索及詮釋進路，故只爲命題形式的繼承，而非內容精神的繼承」。見周芳敏《王船山「體用相涵」思想之義蘊及其開展》國立政治大學中國文學系博士論文，民國94年6月，第69頁。然而若吾人細味船山之語，「川流爲道之體」，又說「體可見，用不可見；川流可見，道不可見」、「道以善川流之用」，則船山所言之「器」與道爲體實不異於朱子，此可見之「體」，其義亦是指具體可見之作用地顯體之體現義，而非存有論之「本體」義。

二〈大有傳〉有言曰：「故善言道者，由用以得體；不善言道者，妄立一體，而消用以從之。」〔註48〕

第四節　小　結

　　基於上述的論證，本文認爲船山各命題間所顯的文義上的矛盾與衝突之因，並非船山用語意義不嚴格或混亂而不可解，而是船山於立義所指涉的理論層級、所欲回應的問題並不相同。當船山說「道者，器之道；器者，不可謂之道之器也。」「無其器則無其道」，是從現象界作用層處就立名擬議而言「道」與「器」的關係，而不是「存有論」地從超越的存在所以然處立說。當船山說「當其未形，而隱然有不可踰之天則」、「器敝而道未嘗息」時，則是肯認有一超越的存有層與超越的實體、精神性的本體。因此，實不可將船山視爲唯物主義論或唯物的氣論，此命題間實亦無衝突，因爲命題是分屬於不同層級。

　　復次，牟宗三先生於論述橫渠學中曾說：「張橫渠講太極、太虛、天道性命相貫通，就是落在實踐理性（practical reason）範圍內。這就表示客觀地講道體這個觀念是屬於實踐理性的範圍，不屬於知解理性的範圍。所以，講道體一定預設有一個工夫跟在後面。」〔註49〕船山學展露「本體」的眞實性之道路亦復如此，一言「道體」必內涵分析必然的具有其「器用」。「道體」是形而上無限普遍的抽象性存在，於形而下具體的現象世界之中，「道體」是通過自身存有的活動所帶出的「陰陽」氣化之運動，以體現其存在的眞實性。也就是說，「本體的眞實性」是通過「現象存在的歷程」而證成，此是船山於道器的理論中的核心主張。通過現象以證成本體的眞實，其理論的合法性基礎乃是建立在「存在的所以然」與「存在之然」的關係架構上，此一關係在船山看來是道器不離之「道器相與爲體」。所謂的道器相與爲體是指「道以陰陽爲體」，「陰陽以道爲體」。然而船山說「道以陰陽爲體」、「器爲道之體」之「體」，並不是就「存有論」之「本體義」而言之，其理論所指涉的層級是作

<hr>

〔註48〕上述之論點，唐君毅先生早已提點出，唐先生認爲在船山學中「氣」之自用其「體」，即實有之萬形萬器之所以成，故船山釋「道」爲萬物所眾著而共由者。萬物之所眾著而共由者，即陽以生之，陰以成之之「理」，此「理」即二氣之所以自用其體之方式也。二氣之自用其體，若有恆常之方式，以主持調劑之者即是「道」也。見唐君毅《中國哲學原論・原教篇》，第523頁。

〔註49〕見牟宗三《宋明儒學的問題與發展》，第184頁。

用層之「體現義」。而船山所言之「陰陽以道為體」之「體」，其理論之層級是就「存有論」之「本體義」，指氣的超越之體，是創生的神體、誠體，是遍運乎氣而妙應之動態的具體的神用之體，而非抽象的靜態之體。換言之，船山說「陰陽以道為體」，此「體」字是存有論的概念，是指存在之所以然之「本體」。

雖然船山以「事體」與「本體」等二層涵義以言之，於概念的使用上異於傳統的用法而易使人有所誤解，然而船山此並非是概念使上之混亂。雖然就現象界存有的實況而言，「道」與「器」是不離的，然而若在語言概念的分析中，「道」與「器」相間的關係仍可分解的說。〔註50〕分解地說「所以成之者之良能」是「體」，而「所以用之者之功效」是「用」；就存在的所以然及超越的創造性根據而謂之「道」，就存在之然、有限特殊的存有而言謂之「器」；於存有的實況中則是「道器不離」、「體用圓融」，「用」是「體」之「用」，是形而上超越之「體」於形而下作用層處的具體實現，而「體」是「用」之「體」，是形而下有限的個體所以能即有限而無限的超越性根據。「器」是「道」之具體作用地呈顯，而「道」則是「器」所以存在的超越性根據，因此船山謂「器」與「道」「交與為體」，並非指「相互主體性」義，而是就存有的不同向度以分說「存有的根源」與「存有的呈顯」義。

如此於理論上的效應，「道體」有其「器用」則抽象普遍之「道體」自身存在的真實性與具體之內容便得到具體的實現，而不再只是抽象形式的普遍；同時，「器用」有其超越的根據「道體」，則「器用」也不再只是特殊有限的個體，有限的殊相存在中有其「超越的普遍性」，是以個體便有會通全體之可能性，便有超越的可能性。它能即有限而無限，即有限而超越。如此，談普遍的理想性，不妨礙個體獨立性，談個體性亦不妨礙普遍性與理想性。如此便將「普遍」與「特殊」之二律背反解消之，同時抽象的普遍性，便不再只是一抽象的普遍性，而是能保住個體殊特性之具體普遍性。〔註51〕筆者

〔註50〕牟宗三先生說：「在具體表現中，若分解地明之，即不能不有異質之成分在，落實言之，即不能不有『氣』之觀念在，而氣並非即是道也，若渾淪圓融地言之，則道器、理氣、體用、一起滾，說道不離器，可，說器即是道亦可，而此『即是』非界定之『即是』，乃是『圓融』之『即是』。圓融的『即是』與分解地說中之是與不是並非同意也。」見牟宗三《心體與性體》第一冊，第327～328頁。

〔註51〕牟宗三先生認為，抽象的普遍性乃是將差別性抽掉，然而「道」此一普遍性概念，終不能只是一抽象的普遍性，其自身一定得呈顯，牟宗三先生說：「普

認爲此是船山「道器」論通過「道器相與爲體」以證成「本體」的眞實性之外的另一個涵藏的理論意義與價值之所在。在船山看來萬有雖然離形異質，是多元的，但卻皆是存在於整體之道中，一皆是整體之「道」的內容。萬有雖是「道」的內容，卻也同時是：萬有之全體即是「道」自身眞實的意義。如此「道」可說是差異性的統一，其意義乃是多元而一體之整體義，「萬有」是「多」，而「道」則是此多的統一體，由此而說的統一體，是不需消除差異性之和諧的統一體；相反的，「道」還需保留此多元而和諧的差異才能得成其全。也因此存有之根源的同一性之「一」與存在之殊異的離形異質之「多」，便達成統一。易言之，在船山這裏，「道」不再如伊川、朱子學般，將「道」視爲一形而上超越而能獨立於物外的道德理體與道德實體；同時「道」亦不如象山、陽明學之將「道」收攝於人之「心」之上，將之視爲超越時空之純粹而普遍的道德理性；船山所言之「道」亦不同於黑格爾的「絕對精神」之概念，因爲，在船山看來，存在的全體即是「道」，「道」是「精神」與「物質」的統一體，而在黑格爾處，「絕對精神」此一概念是排除了「物質」的成份，是一純粹的精神實體。就天人的關係而言之，船山亦不像伊川、朱子與象山、陽明那樣，視此在存在的意義乃在於實踐天道與道德的創造，亦不似黑格爾般，將「歷史」視爲絕對精神的展現。

遍性是由觀念、概念來了解，但觀念是要表現的，要通過生命來表現的，這就是普遍性在特殊性的限制中體現或表現出來，這種眞理是哲學的眞理。」又說：「普遍性要在特殊性的限制中呈現，而且一定得呈現，否則講空話是無用的，而且表現要在生命的限制中表現，這樣的特殊性就出來了。……普遍性與特殊性均要承認，這樣就可解消二律背反。以其有普遍性……可以相溝通。可相溝通就有其普遍性，由此可言會通，若無普遍性就不能會通。……故有普遍性也不失其特殊性，有特殊性也不失其普遍性。」見《中西哲學之會通十四講》，第 8～10 頁。

第四章 「隱」與「顯」：存在的「未出場」與「出場」

　　體用概念與形上形下的概念皆爲宋明儒學中重要的核心概念，在宋明儒學中體用通常以形上形下來區別劃分建構存在的層次及存在的根源性與現實性的說明。然而「體用」的概念並非是宋明儒者之獨創，早在先秦時就已出現，只是先秦所言的「體用」概念並非用在哲學意義下之存在的根據性與現實性，亦非用在形上與形下的區別，而是就事物之事實狀態之描述，《荀子·富國篇》云：「萬物同字而異體，無宜而有用。」「體」是指事物之形體，而「用」則是指事物之作用。明道曾說「體用無先後」（《遺書》卷十一），而伊川亦主張「體」不離「用」，而「用」不離「體」。伊川於《程氏易傳·序》則提出了「體用一源，顯微無間」，此中「體」是「本體義」而「用」則是指具體的「現象」、「事物」，「現象」不離「本體」；「本體」不離「現象」，故伊川說：「有理而後有象，有象而後有數。易因象以明理，由象而知數。得其義，則象數在其中矣。」（《文集》卷九〈答張閎中書〉）朱子則說：「體用雖是二字，本未嘗相離」（《朱子語類》卷四十二）又說：「體用一源，顯微無間。蓋自理而言則即體而用在其中，所謂一源也。自象而言則即顯而微不能外，所謂無間也。」（《朱文公文集》卷三十〈答汪尚書〉）又說：「道之體便在許多事物上」（《朱子語類》卷三十六），陽明則說：「即體而言用在體，即用而言體在用，是謂體用一源。」（《傳習錄上》）劉蕺山則認爲「即主宰即流行也，此正是體用一源，顯微無間處。」（《劉子全書》卷十二〈學言下〉）

第一節　存在的「根源」與「實現」

在船山學那裏，「體」與「用」的關係並非如朱子學一樣，視「體」爲「超越的道德倫理之理型」，視「用」爲「現象」，在船山學那裏「體」與「用」是一物的兩端分說，「存在的根源性」與「存在的現實性」。「根源性」與「現實性」在船山學那裏乃是互爲體用，是交互往來之辯證性的綜合，船山說：

（1）隨其隱見，一彼一此之互相往來。道隱而性彰，性彰而所以能然者隱。用麗於事物，本者也，而所以用者卒不可得而見。〔註1〕

（2）體之隱者也，必有其實，無其實，則與虛無寂滅之托妄而失眞者同也。〔註2〕

（3）至隱者，即在顯著之中。〔註3〕

（4）不睹之中有其形焉，不聞之中有其聲焉。則其費也，皆有隱者存矣。〔註4〕

（5）《中庸》一部書，大綱在用上說。即有言體者，亦用之體也。乃至言天，亦言天之用；即言天體，亦言天用之體。大率聖賢言天，必不舍用，與後儒所謂太虛者不同。若未有用之體，則不可言「誠者天之道」矣。舍此化育流行之外，別問杳杳空空之太虛，雖未嘗有妄，而亦無所謂誠。〔註5〕

（1）則指出存在的所以然之根據，是不可得而見；可見可聞者乃是存在之實然。故謂所以能與所以用是隱而不可得而見。（2）則所言是指道體是創造性之自己，其必然的創造。由於道體之創造，即是道體之對其自己或爲其自己（Tao for itself），是道體自身的實現。作用與實現即是道體作用性的自己，道體存在於其作用之中。故說「體之隱者，必有其實。」實即意謂著道體不孤存於具體存在之外。若關聯著（1）則來說，則具體之存在其背後隱藏著不可見未出場的存在所以然根據。〔註6〕關聯著（3）則所說的「至隱者，即在顯

〔註1〕見《船山全書》第一冊，第525～528頁。
〔註2〕見《船山全書》第七冊，《四書訓義》上，第171頁。
〔註3〕見《船山全書》第七冊，《四書訓義》上，第126頁。
〔註4〕見《船山全書》第七冊，《四書訓義》上，第130頁。
〔註5〕見《船山全書》第七冊，《四書訓義》上，第529頁。
〔註6〕德國的現象學者胡塞爾便曾提及事物的「明暗層次」（Abschattungen）的統一，談到事物總要涉及它所暗含的大視域。而海德格爾則更進一步的指出：在感性直觀中出場（「明」）的事物，都是出現於由其它未出場（「暗」）的事物所

著之中」來看，（3）則所言之意即是，可見可聞的在場存在，其背後皆有不在場的存在者，以爲在場者存在的根據。而（5）則指出體即用之體，言體不必舍用。若捨用而言體，或云未有用之體，則將使天道必然的創造性，與即存有即活動，即活動即創造義之旁落。因此船山謂若未有用之體，即不可言「誠者天之道」。

在船山看來，天是創造性自己，其存在是創造，故體必有其用，並沒有一個不創造不作用的本體。本體雖然是隱微的，然而卻非不存在，船山認爲隱微的本體，其存在於可見之中，每一具體可見之物皆是此隱微之體的作用。這就表示「體」是既超越而又內在於具體存在。說其超越，是指道體作爲存有的根源，具有無限普遍性的創造性；說道體內在於具體的存在，意在表示道體作用於時空經驗中，而不離開時空經驗之中。若以「Being」來說「體」而以「Existence」來說「用」，則「體」與「用」的關係是：「體」不僅只是「Being」而同時也是「Existence」；而「用」不只是「Existence」同時也是「Being」。若借用海德格爾的話來說，「體」是在此世界中存在（「Being-in-the-world」），「體」與「用」非斷然分裂各自獨立之二物，「用」是由「體」所構造的，「體」在此世界中存在的狀態即是「用」。船山這樣的思維是與朱子不同，在朱子那裏，道體雖是作用於具體的時空經驗世界之中，但其說到究竟處，仍可脫離具體時空經驗，而獨立於純粹超越的形而上世界。此一潔淨空闊的形而上世界，是澈底排除物質性的，體與用、一與多的關係終究是斷裂的兩端。而在船山那裏，體是用之體，用是體之用，體與用的關係是存在自身的連續，體與用有著存在自身的同一性。物質性與精神性是絕對的統一於具體的存在。精神性不能獨立外存於物質性，而物質性亦不可獨存而排除精神性。〔註7〕筆

構成的。在此視域架構（horizontal structure）之中，出場顯現的事物是以其背後未出場者爲根源。此種根源並非是西方傳統形而上學中所說的：抽象的本質，或獨立自在自爲的實體。它只存在於時空經驗之中，隱蔽在當前出場者的背後而爲出場者存在之根據的在場者。

〔註7〕 體不離於用，精神性不能離於物質性的存在，這並不表示船山學即是唯物論。在唯物論那裏，普遍性的、規律性的東西寓於個體的感性存在之中，世界的本質上是物質性的。在船山學那裏，雖然他並不把普遍性、規律性視爲獨立於感性個體存在之外，亦不將普遍性與規律性的概念視爲第一性、首出的，但他認爲世界的本質是「物質與精神」辯證的統一，是物質性的也是精神性的，而不是「只是物質性」，而且唯物論所主張的在世結構，是以「主體──客體」之關係結構爲基礎，它所理解的世界是外在於人的，或是獨立於人的世界，「世界──人」的關係是靠主體的認識而統一起來。

者認爲船山這樣的思維，實與海德格爾所講的從出場顯現的東西將隱蔽於背後處於遮蔽狀態之未出場者的揭示，在意義上有其相似之地方。船山與海德格爾皆認爲當前出場的東西背後皆有未出場的，此未出場的存在亦處於時空經驗之中。二人皆認爲，所謂的超越並非超越到抽象概念的國度，而是將未出場、處於遮蔽狀態者，使之去蔽、澄明。〔註8〕

　　在「體」與「用」的關係有著自身的同一性之基礎上，則所謂的「一與多」、「無限與有限」的關係便可說是「一即是多」而「多即是一」，有限者即是無限者自身的具體實現，而無限者即是有限者自身的超越性；如此，由多以見一便有其理論的合法性基礎。在存在自身的連續性與存在的同一性的脈絡之下，由多以見一，由用以見體，不是通過認識論、橫攝的抽象化之共相的昇進所達成的，〔註9〕而是通過存在的實踐（逆覺體證）的揭示。〔註10〕這也就是說相對於朱子學而言，船山學更重視具體存在，認爲超越是在具體的存在處上說，是在時空經驗處說、是在生活世界處說，是即存在而說超越，非揚棄具體存在以言超越。朱子雖然亦說超越，但朱子學的超越乃是在「主

而在船山學那裏，「世界——人」的關係即是「道——人」的關係，人是作爲認知、情意、道德之辯證性的綜合統一體而存在於「道」中，人在道中，而道亦在人中，道創造人，人詮釋的創造道。「道——人」或「人——道」的關係是相互詮釋亦相互創造，「道——人」是「詮釋的循環」同時亦復是「創造的循環」。

〔註8〕　需說明的是，所謂的在場者，並非只是指感性中的東西，只是指看得見、摸得著的東西，而看不見、摸不著的概念就是不在場的東西。事實上感官知覺可直接覺知的是出場，在出場者背後所隱藏的所以然根據只是不出場，而非不在場。舉例：上述的文字表達作者想法看法，此想法看法通過文字而成爲出場者，而形構此想法看法之學思背景即是未出場之在場者，並非不在場者。若以文字和思想而言之，文字可說是出場者，而思想是未出場；但文字與思想皆是在場者。

〔註9〕　陳贇說：「由用以得體，意味著不是對於存在作用於主體的過程的重複，而是從主體作用於存在的過程，也就是從主體自身的存在來切入眞實的存在。換言之，存在的探討必須克服對象性，不能把存在作爲主體靜觀著的客體看待。」見陳贇《回歸眞實的存在——王船山哲學的闡釋》，第 147 頁。

〔註10〕　在船山學中，存在即是本質，本質即是存在。因此存在的根源——「道體」，可以通過主體的實踐而被揭示，這是屬於實踐哲學之思維；然而伽達默爾認爲理解的行爲就具有存在的特性，曾說：「眞正的問題也并不是存在以什麼方式才能被理解，而是在什麼意義上理解就是存在，因爲對存在的理解顯示了此在的存在特性。」存在是通過理解而被顯示，筆者認爲此種通過理解以把握存在的方式是屬於思辨哲學的方式。見〔德〕伽達默爾著，夏鎭平、宋建平譯《哲學解釋學》，第 49 頁。

——客」關係結構之下，通過以主體統攝客體之共相的抽象化的概念化的上提所達至的，這是既橫攝而又縱貫的型態。說其是橫攝的，是指其理論型態不脫「主——客」對立的思維結構；說其縱貫，是指其最終仍可上達於超越的形上世界。而船山之即存在即超越，即有限而無限，則是在現實的有限性與無限普遍的超越性具有本質的同一性之基礎架構下，通過存在自身的實踐以揭示的達至。這樣的「體」與「用」的關係是「詮釋的循環」（hermeneutical circle），同時也是「創造性的循環」（creative circle）型態，同時也是「詮釋」與「創造」辯證性的直貫型態。植基於此，故船山有「體用相涵」、〔註11〕有體必有用，用者皆其體也，船山說：

（1）凡言體用，非有二致，有是體必有是用，有是用必有是體。是言體而用固在，言用而體固存矣。〔註12〕

（2）當其有體，用已現；及其用之，無非體，蓋用者用其體，而即以此體爲用也。〔註13〕

（3）然有其體者必有其用。〔註14〕

（4）體者所以用，用者用其體。〔註15〕

（5）體者所以用，用者即其體也。〔註16〕

（6）用者皆其體也。〔註17〕

（7）體以致用，用以備體。〔註18〕

上文所引之船山語第（1）則，言有是體必有是用，有是用必有其體，體用是存在的二端分說，並非是二個各自獨立實存的概念。故謂說體則即有體之用，說用即有用之體。因此關聯著（2）、（3）、（4）則來說，所謂的體用不二是指「用是體之用」，故說「用者用其體」；而「體是用之體」，故謂「即以此體爲用」也。而之所以可說「用者用其體，即以此體爲用」，則是因爲「體」是即存有即活動，其存在即創造，此即是（5）則所說的體者所以用之義。這就表示「體」是存在的所以然者，而「用」即是「體」之對其自己，是體自身的

〔註11〕見《周易外傳》，第 1023 頁。

〔註12〕見《讀四書大全說》，第 865 頁。

〔註13〕見《讀四書大全說》，第 889～895 頁。

〔註14〕見《讀四書大全說》，第 657 頁。

〔註15〕見《張子正蒙注》，第 76 頁。

〔註16〕見《四書訓義》，第 202 頁。

〔註17〕見《思問錄》，第 402 頁。

〔註18〕見《周易外傳》，第 1023 頁。

開展，故而可有（6）則所說的，用者皆其體也。關聯著（2）則來看，「體」是隱微的而「用」即是「體」自我的實現，自我的呈顯，故（7）則說，體以致用，而用以備體。所謂的致用是指有「體」才能有「用」，「體」存在的所以然之根據。而所謂的備體，則指因著「用」是「體」自我的實現，故「用」是體之具體呈顯，由此「顯體」之義以言其備體義。因此而可說「體用相與為體」。〔註19〕如此存在與存在的根源即是同一，存在的根源並非來自超絕的（transcendental）形而上世界，而是存在於時空經驗中。進而言之，現象之存在即是此創造之源自身的具體實現，無限普遍之「體」其開展即是有限殊特之個體存在。因此在船山學中所說的創造性根源存在於現象界時空中的經驗事物，是異於朱子學之義。朱子學雖然亦言「體」在用中，但「體」是能獨立於經驗世界之外，而又能作用於經驗世界之中，朱子學是體用二元論；船山學則是經驗世界中的存在即是「體」自身的具體呈現，船山學是體用一元，顯微無間之義，因此船山說：「故善言道者，由用以得體，不善言道者，妄立一體而消用以從之。」〔註20〕又說：「天下之用，皆其有者也；吾從其用而知其體之有，豈待疑哉！」〔註21〕

第二節 「形而上」與「形而下」是存在的兩重向度

由於船山認為，「道體」、「本體」並非抽象的形式概念，其存在亦非是獨立於具體存在事物之外。「道體」或「無」實即是「有」，是具體存在事物之內潛存顯而未顯的實存，若我們借用西方現代哲學所使用的「出場」（presence）或「出場的東西」（the present）與不出場（absence）或不出場的東西（the absent）等概念來說，不論是「體」或「用」皆可說是在場的實存，只是「體」是尚未出場者，而「用」則是「出場者」。在船山看來，「道體」或「無」並非是一個獨立的概念，「道體」是潛存於「出場之有」內在或背後的實存。「體」與「用」或「有」與「無」的關係，實是一個整體的

〔註19〕陳贇說：「王船山認為，在真正意義上的儒家哲學中，體用關係是交互性的，它不僅包括存在作用於可見者，也即存在與可見者為體的過程，同時也包括可見者與存在為體、運用存在的過程。王船山把這種交互的辯證運動過程概括為『相與為體』。」見陳贇《回歸真實的存在——王船山哲學的闡釋》，第145頁。
〔註20〕見《周易外傳》，第862頁。
〔註21〕見《周易外傳》，第861頁。

兩端分說，出場者與未出場者則統一於具體存在事物（出場者）；這也就是說，「體」與「用」是一元的。「體」雖然沒有呈現在當前，然而卻非不存在，只故能說其爲未出場。由於「體」與「用」是個不可分離的整體或統一體，因此船山認爲，人欲認識了解把握此一「未出場」的「體」必然得通過出場的「用」。〔註22〕而且出場之具體的「用」、「有」（顯）是植基於未出場未具體顯現的「體」、「無」（隱），兩者的關係並非是創造性的實體與被創造者，而是「在其自己」（Tao in Himself）與「在而且對其自己」（Tao in-and-for Himself）的關係，而此「體」與「用」亦非母生子式的「體用」關係，而是「體用一元」之「體是用之體」而「用是體之用」的關係。船山這樣的思維既不是「知性理性」的思維，也不是「思辨理性」的思維，而是辯證理性的思維。〔註23〕也就是說，當前出場呈顯的「用」或「有」，是作爲未出場者自身具體呈顯之事物；而未出場呈顯的「體」或「無」，則是作爲出場呈顯的具體事物，背後所潛存的所以如此出場呈顯的內在依據。若借用胡塞爾的「明暗層次」（Abschattungen）之概念，「有與無」實即是「明暗層次」的統一，也就是說感性直觀中出場（「明」）的事物都是由未出場的（「暗」）的事物所構成，船山說：

（1）器而後有形，形而後有上。〔註24〕

（2）形而上者爲形之所自生，則動以清而事近乎天；形而後有者資形起用，則靜以濁而事近乎地。〔註25〕

（3）物之體則是形，所以體夫物者，則分別是形以上那一層事，故曰形而上。然形而上者，亦有形之詞，而非無形之謂。則形皆有，即此弗見弗聞之不可遺矣。〔註26〕

（4）形而上者，非無形之謂。既有形矣，有形而後有形而上。無形之上，

〔註22〕於此欲進一步說明的是所謂的「在場之物」，並非僅是感性經驗中的東西，事實上抽象的概念亦是一在場者，而且相較於有生滅相有在場與出場或不出場的殊相存在，「概念」實可說是一永恒的在場（Constant presence），因爲概念乃是一不變的恆常的。

〔註23〕若依黑格爾的觀點來說，理性可分爲知性理性、思辯理性、辯證理性等三種。簡單的說，所謂的知性理性是指「此即此，彼即彼」的思維，而思辯理性則是「彼與此既對立而又統一」，辯證理性則是「此即是彼，彼即是此」。

〔註24〕見《周易外傳》卷五，第1029頁。

〔註25〕見《張子正蒙注》卷三，第128頁。

〔註26〕見《讀四書大全說》卷二，第505頁。

互古今，通萬變，窮天窮地，窮人窮物，皆所未有者也。〔註27〕

（5）形而上者，隱也；形而下者，顯也。纔說個形而上，早已有一「形」字爲可按之跡，可指求之主名。〔註28〕

（6）形而上者謂之道，形而下者謂之器，統之乎一形，非以相致，而何容相舍乎？〔註29〕

（7）形而下，即形之已成乎物而可見可循者也。形而上之道隱矣，乃必有形，而後前乎所以成之者之良能著，後乎所以用之者之功效定，故謂之形而上，而不離乎形。〔註30〕

（8）形而下者，可見可聞者也；形而上者，弗見無聞者也。〔註31〕

（9）神化，形而上者也，迹不顯；而繇辭以想其象，則得其實。〔註32〕

（10）吾目之所不見，不可謂之無色；吾耳之所不聞，不可謂之無聲；吾心之所未遇，不可謂之無理。以其不見不聞不遇也而謂之隱，而天下之色有定形、聲有定響、理有定則也，何嘗以吾見聞思慮之不至，爲之藏匿于無何有之鄉哉！〔註33〕

（11）器而後有形，形而後有上。無形無下，人所言也。無形無上，顯然易見之理，而邪說者淫曼以衍之而不知慚，則君子之所深鑒其愚而惡其妄也。〔註34〕

（12）形而上，即所謂清通而不可象者也。〔註35〕

（13）凡言隱者，必實有之而未發見耳。〔註36〕

上文所引之船山語，(1)、(2)、(3)、(4)、(5)、(6) 等六則，指出所謂的「形而上」者並非是無形，形而上亦是有形。因爲就語言邏輯分析而言，既言形而上則意指形而後有上，有形而後有形而上。如此則知，不論是「形而上」還是「形而下」，皆是以「形」爲基礎而統一於「形」之上，故可關聯

〔註27〕見《周易外傳》，第 1028～1029 頁。
〔註28〕見《讀四書大全說》，第 490 頁。
〔註29〕見《周易外傳》卷五，第 1029 頁。
〔註30〕見《周易內傳》卷五下，第 568 頁。
〔註31〕見《船山全書》第六冊，第 505 頁。
〔註32〕見《張子正蒙注》卷二，第 79 頁。
〔註33〕見《船山經義》，第 666 頁。
〔註34〕見《周易外傳》卷五，第 1029 頁。
〔註35〕見《張子正蒙注》卷一，第 21 頁。
〔註36〕見《讀四書大全說》，第 409 頁。

著（11）則而說無形無下，無形無上。既然「形而上」與「形而下」皆統一於「形」，然則何以有「形上」、「形下」之別？在船山看來「形上」與「形下」，雖然皆統一於「形」，但所謂的「形上」是指隱微者，而「形下」則是指具體可見者，故第（7）、（8）、（9）、（10）、（11）、（12）、（13）等七則說可見可聞者爲形而下者，不可見不可聞者是形而上者。關聯著第（5）、（7）、（13）等三則來說，可見可聞者是顯，此即是「形而下」；而不可見不可聞者是隱微，此即是「形而上」。如此可知，在船山學中「形而上」與「形而下」的語境是指感官能否覺知，以爲區判「形而上」與「形而下」的標準。〔註37〕在主體的知能活動能直接經驗的範圍內者，此即是「有」而謂之爲「顯」，這就是「形而下」；而超出主體的知能活動能直接經驗的範圍者，此即是「無」而謂之爲「隱」，這就是「形而上」。故船山說：「聚而明得施，人遂謂之有；散而明不可施，人遂謂之無。不知聚者暫聚，客也，非必常存之主；散者返於虛也，非無固有之實；人以見不見而言之，是以滯爾。」〔註38〕船山認爲，從話語的語義及其結構來分析，「形而上」此一概念乃是建立在「形」的概念之上。也就是說一說「形而上」便關聯著具體的存在，離開具體存在則無形而上可說。陳贇指出說：「對於船山而言，『有』、『無』作爲兩個語詞，它們的被使用，是由於存在經驗的把握，被建立在耳目也即感性表象能力的基礎上。所謂的「有」，正是感性所能把握的範圍之內的存在（有），而所謂「無」，乃是在感性所能把握的範圍以外的存在（有）。依照船山之見，不管是言「無」，還是言「有」，我們所能談論的最終只能是作爲存在的範疇的有，也即存在；凡是能夠說的都只是存在，我們不能說不存在的事物。」〔註39〕

如此，「形而上」與「形而下」這二個概念，在船山學這裏便不再異質的二層存有，而是存有的兩種不同向度：「隱」與「顯」，而「隱」與「顯」則

〔註37〕陳贇說：「『隱』的意義就在於，它在主體某一具體知能活動中超越了主體所可經驗的範圍，但它並非「不存在」（「無」），而是以「不可見」（隱）的方式作用著知行活動。「顯」的意義在於，它在主體感性的知能活動畛域之內，以「可見」的方式存在。因此，形而上、形而下並非有無之別，而是兩種不同存在形式的存在：可見的有和不可見的存在。所以，王船山強調，隱不是「無」，隱只是現在不可見、不能行，而不是不存在。」見陳贇《回歸眞實的存在──王船山哲學的闡釋》，第75～76頁。

〔註38〕見《張子正蒙注》卷一〈太和篇〉，第29頁。

〔註39〕見陳贇《回歸眞實的存在》，第26～27頁。

指存在的二種質性。從第（9）則來看，「形而上」之「隱」者是指「神化」，「神化」在《周易》那裏動態的說是就「道」的動力因而言，靜態的說則指的是「道」的創造運動變化之理，如在《周易·說卦傳》那裏是：「神也者，妙萬物而爲言者也。」在《周易·繫辭傳》那裏是：「陰陽不測之謂神。」與「知變化之道者，其知神之所爲乎！」「神化」即是道的創造變化，此道的創造變化是妙而不可測，能知「神化」創造即是知變化之道。〔註40〕「神化」既指能創造的動力與創造的所以然的原理原則，這就表示代表「神化」的「形而上」含具著三種質性，其一是：它是創造性自身，此存在是即存有即活動者，其二是：創造性自身是不可知的，所可知的是創造性自身的作用，通過存在歷程所得知的是創造性自己的作用。其三是：創造性自己之存在是作用地的存在，其存在即作用即創造即實現，創造性自己是存在與實現的統一。若我們將第（7）則與第（9）則關聯起來說，則知船山所言之「形而上」實即是創造性自己，此創造性自己之創造性德能是通過自身的作用而爲之呈顯，超越的創造性根源與具體的存在是統一於具體的存在，故船山謂「形而上」與「形而下」統之乎一形，而說：「有無混一者，可見謂之有，不可見遂謂之無，其實動靜有時而陰陽常在，有無無異也。」〔註41〕

第三節　從「致用」與「顯體」等兩義以言「體」

船山學相對於程朱與陸王學，在思想史發展的歷程上，其意義便在於船山試圖將偏重於理與偏重於心，而易忽略現象界具體存在事物所導致的危機——「蹈於虛玄」與「流於情識」泯除，其所採取的進路便是將「形而上」與「形而下」統之乎一形，統一於具體的現象事物。如此，「形而上」的概念就不是「彼岸」而是「此岸」，「形而上」與「形而下」再也不是「現象界」與「超越界」的分別，再也不是二層存在而是同一層次上的存在，只是「不可見不可聞」與「可見可聞」的分別。於此若借用海德格爾的話，「形而下」之「顯」者，可說是「出場」、「出席」的（presence、present）；而「形而上」之「隱」者，可說則可說是「未出場」的（absence、absent）。「形而上」、「隱

〔註40〕船山曾說「『氣』，其所有之實也。其絪縕而含健順之性，以升降屈伸，條理必信者，神也。神之所爲聚而成象氣備以生變化者，化也。」見《張子正蒙注》卷二〈神化篇〉，第76～77頁。

〔註41〕見《張子正蒙注》卷一〈太和篇〉，第24頁。

微」之未出場者，是存在的創造性與價值性的根源；「形而下」之具體而顯的出場者出席者，即是此未出場者之隱微的創造性自身的實現。「形而上」與「形而下」、「出場者」與「未出場者」、「隱」與「顯」，實可說是「此即彼」而「彼即此」之辯證關係。是「體即用之體」，而「用是體之用」，之「即體即用」、「即用即體」、「體用不二」、「顯微無間」的關係。〔註42〕故船山說：「自天地一隱一見（一隱一見即是一陰一陽）之文理，則謂之幽明；自萬物之受其隱見以聚散者，則謂之生死……天地之道，彌綸於兩間，此而已矣。」〔註43〕在體用不二，用即是體之用，體是用之體的思維脈絡之下，船山有了「即用顯體」、「即事以窮理，無立理以限事」〔註44〕之「理事合一」的說法，〔註45〕同時更進一步的謂之爲「體用相與爲體」、「體用交與爲體」，船山說：

（1）與道爲體，一「與」字，有相與之義。凡言體，皆函一用字在。體可見，用不可見；川流可見，道不可見；則川流爲道之體，而道以善川流之用。此一義也。必有體而後有用，唯有道而後有川流，非有川流而後有道，則道爲川流之體，而川流以顯道之用。此亦一義也。緣此，因川流而興嘆，則就川流而言道，故可且就川流爲道體上說，不曰道與川流爲體。然終不可但曰川流爲道之體，而必曰川流與道爲體，則語仍雙帶而無偏遺。故朱子曰：「與

〔註42〕勞思光先生曾云：「船山所論『無』者，明是指在經驗時空界中『未出現』而言；然若說『未出現』即是『無』，則上文所謂『不成，非無器也』，又作何解？『器』如『不成』，則此器即『未出現』於時空界中，何以又非『無』乎？只觀此一『無』字之用法，船山之語言之大欠嚴格已可見矣。」見勞思光《新編中國哲學史》三下，第七章〈明末清初之哲學思想（下）〉，臺北，三民書局，民國84年9月增訂8版，第687頁。筆者認爲，若借用海德格爾的出場與未出場者兩概念，來理解與詮釋船山學，則勞先生所指出的船山學困結，便可迎刃而解，實並無語言欠嚴格的問題。
〔註43〕見《船山全書》第一冊，第521頁。
〔註44〕見《續春秋左氏博議》卷下〈士文伯論日食〉，第586頁。
〔註45〕船山說：「理者，物之固然，事之所以然也，顯著於天下，循而得之。」見《張子正蒙注》卷五〈至當篇〉，第194頁。又說：「萬物皆有固然之用，萬事皆有當然之則，所謂理也。乃此理也，惟人之所可必知，所可必行，非人之所不能知，不能行，而別有理也。具此理於中，而知之不昧，行之不疑者，則所謂心也。」見《四書訓義》卷八〈論語・里仁第四〉，第377頁。又說：「性命之理顯於事，理外無事也。天下之務因乎物，物有其理矣。循理而因應乎事物，則內聖外王之道盡。苟循乎理，以無心應之而已足，天下之言道，有出乎此者，而實非然也。理則在事與物矣。」見《尚書引義》卷一〈益稷〉，第273頁。

道爲體」一句，最妙。〔註46〕

（2）理與氣互相爲體。〔註47〕

（3）天與陰陽交與爲體。〔註48〕

（4）無有道而無天地。道以陰陽爲體，陰陽以道爲體，交與爲體，終
無有虛懸孤致之道。〔註49〕

（5）陰陽以道爲體，道以陰陽爲體，交與爲體，終無有虛懸孤致之道。

〔註50〕

（6）器道相須而大成……形色與道互相爲體。〔註51〕

（7）群有之器，皆與道爲體者矣。〔註52〕

（8）器與道相爲體用之實。〔註53〕

上文所引之第（1）則，船山說「體」可見，而「用」不可見。觀船山所舉之
例可知，「川流」是「體」，而「道體」則爲「用」。如此吾人可知，船山此處
所謂的「體」是指「顯體」之「體」。這樣的「體」是「端體」義，而非「本
體」義；而所謂的「用」則是「能用義」，此「用」是指「用之所以然者」。
在「體」爲存在之所以然之體，而「用」爲顯體之端體的思維之下，則可知
（2）、（3）、（4）、（5）等則所說之「互相爲體」、「交與爲體」之義，其意指
「用」能顯「體」，而「體」能發用，也就是前文所說的「體以致用」，而「用
以備體」。此中（4）與（5）則所說的「道以陰陽爲體」而「陰陽以道爲體」
其義即指「道」以「陰陽」爲體現之體，「道」須通過「陰陽」以彰顯其自己；
而「陰陽」運行之諸變化則是以「道」爲軌約之主體，故可關聯著（6）、（7）、
（8）等三則而說「器與道爲體」，「器與道相爲體用之實」。這也就是說在船
山學那裏，「道器」「體用」，實是無分主輔，故船山說：「心之與意，動之與
靜，相爲體用，而無分於主輔，……互相爲因、互相爲用、互相爲功、互相
爲效。」〔註54〕

〔註46〕見《船山全書》第六冊，第734頁。
〔註47〕見《讀四書大全說》，第1115頁。
〔註48〕見《周易外傳》卷三，第1頁。
〔註49〕見《周易外傳》卷三，第903頁。
〔註50〕見《周易外傳》，第903頁。
〔註51〕見《周易外傳》卷三，第2頁。
〔註52〕見《周易外傳》，第734頁。
〔註53〕見《張子正蒙注》，第97頁。
〔註54〕見《讀四書大全說》，第423～424頁。

　　在「體以致用，用以備體」、「體用相涵」、「體用相與為體」之兩端而一致的思維之下，船山學並非如朱子學般在「主——客」關係結構之下，將道體視為存在於抽象的、非物質性的形而上世界。視道體只是一排除物質性之抽象的、虛玄的、永恒的本質性、根源性的概念。船山認為「道體」是存在於當前出場的東西之中，所謂的超越並非是超越當前的物質性生活世界與具體存在；而是在物質性的存在中，通過當前出場之存在的實踐以揭示之。通過當前出場者以揭示未出場者的理論合法性基礎，則植基於「體用不二」的架構之下。所謂超越是通過主體的實踐將隱藏於在場者背後之未出場的「道體」、「本體」揭示之，使道體從潛存性的隱微遮蔽的狀態走向澄明。在此理解下，則船山學中「體以致用，而用以備體」之義即是：「體」是用之「體」，「用」有此「體」故能有此用，是用之所以然的根據；用是「體」之用，是「體」之對其自己者，是「體」通過自身的作用以彰顯其自己，得其自身存在的具體真實性。「體」為用之「體」，是作為「本體義」之體；而「用」為「體」之「體」，此「體」是作為「顯體」之「端體」之義。若借者用海德格爾的話來說「體與用」皆是在場者，此中「體」是在場而未出場者。「體」是潛存於當前出場者的背後，以為當前出場者之存在的所以然根據；而「用」是在場之當前出場者，此出場者是作為自身背後所涵藏之未出場的呈現、實現。〔註55〕

第四節　小　結

　　船山將「體」與「用」、「形而上」和「形而下」，視為「隱」和「顯」、「幽」和「明」而統一於現象界具體之存在。視「用」是「體之用」而「體為用之體」，「形而上」是隱藏於「形而下」背後的未出場的「形而下」的所以然根據。「體」與「形而上」並非是脫離於「用」和「形而下」的獨立而又超絕之實體。在此思維之下，宇宙從「無」到「有」的創造性演化之歷程，實即是從遮蔽隱微的存在走向澄明具體存在的歷程，同時也是無限普遍未具形的存在走向有限特殊具體存在之歷程。「隱——顯」、「幽——明」、「無限——有

〔註55〕這麼說並不表示船山學全同於海德格爾，因為在海德格爾那裏，「存在」是先於「本質」，「存在」並無「本質」，通過「存在」的歷程方有所謂的「本質」；而在船山學那裏則是「存在與本質不二」，「存在即是本質」，而「本質即存在」，「存在」與「本質」是絕對的同一。

限」、「普遍──特殊」、「無形──有形」、「形上──形下」、「體──用」等傳統思想視爲對立矛盾的概念，在船山學這裏，便成爲辯證性的概念，是同一物的兩種不同存在狀態，此與彼不二，此即是彼，彼即是此，隱是顯之隱，顯是隱之顯，無限是有限的無限，有限是無限的有限，普遍是特殊的普遍，特殊是普遍的特殊、體是用之體，而用即是體之用。存在與創造性的根源或存在與價值的根源實是既統一而又同一，之兩端而一致的概念。〔註56〕

　　至此，我們便可清楚的得知，「體」與「用」和「形而上」與「形而下」等對比的概念，在船山學那裏不僅不同於程朱之學將之割裂爲二層的存在而無法統一；亦不同於陸王之學將之統一而收攝於「大體」之心。船山雖然區分著「體」與「用」，分別著「形而上」與「形而下」，但卻將「體──用」「形而上──形而下」對比分立的兩端統一於「用」，統一於「形而下」。也就是說船山學是以具體現象界的存在爲發出點，在具體的存在之下，二端分說存在的所以然之超越性、價值性的根源與現象的具體眞實性。從思想史的眼光來看，程朱學到陸王學至船山學的出現，此一宋明儒學發展的歷程，是從重視「理」之理事分裂的程朱學，到強調「心」之純理的道德心，到關注具體「存在」的發展，是一種回到「事物自身」的發展。從理論的型態而言，若朱子學是一橫攝而通於縱貫的型態，則船山學可說是一在場的超越型態。此一在場的超越乃是指在船山學那裏，在場者與不在場者，是統一且融合於具體的存在，故謂之爲在場；而超越則是通過在場者之實踐的揭示，將不在場者帶出場，使不在場者從遮蔽的狀態爲之「綻出」而「澄明」，故可謂之爲在場的超越型態。〔註57〕此種思想的發展歷程，猶如德國觀念論從康德、黑格爾發展到胡塞爾、海德格爾的歷程。〔註58〕

〔註56〕陳贇認爲「把形而上、形而下之分規定爲隱、顯之別，或者可見、不可見之別，這意味著，在這裏成爲關注中心的，不是存在本身，而是存在向主體顯現的方式。所以，不是存在自身可以分爲形上、形下，而是存在的顯現，同時也就是主體的存在經驗，存在著兩種方式：形而上的方式與形而下的方式。」見陳贇《回歸眞實的存在》，第74頁。

〔註57〕陳贇認爲，體用論到了王船山那裏，是放置在隱顯的語境之中。如此，體用之間主從性的邏輯被交互性的模式所取代，「由用以得體」成了把握存在的批判性方式，這一點意味著存在的把握也被重新建立在經驗的語境中。這樣，與主體（知行活動）的相關性也就被理解爲眞實存在的一種根本性的特徵，任何在主體知行視域之外構造存在的觀念都是非法性的。見陳贇《回歸眞實的存在》，第157頁。

〔註58〕因爲在康德與黑格爾處終究無法擺脫「主──客」對立的結構思維，雖然

康德所遺留「現象」與「物自身」二元分立的狀態，在黑格爾那裏，雖然通過對立面的統一這個方法，努力的將「現象」與「物自身」二元分立的狀態給彌合。雖然黑格爾通過辯證的歷程將之絕對的統一爲「絕對的精神」，但由於其仍是屬於「思辨理性」的範疇，仍是「此——彼」對立的結構，仍然是「主——客」對立下的以主體收攝客體的方式所達成的統一。這種統一「主——客」的方式由於是以主體通過共相的昇進，通過抽象化的歷程消融客體。因此，雖然黑格爾一再的說「絕對精神」是存在於現象界中，但黑格爾終究得承認，他的「絕對精神」在現象界中只能處於思維之中。這樣的「絕對精神」仍然將經驗物質給排除在外，而亦只是抽象的形式的。胡塞爾雖未將經驗給完全摒除，但其先驗的現象學將經驗給「懸置」、「擱置」了起來，以求「純而又純」的「嚴格科學」。這種不染一點經驗成分的純知識，並非是由外在感覺所引起的，而是「事物本身」所顯現的，故胡塞爾所說的本質與表現、普遍性與個別性都只是純心理的意義，這完全是內在的內心體驗，這仍是主體性的思維，仍是一種對象性和形式性的思維。直到海德格爾提出從人（Dasein）來理解存在（Sein），並將存在（Sein）和人（Dasein）的時間性、歷史性結合起來，強調人之存在性意義，這就突破了習以對象性和形式爲思想架構的西方傳統存在論，而眞正的回到存在自身。關於這段時期的歐陸思想史的發展演變，讀者可參閱葉秀山《思・史・詩——現象學和存在哲學研究》，第 108～204 頁；和張世英《新哲學講演錄》，第 493～520 頁。

第五章 「命」與「性」：存在的「超越的根源」與「實踐的根源」

　　「性」與「天道」這兩個概念在儒學中的理論意義，主要是在說明「天道」與「人」之間有著存在的連續關係，同時也在說明「宇宙論」與「心性論」有著本質的同一性，並不可割裂而分別對之。在儒學那裏，「天道」是就無限普遍之超越的天理而言之，是客觀的存在原則；而「性」則是就有限殊相之具體的存在之理而言之，是主觀的存在原則。因著天道下貫之「天命」的歷程，「性」與「天道」便有了本質的同一性，故人此一有限的存在便有了超克自身之有限性的可能性及其根據，而能與無限普遍之超越的天道通而為一。唐君毅先生指出，中國哲學言命，則是就「天人之際」與「天人相與之事」言之，由之以見天人之關係。因此欲明中國哲學中「天人合一」或「天人不二」之旨，從往哲之言命處用心，實是一直接簡易之路。然而「命」既由「天人之際」與「天人相與之事」而見，因此「命」概念當是內不只在內，而外不只在天，而在二者感應施受之交。〔註1〕蒙培元先生亦認為：「『性』與『命』既是理學範疇，也是整個儒家哲學的重要範疇。它在理學範疇體系中，是從宇宙論到心性論的過渡環節。性命對稱，說明命的客觀外在性和性的主觀內在性。在這裏，命是一個客觀必然性的範疇，性則是主體存在及價值範疇。二者結合起來，正說明從天到人的天人相接之際，即從客體到主體的轉化和過渡。」〔註2〕如橫渠曾說：「天授於人則為命（自注：亦可謂性），人受

〔註1〕 見唐君毅《中國哲學原論・導論篇》，第 520～521 頁。
〔註2〕 見蒙培元《理學範疇系統》，第 179 頁。

於天則爲性（自注：亦可謂命）。」（《語錄》中）伊川則說：「口目耳鼻之欲，性也，然有分焉，不可謂我須要得，是有命也；仁義禮知，天道在人，賦予命有厚薄，是命也，然有性焉，可以學，故君子不謂命」（《遺書》卷十九）朱子亦說：「理、性、命，三者固非二物，然隨其所在而言，則不能無分別。蓋理以事別，性以人殊，命則天道之全面，性之所以爲性，理之所以爲理者也。」（《論語或問》卷二）象山也說：「人乃天之所生，性乃天之所命。」（《象山全集》卷十二〈與趙咏道〉）陽明曾說：「天命之性具於吾心，其渾然全體之中而條理節目森然畢具。」（《陽明全書》卷七〈博約說〉）又說：「其在於天謂之命，其賦予人謂之性，其主於身謂之心。心也，性也，命也，一也。」（《陽明全書》卷七〈稽山書院尊經閣記〉）。由上引文可知，宋明儒者皆不否認：離性無所謂命，離命亦無所謂性，性與命有其本質的同一性。從宇宙本體過渡到道德本體，由道德本體建立人性論，正是通過「性命」之概念建構。

第一節　自然的創造性與道德的創造性的統一

一般而言，「天命」此一概念可有兩種理解，一種是將「天命」視爲「天定如此」，天命之性即是先驗、必然的、無條件的（Unconditional）；而另一種則是儒者對於「天命」的看法。儒者採取宇宙論的進路，視天命純是一創化的原理或生化的原理，「於穆不已」之天命流行，便是於穆不已的生化創造。創造的生化之幾到個體的生命，便成爲個體之性。這也就是說「性」有其宇宙論的根據，一切個體的性皆來自於天的創造性的生化之理，因此「性」是具有其「普遍性」（Universality）。這樣的「性」絕非是自然科學意義下之物類之性或個性、脾性、質性，自然科學意義下的「性」通常是指「物質結構之性」，而天命下貫所成之性則是創造之眞幾之性，是「道德意義之價值之性」。〔註3〕承此，宋儒周張程朱亦以天道天理爲「天命」、「天性」之本，而非如漢儒之多以帶人格神之性質的「天帝」以爲天命之本。宋代諸儒，所言之「天理」、「天道」之命，不將視之爲「天帝」之命，而將之視爲人之所以可能有一切善行之根據。〔註4〕

〔註3〕 參見牟宗三先生《中國哲學的特質》，第74頁。

〔註4〕 關於此一看法，唐君毅先生亦曾說：「宋儒之言命，其中諸理學家如周程張邵朱之說，在大體上爲相類者。將此諸人之言，合而觀其與以前學者言命之異同，則此諸儒之所謂天命性命，乃以天道天理爲本，而非如漢儒之多以帶人格神之

　　在船山學那裏，「性」實即是「天道」之自身內在於人處，〔註5〕只不過在「天」處謂之爲「命」，在「人」處則謂之「性」，所謂「自天之與人者言之，則曰命；自人之受於天者言之，則曰性。命者命之爲性；性者，以所命爲性，本一致之詞也。」〔註6〕而天道之所以會成爲人之性，此乃因爲天道是創造之真幾，此一「創造性的自己」（Creativity itself）透過氣的流通下貫而成爲人內在的創造性真幾。換言之「天」是「人」內在所具之理性的給予者，而人是被給予者，「性」則是被給予的內容，故船山說：

(1) 在天，命也；在人者，性也。命以氣而理即寓焉，天也；性爲心而仁義存焉，人也。〔註7〕

(2) 天以陰陽五行化生萬物，氣以成形而理亦賦焉，猶命令也。〔註8〕

(3) 令者，天自行其政令，如月令、軍令之謂，初不因命此人此物而設，然而人受之以爲命矣。〔註9〕

(4) 天所命人而爲性者，即以其一陰一陽之道成之。〔註10〕

(5) 天以其一真無妄之理爲陰陽、爲五行而化生萬物者曰天道。陰陽五行之氣化生萬物，其秀而最靈者爲人，形既成而理固在其中。〔註11〕

性質之天帝、天神、天元、或天之元氣，爲天命之本。諸儒不似王充之以所稟於自然之氣，爲人之壽命、祿命之本，復不如漢人三命之說，重此人之祿命與人之德行之關係之討論。諸儒多將性命之命與其他之命，分別而論。橫渠、尹川，又將人之命之所在與人之所遇者，分別而論。朱子雖不重命與遇之別，而以命攝遇，亦不同於魏晉之列子及郭象之即遇言命之說。諸儒以天道天理爲性命之原，而天道天理之所在，亦人道與人之性理所在，故窮理盡性以至於命，爲當然之事，此又不同莊子之言安命致命，只爲行乎不得已，或行乎不知其所以然之自然之說。至於諸儒之言天命與人之性命，乃直就當前現有的天人之關係以爲論。」見唐君毅《中國哲學原論・導論篇》，第603～604頁。

〔註5〕 此處所說的本質是指其存在的根據及價值意義上，同爲創造之真幾；而不是指知識概念意義上的實然結構之理。知識概念意義的結構之理是生物學或物理學上的概念，是指物類之不同或種差的概念，這種概念所代表的是「物質之結構」，故謂之爲「結構之理」。請參見牟宗三先生《中國哲學的特質》，第73～82頁。

〔註6〕 見《四書訓義》卷三十八。

〔註7〕 見《讀四書大全說》卷十，第1073頁。

〔註8〕 見《禮記章句》卷三十一，第1248頁。

〔註9〕 見《讀四書大全說》卷二，第454頁。

〔註10〕 見《張子正蒙注》卷三〈誠明篇〉，第118頁。

〔註11〕 見《莊子解》卷十九〈達生〉，第293頁。

（6）天之所用爲化者，氣也；其化成乎道者，理也。天以其理授氣於人，謂之命；人以其氣受理於天，謂之性。〔註12〕

（7）道（人道）何所自乎？皆出于人之性也。性何所自受乎？則受之于天也。〔註13〕

（8）是人道者，即天分其一眞實無妄之天道，以授人，而成乎所生之性者也。天命之謂性也。〔註14〕

（9）天之命人物也，以理以氣。然理不是一物，與氣爲兩，而天之命人，一半用理以爲健順五常，一半用氣以爲窮通壽夭。理只在氣上見，其一陰一陽，多少分合，主持調劑者即理也。凡氣皆有理在，則亦凡命皆氣而凡命皆理矣。故朱子曰：命只是一個命。只此爲健順五常、元亨利貞之命，只此爲窮通得失，壽夭吉凶之命。〔註15〕

（10）若論性，只喚做性便足也。性裏面自有仁、義、禮、智、信之五常，與天之元、亨、利、貞同體，不與惡作對。〔註16〕

（11）人倫之序，天秩之矣。顧天者，生夫人之心者也，非寥廓安排，置一成之俔於前，可弗以心酌之，而但循其軌迹者也。人各以其心而凝天，天生夫人之心而顯其序。〔註17〕

上文所引船山語之第（1）、（2）、（3）、（4）、（5）、（6）、（7）、（8）等八則，其意旨乃在於指出，天道通過陰陽五行之氣以創萬物，當有限的存在被形構的同時，天道便被賦予地內存於萬有之中。而（9）、（10）、（11）等三則之意義則在於表示，「天道」之元、亨、利、貞下貫於人處即是人心中的仁、義、禮、智、信等五常之性。於此欲說明的是，船山此處所說的「仁、義、禮、智、信」等五常之性不與惡作對，此乃因爲天道五常之行是純粹的至善，它是道德學上「善」與「惡」、「是」與「非」的判斷標準，而「惡」則是道德判斷的結果。就判斷發生的先後而言，判斷的標準是先於判斷的結果，有此標準才可能有「善」與「惡」的區判。就此而言之，道德判斷的標準於概念

〔註12〕見《讀四書大全說》卷十。
〔註13〕見《四書訓義》卷二。
〔註14〕見《四書訓義》卷二。
〔註15〕見《讀四書大全說》卷五，第726～727頁。
〔註16〕見《讀四書大全說》卷十，第1064頁。
〔註17〕見《續春秋左氏傳博議》卷上，第543頁。

上的層級，是先而且高於道德判斷的結果，此二者不在同一理論層級，故船山說「仁、義、禮、智、信」不與「惡」對。很顯然的，船山論「性」並不是指生物學的概念也非物理學的概念，人禽之別並非在於形構「物質之結構」的「結構之性」。〔註18〕

在天道下貫的歷程中，「人性」與「天道」便取得本質的同一性，因此可說天道的「創造性自己」即是人內在的「道德的創造性自己」，而人內在的道德實踐創造性實即是宇宙創造生化之性。由於「宇宙秩序」與「道德秩序」、「內在主觀性的原則」與「外在客觀性的原則」統一於具體的存在之中，這也就使得天道獲得其具體存在的真實性；同時也使得人內在的道德創造性得其宇宙論的根據。「天道」下貫而成為「性」，這就意味著「道在萬有」；而萬有存在於世界之中，且世界皆為「天道」所創造，這就意味著「萬有在道」。「萬有在道」，故天人未曾間隔；「道在萬有」，故萬有因著其本質的同一性，就有了內在的超越性根據。而能超克自身的特殊有限性，使得有限的存在不同而相通。〔註19〕在此天人不離且有限的存在有其內在的無限的超越性，這

〔註18〕 抽象無形之「天道」下降而成為個體殊乳物內在潛存之性，此一天降命人受之而性的歷程，雖是透過「氣」而將天道之理賦予人成為人之「性」，人因著「氣」而得天道之理。「天」與「人」之兩端，便在此一「氣化」流行的運動中，得其綜合的統一。「天」與「人」因著「氣」之連結，「天道」向下落實成為「人道」，此「天命之性」的「人道」雖是透過「氣」而得其真實性，但不可因此便將船山所說的人道之性視同告子「生之謂性」或王充「用氣為性，性成命定」之材質結構之性或「氣命之性」、「氣質之性」。因為在船山看來，說「性」不能從生命之自然本能處說，因為「性」是知覺運動之理，是主持分劑者。「性」是天道之「元、亨、利、貞」之「創造性自己」，其在人處即是人之「仁、義、禮、智、信」等五常之性，此是「道德的創造性自己」（Moral Creativity）。此「道德的創造性自己」是人所有而物所無，說人性當由此超越義、道德價值義之處上說，而不當從自然的生理機能性上說。因此，天道下貫而為性，是通過「氣」化的歷程而完成，但不可因此視船山學中的「性」概念為物質義或自然屬性之「氣性」。

〔註19〕 需說明的是，單就「同一性」並不足以論證萬有之間能相通，因為「同一性」若只是指抽象的同一性，那麼「同一性」只是表達了個體存在間有其共同性，例如塑鋼與石頭有著「堅硬」的「同一性」，但此堅硬的同一性僅能表示二者間有著相同的質性，並不能有效的說明二者間能否相通無礙。若從存有的根源性言同一性，這就意謂著相異的存在，有著存有的關聯性——整體。個體在此整體中，彼此間的關係是相互作用而又相互影響的關係。例如手足間有著血緣的同一性，雖然兄、弟、姐、妹是各自獨立的存在，但卻又處在一個整體的關係之中——家庭。在此家庭之整體關係中，家庭成員間乃是彼此相互影響、又相互作用。雖然各自有個別的特殊性，但卻能相通無礙。如此可

就說明了天地人我之間雖離形異質但卻相通而爲一，溝通無礙之合法性的理論基礎。〔註 20〕由此可知，天道下貫的歷程不僅僅只是一形質的創造生化的歷程，它同時也是一超越性與價值性之創造與賦與的歷程，外在超越的（Transcendent）天道律法由此而轉化成爲人內在的（Immanent）人性，宇宙秩序（Cosmic order）於此時即轉化成爲人此一存在所內具之道德的秩序（Moral order）。客觀性的原則（Principle of Objectivity）也落實的轉化成爲主觀性的原則（Principle of Subjectivity），而於具體的現實存在中取得了眞實之潛存性（Potential or Latent）的統一。此一天道創造性的歷程，吾人若借用黑格爾的概念來比擬描述，「天道」下貫而爲「性」，從客觀的「天道」走向主觀的「性」而成爲絕對統一的歷程，客觀之「天道」則可強說是「在其自己者」（Tao in itself

知，在「根源性的同一性」與「萬有在道」等兩個條件之下，才能保證離形異質的存在間有其相通的可能性。

〔註20〕 林安梧師認爲船山學不似「道在萬有論」，因爲這便使得道失去了創生義，林安梧師說：「筆者此處的分辨顯然是強調以一種『萬有在神論』（Panentheism）的觀點來理解船山有關『道——萬物』的關係，但值得注意的是，這旨在說明『萬有在道』——所謂的『萬有在道』指的是萬有皆可通於道，『通極』並不是當下即是，而是一永恒之歷程，於此永恒之歷程中顯其當下之圓頓義。相對於此，若以『泛神論』（Pantheism）之觀點來詮釋則『道——萬物』的關係便成爲『道在萬有』——所謂的『道在萬有』指的是萬有中皆本具有道，於此便不顯『通極於道』的歷程義，而亦不能即歷程而顯其圓頓義，它祇是寡頭的從一超越之道脫落下來，降到個殊之物的泛道論。這樣的泛道論極易使得『道——萬物』的關係流爲一種『鏡照』（月照萬川）關係，這便使得道失去了創生義，亦失去了歷程義，而船山是極爲重視創生義及歷程義的，故不似此。」見林安梧師《中國近現代思想觀念史論》，第 89 頁。但筆者認爲「道在萬有論」並不會使道失去創生義，亦不會使道失去歷程義。因爲「道在萬有」是通過「天道下貫」的歷程，此一歷程即是天道的創造性歷程義；同時，因爲「道在萬有」也爲有限性的存在之所以能超克自身有限性，而能揭示無限普遍之不在場的隱蔽者，提供了理論合法性基礎。有限性的存在，自覺地從事道德之踐履以揭示「道」的內容及其意義，此即是人之詮釋與人實踐的創造。「道」是因著道德實踐而爲之揭示，在實踐即揭示的之語境脈絡之下，此亦涵蘊著人之揭示「道」的活動乃是一永恒的歷程，而非一成永成。這也就是說，人之主體的道德實踐，實踐自身存在之理，即是對於天道參贊、詮釋與揭示，即是人通極於道。然而人之主體的道德實踐之所以可視之爲道的揭示，其理論的根據便建立在人有內在超越的根據——道內在於人而爲人性。由於天命是日降的，性亦非一成永成，故對於「此在」而言，終其一生是永恒的受命成性的歷程，而人之實現自身存在之理以通極於道之人的創造性歷程亦因之而成爲一永恒實踐的歷程。故由此可知「道在萬有」之說，並不減殺道的創造義與歷程義。

（Himself）），而「天道下貫」則可強說是「天道」之「對其自己」（Tao for itself（Himself）），此是天道必然的自我之實現。而天道必然的展顯爲人之性時即可強調是「天道」之「在其自己」與「對其自己」的絕對統一──「天道之在其自己而且又對其自己」（Tao in-and-for Himself）。

復次，「天道下貫」的思維型態，實亦意蘊著「天」與「人」的關係乃是一「詮釋的循環」與「創造的循環」。這是因爲，「天道」是「人性」所以存在的根源，而「天道」亦須通過「性」之實踐的揭示，才能得其具體的內容與意義。沒有通過「人性」具體實踐的揭示，則「天道」只是一理想之抽象虛懸的空概念；沒有「天道」則「人性」亦無存在的可能性。因此，「天道」與「人性」的關係實即是一種相互詮釋與相互創造的「詮釋的循環」與「創造的循環」之關係。〔註21〕「天」與「人」在此種「性」、「天道」相互詮釋相互創造的關係結構之下，便已涵蘊著通而爲一的理論性基礎。〔註22〕通過「天命」下貫而將「心性」與「天道」連結統一起來，便使得客觀外在的宇宙的「創造性自己」轉化成爲主觀內在的「道德的創造性自己」。易言之，「天道下貫而爲性」的歷程，此即是天的創造的歷程與詮釋的歷程；而人通過主體的實踐而將此潛隱的不在場者帶出場使其成爲出場者，使天命之性得其具體的眞實性，這是人的創造性的歷程與詮釋的歷程。在此存有連續的基礎之下，「因地」與「果地」之間只是存有狀態的轉換，是從無限普遍的狀態走向特殊有限的狀態；就其本質而言則「因」與「果」是一不是二。「天」與「人」之間對比而顯的區隔，亦在此本質的同一之基礎下，便有通而爲一的合法性根據與基礎，人也就有了即有限而無限的可能生。因此，而可說道德界、存在界、本體論、宇宙論通而爲一的圓教。〔註23〕

〔註21〕船山曾曰：「誠者，天之實理，明者，性之良能，性之良能出於天之實理，故交相致，而明誠合一。」見《張子正蒙注》卷三〈誠明篇〉，第120頁。由於「性」根源於「天道」，而「性」則是道的具體呈顯處。「天道」地是「因地」而「性」，則是「果地」。有「天道」故人能有此道德理性，有此「性」故人具有揭示道的能力，故說「明者，性之良能」。「性」與「道」乃是相互詮釋而又相互創造之密不可分的關係，故說「明誠合一」。由此可知，「性」與「天道」的關係實可說是「詮釋的循環」與「創造的循環」。

〔註22〕天道下貫於人而爲人之性，人以其心凝天，而人以心顯天之秩，因此而可說知性即能知天，故船山曰：「知性者，知天道之成乎性；知天者，即性而知天之神理。知性知天，則性與天道通極於一。」見《張子正蒙注》卷三〈誠明篇〉，第130頁。

〔註23〕在西方的傳統中，宇宙論與道德論各自有其論述的範圍而不同，但在中國宇

第二節　人獨具超越的道德理性

　　「天命」自身是無限普遍而又超越的創造性眞幾，其內涵分析的具無限的可能性與必然的創造性與實現性，故天道必然的開展爲無限分殊之萬物。既有無限分殊之物，則即有無限分殊之性、分殊之理，此即所謂的「夫在天則同，而在命則異，故曰『理一分殊』。『分』者，理之分也。迨其分殊，而理豈一哉！夫不復一，則成乎殊矣。」雖然在理一分殊之脈絡之下，「天道」必散爲「萬殊」，「凝之爲性而萬殊」〔註24〕船山認爲，天地人我之間雖有其相同處，但亦有其相異之處。不可以因爲存有的本源有其同一性，不可因爲存在有其生成的同一性（Genidentrity），〔註25〕便認爲萬有是純粹無分別；但也不可因爲萬有是離形而異質，便認爲萬物無相同而能溝通之處，船山說：

（1）人物同受太和之氣以生，本一也。〔註26〕

（2）天命之人者爲人之性，天命之物者爲物之性。今即不可言物無性而非天所命。〔註27〕

（3）人物之生，因各得其所賦之理，以爲健順五常之德，所謂性也。〔註28〕

（4）反之於命而一本，凝之爲性而萬殊。〔註29〕

宙與道德論、心性論是可通而爲一的，牟宗三先生說：「孔子踐仁知天，孟子盡心知性知天，仁與天，心性與天，有距離，然已涵蘊著仁與天之合一，心性與天之合一。此蓋是孔孟之教之本質，宋明儒者之共同意識。……近人習於西方概念式的局限之思考，必謂道德自道德，宇宙自宇宙，『心即理』只限於道德之應然，不涉及存在域，此種局限非儒教之本質。……古人無道德界、存在界、本體論（存有論）、宇宙論等名言，然而豈不可相應孔孟之教之本質而有以疏通之，而立一儒教式的（亦即中國式的）道德界、存在界、本體論、宇宙論通而爲一之圓教乎？此則繫於『心即理』之絕對普遍性之洞悟，何必依西方式的概念之局限單把此『心即理』局限於道德而不准涉及存在乎？」見《從陸象山到劉蕺山》，第20頁。

〔註24〕見《船山全書》第六冊，第457頁。

〔註25〕卡爾納普：「我們稱同一世界線上的兩個世界點是生成同一的；同樣的，同一事物的兩個狀態，也是生成同一的。」見卡爾納普：《世界的邏輯結構》，第199頁。"Two world points of the same world line, we call genidentical；likewise, two states of the same thing."——Carnap, The Logical Structure of the world, 1967, p.199.轉引自尼古拉斯‧布寧，余紀元編著：《西方哲學漢英對照辭典》，第411頁。

〔註26〕見《張子正蒙注》卷五，第221頁。

〔註27〕見《讀四書大全說》卷二，第455頁。

〔註28〕見《禮記章句》卷三十一，第1248頁。

〔註29〕見《讀四書大全說》卷二，第457頁。

（5）人有其氣，斯有其性；犬牛既有其氣，亦有其性。人之凝氣也善，
　　　故其成性也善；犬牛之凝氣也不善，故其成性也不善。〔註30〕

（6）因於造物之無心，故犬牛之性不善，無傷於天道之誠（自注：在
　　　犬牛不善，在造化之有犬牛則非不善）。〔註31〕

（7）太虛者，陰陽之藏，健順之德存焉；氣化者，一陰一陽，動靜之
　　　幾，品匯之節具焉。秉太虛和氣健順相涵之實，而合五行之秀以
　　　成乎人秉夷，此人之所以有性也。原於天而順乎道，凝於形氣，
　　　而五常百行之理無不可知，無不可能，於此言之則謂之性。〔註32〕

（8）夫性者何也？生之理也，知覺運動之運也。食色之理也。此理禽
　　　獸之心所無，人獨有也。故與禽獸同其知覺運動，而人自有人之
　　　理。此理以之應事，則心安而事成，斯之謂義。〔註33〕

（9）人之所以異於禽獸者，其本在性；而其灼然終始不相假借者，則
　　　才也。故惻隱、羞惡、恭敬、是非，惟人有之，而禽獸所無也；
　　　人之形色足以率其仁義禮智之性者，亦惟人則然，而禽獸不然也。
　　　〔註34〕

（10）天以其陰陽五行之氣生人，理即寓焉，而凝之為性。故有聲色臭
　　　味以厚其生，有仁義禮智以正其德，莫非理之所宜。聲色臭味，
　　　順其道則與仁義禮智者不相悖害，合兩者而為體也。〔註35〕

此處所引之（1）、（2）、（3）、（4）四則之語，其意是指人與萬物皆由天道之
所創化而成，人因天之命而有人之性，物亦因著天之命而有其物之性。天命
之於人則為人的五常之性，天命之於物則為物的健順之性。由於人之性與物
之性皆根源於貞一之理，就性之根源而言，可謂之「一本」。而（5）、（6）、（7）
等三則，其意在指出雖然人之性與物之性皆根源於天道，但不可因此而謂之
人物之性沒有分別，因為人物之性雖有著同樣的根源，但是因為凝氣的不同，
故人之性與物之性便有了分別。在船山看來，人之性因為其凝氣為善，是合
五行之秀，故成其性也善；而犬牛則因凝氣為不善，故成其性也不善。至於

〔註30〕見《讀四書大全說》卷十，第1054頁。
〔註31〕見《讀四書大全說》卷十1054頁。
〔註32〕見《張子正蒙注》卷一，第33頁。
〔註33〕見《四書訓義》卷三十五，第676頁。
〔註34〕見《讀四書大全說》卷十，第1072頁。
〔註35〕見《張子正蒙注》卷三，第121頁。

（8）、（9）、（10）等三則，則指出了人之性是指人內在所涵具之道德價值意義的「仁」、「義」、「禮」、「智」之性，此道德價值意義之性是禽獸所無。

「人」此一存在之所以獨具「道德意義的價值之理」，「物」不能具此「道德意義的價值之性」，在船山看來這是因為人之氣與物之氣不同。人之氣是「善」而物之氣則是「不善」，所謂「天以二氣成五行，人以二殊成五性。溫氣為仁，肅氣為義，昌氣為禮，晶氣為智，人之氣亦無不善矣。」〔註 36〕至於犬牛之性所以不善，船山認為這是因為氣之陰陽變合作用無法皆善，故謂「天人之蘊，一氣而已。從乎氣之善而謂之理；氣外更無虛託孤立之理也。乃既以氣而有所生，而專氣不能致功，固必因乎陰之變，陽之合。有變有合而不能皆善，其善者則人也，其不善者則犬牛也。」〔註 37〕人之氣獨善，物之氣不善，故有人與禽獸之差別，就算人「自陷於禽獸者，其氣之相取也亦異。」〔註 38〕很顯然的，人之性與禽獸之性所以會有著本質上根本的差異性，在船山看來這是因為氣之創造時變合取氣之不同，變合之善者即是人，變合之不善者則為禽獸。所謂的變合即是氣之運行作用，變合有善有不善，此即意謂著「善」與「不善」是就具體作用實現處上說，而不就氣自身的本質之「善」說。氣之無不善並不代表其作用的結果必然是「善」，氣之作用如其自己之善即是「理」才是「善」。

然而何以無不善之氣於作用「變合」時會有「不善」？何以能不如自己？船山認為這是因為「氣稟能往，往非不善也；物能來，來非不善也。而一往一來之間，有其地焉，有其時焉；化之相與往來者，不能恆當其時與地，於是而有不當之物，物不當而往來者發不及收，則不善生矣。」〔註 39〕氣於作用不能恆當「時」、「地」，因之而有「不當」之物，所謂的「時」與「地」即是氣自身外的客觀條件，若就佛教而言此乃機緣或遇緣之不同。此猶如遺傳學中，親代與子代間的遺傳有所同有所不同，子代與子代間也有所同而有所不同。殊特性中有其普遍性而普遍性中亦有其特殊性。而此中不同所以產生之因，則在於遺傳作用時其基因的排列組合方式有其定向之方式亦有其隨機

〔註 36〕見《讀四書大全說》卷十。
〔註 37〕見《讀四書大全說》卷十。勞思光先生認為「此雖似解釋『不善』之根源（陰陽變合之差），然對道德上之『善惡』問題仍屬無用；蓋道德問題正是『人』所常有之問題。」見勞思光《新編中國哲學史》三下，第 713 頁。
〔註 38〕見《讀四書大全說》卷十，第 1058 頁。
〔註 39〕見《讀四書大全說》卷八。

之方式。在船山學中，天道是存在與價值的根源，而非絕對的宰制性意義之實體，天道所表示的乃是價值的標準，是「貞一之理」，此「貞一之理」之下貫降命爲性的作用乃是一存在與價值的創造和賦予而非對於存在的控制。因著其有作用的相乘之幾，故有變合之差而散爲萬有。天道之下貫降命既是一存在與價值的創造和賦予，又因著其作用有其相乘之幾，故有殊相的萬有，而殊相的萬有雖有其特殊性，然而亦皆具有內在的普遍性，故謂「一物之中莫不有萬物之理」，〔註40〕又說「天下之理，非於所分之後或有間斷止息，而謂此理之有殊也……自天以下，自淵以上，充滿兩間，散而爲百物，起而有萬事，變蓄流動，不可執爲一理，未嘗遺乎一端，皆道也。」〔註41〕存在與價值之賦予的作用歷程中，雖然存在著變合之差，然而因著「天道」與「萬有」之間的關係乃是一種存在的連續並非存在的斷裂，「一」與「多」、「同」與「異」，不僅不相互矛盾與衝突；相反的船山認爲「非異而不能同，而百慮歸於一致；非同則不能異，而一理散爲萬事。」〔註42〕在天道下貫中，「理一之天道」必開展爲「殊多之萬有」，「萬」是指個別、分殊、部分；而「一」則指「創造性之總體的根源」。〔註43〕「一」是「多」的「一」，而「多」是「一」的「多」。「一」是「多」存在與價值的根源，「一」是在其自己；而「多」則是此存在與價值之根源自身的自我展現，「多」是「一」的「對其自己」或「爲其自己」。如此「一」與「多」、「普遍」與「殊特」、「無限」與「有限」之間並不對立衝突，且因著兩端間實具有自身的同一性，故天地人我能通而爲一。

萬物一體與萬有相通之整體性思維之下，萬有間乃是相互作用而又相互影響，彼此之間有連繫而能相通。雖然「氣」是萬有的根源，其內在的律則雖然決定著氣自身的創造性之開展，然而由於萬有乃是一個整體，已被創造之存在將會在氣之不斷的創造歷史中起著作用與影響，「氣」於此時雖可說是決定者，但此一決定者已是「主要決定者」而非「絕對的決定者」，故可說氣

〔註40〕見《船山全書》第六冊，第 1117 頁。
〔註41〕見《船山全書》第七冊《四書訓義》（上），第 132 頁。
〔註42〕見《船山全書》第十二冊，第 107 頁。
〔註43〕需說明的是此創造性之萬有的根源雖是一個整體、全體，但此全體並非是由殊相之個體存在物所聚合而成的。林安梧師說：「『一』並不是萬殊所聚合而成的，『一』大於『萬之總合』，因爲一是萬的根源，一具有開展爲萬的能力。船山所謂的『合萬而皆一』並不是聚合萬有而歸之於一，而是說『萬物之物』皆有『道一之理』。」見林安梧師《中國近現代思想觀念史論》，第 88 頁。

於創造作用時有變合之幾，因之而有善與不善之取氣，這是在相互主體性與有機之整體性思維下才能有的說法。因其「太虛絪縕之氣」乃是一個有機的整體，它不是如上帝般的絕對的宰制者，它也非是單純的萬有之聚合，其實況是「萬有是氣」而「萬有在氣」的存在狀態。在太虛之中，萬有間彼此相互作用而又相互影響，吾人不可因為萬有是由氣所凝聚，便視「氣」為一「絕對的決定者」而決定著一切運動變化創造，萬有的活動皆不能外於此太虛之氣自身的律則。因為船山自始至終，從未視「天道」或「太虛之氣」是主宰一切存在者，而是將「天道」與「太虛」視為一個有機的整體，存在在此有機的整體之內，只是有機體中不同座標位置之存在，彼此間是相互關係相互作用而又相互影響。吾人若因氣之作用有著其變合之差，便以為船山學中有著何以純善之天道會有不如天道之變合等不可解之困結與矛盾，這是因為不能正確的認識到，船山學乃是超越「主──客」對立，而進入到存異求同天地一體萬有相通之主客和諧統一之「我──你」、「人──世界」之關係的「天人合一」，這樣的「天人合一」乃是有機的整體，其頗似於懷德海而又有所不同。〔註44〕

　　此處所謂的有機，其意指系統內的存在者彼此相互關聯而又相互作用相互影響，系統運動變化之歷程的動力，乃是根源於系統內殊異之存在間，彼此作用與影響而造成系統之變化；至於所謂的整體則是指萬有的存在，有其根源的同一性，此即是張載於〈西銘〉中所言：「民吾同胞，物吾與也」之義。而萬有亦處在同一個生活世界與場域之中，萬有即如張載於〈西銘〉中所言「混然中處」之義，萬有存在於天地、太虛之間。此種視宇宙與人生是一有機的整體是在場的而非機械式、宰制式之以主體攝客體式的存在觀點，是大多數的宋明儒者所具有的思維，成中英先生曾指出說：「宋明儒家迫切自覺到用有機的一體來統一其概念的需要。不消說，這是因為，他們對整體的宇宙人生的全幅經驗之組成有機的一體，有一層原始的理會。所以，所有基本概念都或多或少予以刻意地表達成內在地、有機地互串連。此情形若較之於懷特海哲學，實有過之而無不及。所有基本概念形成一套交錯雜糅、互相依存

〔註44〕在船山學中所言的天地人我通而為一，萬有是一個整體之境域，是通過主體自覺的從事道德實踐之體悟而被揭示與證知。然而在懷德海那裏，宇宙人生是有機的統一體之理境，其主要是通過思辨的工夫達至，而道德實踐的工夫則不甚顯明。關於此點，讀者可參閱成中英《知識與價值》，第214頁。

　　　　　　　　　　　　　　　　　－96－

的元素之統一網絡。元素之間雖已分化，但仍保持辨證地流動、開放。因此，彼此之間可互相強化、護持，而非互相排斥、疏遠。它們都導源於對統合的整體的中心體驗；其作用則在於涵及加強對實踐生活中的整體性及統一性所懷有的原始理會。這也正是懷特海很少予以留意的層面。」〔註45〕

由於船山學並非如程朱學未脫「主——客」對立之關係式，其超越只是以主體性吞沒客體性，以純粹普遍的理性收攝感性，終至達到純粹潔淨空闊的絕對精神理性之境域；亦非如象山陽明之無「主——客」關係之結構，而僅有「絕對的心靈主體」以收攝萬有之純粹無分別的「天人物我合一」之精神理境。船山此種民胞物與之天地人我離形異質而能相通的天人合一的思維，可說是在世的存在思維，是將「天——人」、「物——人」、「人——世界」等兩端統合為一整體的思維，這是船山為六經所開的生面。〔註46〕若視天道為創化萬有之根源，萬有皆由氣之所凝聚，便視存在為不可能出現悖逆天道、天理之行為與狀態；而視船山學中所言之根源於天道，卻能出現違逆於天道或主體自由，是理論上不可解的困境。這是陷於機械式、宿命式的思維論述，同時也是絕對主體性，不脫「主——客」對立而宰制性的思維，並非是船山所強調之兩端而一致之相互主體性之機體思維。在此機械而宿命式的思維中，「太虛之氣」亦將成為一「絕對的主宰者」而被「絕對化」與「主體化」。如此，「氣」也只是程朱學中「理」概念的變形，所謂的「天地一體」也只是以其絕對性與普遍性而將個體性吞沒而達成的統一。這樣的思維，實仍未脫「主——客」對立而二分的架構，仍是以主體宰制客體，而猶如黑格爾式的「絕對精神」，只不過在黑格爾那裏「絕對精神」是摒除物質性的只能存在於思維之中，而這樣的太虛之氣卻是在經驗之中。〔註47〕由此思維去理

〔註45〕見成中英《知識與價值》，第 214 頁。

〔註46〕勞思光先生《新編中國哲學史》一書中，一再的指出船山學因其天道觀的理論模型，而使其在「本性」與「心性」論上顯得矛盾困難而不得解，學者不可以為船山真能為六經開生面。見勞思光先生《新編中國哲學史》三下，第684～766 頁。然而筆者卻認為勞先生所指出的船山學缺憾處，卻正是船山學別開生面之一處。只因船山學是機體之學，其機體之學乃建立在相互主體性上而非如程朱、陸王學是建立在絕對主體性上。若以絕對主體之思維，當然船山學會有勞思光先生所指出的矛盾與困境——純善之根源何以會有不善之產出物？何以物能不如天道而行？若在相互主體性與有機的整體性思維中，則此困境可由存在間的彼此相互作用相互影響而得到根本的回答。

〔註47〕雖然黑格爾一再的強調，他的真無限的無限性或圓滿性不在於有限性的彼岸，而就在有限者之內可以實現與達到。但是，他又認為在有限者中實現和

解分析與詮釋船山學的天道性命觀點，當然會有其理論上的悖逆。

由於氣因爲所遇的時地機緣不同，故「氣」之作用便有可能存在著異化的現象，氣之作用不必然的如其自己。以不當之「時地」說氣之變合之幾無定，而由之有不當之物，何以無不善之「氣」，於作用時會有不如其自己？在理論上，這就不善之因置於外在客觀的經驗條件上而化解了何以無不善者的創造性根源會產出不善之物。同時也就說明了之所以會有人與犬牛之別，實乃肇因於氣的作用有本就有不如其自己與如其自己的狀態。從氣之作用是否如其自己言「善」與「惡」，而非從本質上說「善」與「惡」，可知此處所言之「善」與「惡」並不是一存有義的描述語而是實踐義。雖然氣的作用本來就存在著不如其自己的可能性，但是因爲天道的作用是不容己的不能有擇，故可說「其本無不善」，犬牛之不善無傷天道之誠。因爲，所謂的作用之不如其自己本就意涵著現象的呈現不同於本體，既然現象之不同於本體，當然就不能因著現象沒有道德的行爲實踐便否定本體有道德義。如此，也可更進一步的說，不能因爲人未能自覺的從事道德踐履，便否認人有道德實踐的本質及其能力；甚至，人的行爲猶如禽獸，但人仍然異於禽獸，因爲人有異於禽獸之質。很顯然的，船山從「性命」處分別人禽，從本質處上凸顯人此一存在具有道德的質性與能力，這就說明了二件事——其一是：何以人能有道德行爲而物則不能有無道德行爲，故船山說：「人之形色足以率其仁義禮智之性者，亦惟人則然，而禽獸不然也。」其二是：何以道德的善惡問題只能就「人」此一存在說，而不能就「物」之存在上說，故船山說：「曰：『性善』者，專言人也。」〔註48〕又說：『善者，人之獨也。』」〔註49〕

船山以人之性是知覺運動、食色之理，此理是人所獨具的而禽獸之所無。人性既是道德價值義而又是感官知覺、食色之理，其意義即是道德理性是感性物欲之規約性的法則，是生理欲求之主持分劑者。食色知覺既有其內在之道德理性以爲發用時之規約性律則。這也就表示，道德理性並不是一抽象的空概念，而是實存於生活世界之中，作用於生活世界之中；同樣的感官知覺

達到的無限圓滿性是純思維、純概念，並非感性的直觀。這就意謂著無限的圓滿性只能在抽象的純思維、純概念中實現與達到，而非在現實的感性直觀中達到與實現。此一圓滿性，只能存在於抽象的純概之中而不可能且不存在於現實之中。

〔註48〕見《張子正蒙注》，第 126 頁。
〔註49〕見《張子正蒙注》，第 126 頁。

運動或食色之欲，亦非只是一純粹的物欲、生存的欲求，人之欲求中實有著超越的道德理性。在道德理性與感性欲求和諧之統一體中，聲色臭味等知覺運動是具體可見之在場者，而仁義禮智則是隱藏在知覺運動背後隱微之不在場者，道德律則的真實性是需透過具體的感官知覺之實踐，才得以證成與揭示。

第三節　道德實踐的歷程即是道德創造的歷程

人受天地陰陽之氣而生，天以其陰陽之氣而授理於人，人因氣而得以內具此道德理性。天之氣化流行乃是日新富有永不止息，而人亦無時不受天之氣。因此，在性氣不離的脈絡之下，船山反對人之性只受於初生之際而有「命日降，性日生」的命題，〔註50〕船山說：

（1）聖人說命，皆就在天之氣化無心而及物言之。天無一日而息其命，人無一日而不承命於天，故曰「凝命」，曰「受命」。〔註51〕

（2）維天之體即以用，凡天之用皆其體，富有而不吝於施，日新而不用其故，容光而不窮於所受。〔註52〕

（3）夫一陰一陽之始，方繼乎善，初成乎性，天人授受往來之際，正此生理為之初始；故推吾之所自生，而贊其德曰元。成性而還，凝命在躬，元德紹而仁之名乃立。天理日流，初終無間，亦且日生於人之心。惟嗜欲薄而心牖開，則資始之元亦日新，而與心遇，非但在始生之俄頃。〔註53〕

（4）莫非命也，則天無時無地而不命於人，故無時無地不當順受，無時無地不以惠迪得吉、從逆得凶。若靠定初生一日，則只有迎頭一命，向後更無命矣，而何以云莫非命也哉？〔註54〕

（5）天命無心而不息，豈知此為人生之初，而盡施以一生之具；此為

〔註50〕唐君毅先生認為「船山之言氣化之流行，不只從自然宇宙之變言，乃擴之為一觀人事歷史之變之思想。氣化之流行，往來不窮，由此而命非前定，性非限於初生，故船山有命日降、性日生之說。」見唐君毅《中國哲學原論・導論篇》，第 623 頁。

〔註51〕見《船山全書》第六冊，第 677 頁。

〔註52〕見《船山全書》第三冊，第 453 頁。

〔註53〕見《周易外傳・一・乾》。

〔註54〕見《船山全書》第六冊，第 752 頁。

　　　人生之後，一同於死而不能受耶？一歸之於初生，而術數之小道
　　　由此興矣。〔註55〕

（6）目日生視，耳日生聽，心日生思，形受以爲器，氣受以爲充，理
　　　受以爲德。〔註56〕

（7）日見天心，日凝天命。〔註57〕

（8）初生而受性之量，日生而受性之眞。〔註58〕

（9）形日以養，氣日以滋，理日以成；方生而受之，一日生而一日受
　　　之。受之者有所自授，豈非天哉？故天日命於人，而人日受命於
　　　天。故曰性者生也，日生而日成之也。〔註59〕

（10）今之雨露，非昨之雨露；則今日平旦之氣，非昨者平旦之氣……
　　　 若此者，豈非天之日命而人之日生其性乎？〔註60〕

（11）命日降，性日受。性者生之理，未死以前皆生也，皆降命受性之
　　　 日也。初生而受性之量，日生而受性之眞。〔註61〕

（12）昊天曰明，及爾出王；昊天曰旦，及爾游衍。出王游衍之頃，天
　　　 日臨之，天日命之，人日受之。命之自天，受之爲性。〔註62〕

上文所引之（1）、（2）、（3）、（4）、（5）、（6）等六則之語，其意表示天之氣化
流行乃是日新富有而無時不授命於人，故人無時而不受命於天。「性」既根源於
天命，故可說命日降而性日生。而（7）、（8）、（9）、（10）、（11）、（12）等六則
之語，則說於初生之時所受之命乃「性之量」，日生則命日降日受爲「性之眞」，
天日命於人，而人日受命於天，一日生而一日受之。人只要存在，則此一天降
命而人受爲性的歷程便進行不止。易言之，降命爲性的歷程實即是此在的在世
歷程。船山之所以有此命日降日受而性日生的說法，實乃植基於《中庸》之「天
命之謂性」。由於天命的歷程即是氣化凝聚的歷程，而氣化的歷程即是天道創化
之歷程，因著天道之創化乃是永恆而無止息的歷程，而天道創化的歷程又即是
降命爲性的歷程，故由此而可說「命日降而性日生」。船山不視降命爲性是一成

〔註55〕見《船山全書》第六冊，第677頁。
〔註56〕見《船山全書》第二冊，第301頁。
〔註57〕見《船山全書》第六冊，第1077頁。
〔註58〕見《船山全書》第十二冊，第413頁。
〔註59〕見《船山全書》第二冊，第300頁。
〔註60〕見《船山全書》第六冊，第1076頁。
〔註61〕見《思問錄·內篇》，第413頁。
〔註62〕見《尚書引義》卷三〈太甲二〉。

永成者，而將之視爲永恆的降受日生的歷程，此實可說是船山學異於程朱、陸王之處，唐君毅先生說：「船山之所謂性，則尅就『天道之流行於氣以有善，更底於人物之成處』，言人物之具性。此中人物爲有，則性亦爲實有。此實有之性，不離氣，故天道相繼表現流行於氣，而天命日降；人之性亦不斷表現流行於氣，其性亦日生。此天命與氣及性，皆同在一相繼的表現流行，或創造之歷程中之義，則橫渠之所未詳。橫渠與程朱之言性，皆自萬物之同源共本上說，而船山言性則兼在人物之氣之流行本身上，說其隨流行以日生。至船山能言此義，則純由其特有得於易教，而亦更有其乾坤並建之說之故，方能成立此命日降而性日生之說，以及人之氣之大往大來於天地中，以死而不亡之說也。此亦皆同原於其重『客觀的觀理之相繼的表現流行於氣』之態度而有之思想。」〔註63〕在船山自己看來，此一命日降性日生的說法，不僅不違背先儒的說法，而是掘發孟子與朱子所涵蘊之義，〔註64〕船山說：「愚於周易尙書傳義中，說生初有天命，而後日日皆有天命，天命之謂性，則亦日日成之爲性，其說似與先儒意見不合。今讀朱子無時而不發現於日用之間一語，幸先得吾心之所然。」〔註65〕又說：「愚嘗謂命日受性日生，竊疑先儒之有異。今以孟子所言平旦之氣思之，乃幸此理之合符也。」〔註66〕

　　船山認爲性雖是天之降命而人受之的結果，但「命」與「性」仍有所不同，「命」是從無限普遍的根源處說故大，而「性」則是就有限殊相之存在故小，船山說：「天命大而性小（自注：統人物故大，在一己故小）。」〔註67〕又說：「天道之本然是命；在人之天道是性。性者命也，命不僅性也。」〔註68〕又說：「命大，性小。在人者性也，在天者皆命也。既已爲人，則能性而不能命矣。在人者皆天也，在己者則人也。既已爲己，則能人而不能天矣。」〔註69〕又說：「達所性之德與天合德，則物無大小，一性中皆備之理。性雖在人而小，道雖在天

〔註63〕　見唐君毅《中國哲學原論・原性篇》，第511頁。

〔註64〕　羅光先生說：「其實王船山的這種主張是獨創的，孟子和朱子都沒有這種思想；但是他有所根據，根據《易經》所說『一陰一陽之謂道，繼之者善也，成之者性也。』又根據《中庸》第二十二章所說盡性；而且他的主張和中國傳統哲學所講『生命』相符合。」見羅光《王船山形上學思想》，第112頁。

〔註65〕　見《讀四書大全說》卷一，第7頁。

〔註66〕　見《讀四書大全說》卷十，第1054頁。

〔註67〕　見《讀四書大全說》卷二，第468頁。

〔註68〕　見《船山全書》第六冊，第530頁。

〔註69〕　見《莊子通》，第512頁。

而大，以人知天，體天於人，則天在我而無大小之別矣。」〔註70〕「性」根源於「命」，是「天命」、「天道」之下貫而爲「性」，故可說「命」是「性」而「性」是「命」，「性」與「命」是一不是二；然而若就概念的內涵而言之，則「命」不止是「性」，因爲「性」是「命」之具體存在處，「命」則是「性」之存在的根源，具體之存在爲有限者，存在的根源自身則是無限的普遍者，故可說「命」大「性」小。船山認爲「性」雖根源於「命」，但該摒除的是將一切歸於命，將「可致之」者視爲「莫之致」，以至盡廢人事，船山說：

（1）謂之曰命，則須有予奪。若無所予而亦未嘗奪，則不得曰命。言吉言福，必有所予於天也；言凶言禍，必有所奪於天也。故富貴，命也；貧賤非命也。由富貴而貧賤，命也；其未嘗富貴而貧賤，非命也。死命也；不死非命也。夭者之命因其死而言，壽者之命亦要其終而言也。〔註71〕

（2）以天之有所予奪者而謂之命。若人所本無，因不予之，人所本有，因不奪之，君子於此，唯有可行之法而無可受之命，故謂之曰「俟」。俟者，未至之詞也。藉當居平無得無喪之時，而莫不有命，則更何所俟哉？故生不可謂之命，而死則謂之命，以其無所奪、有所奪之異也；不得不謂之命，而得則謂之命，以其無所予、有所予之異也。〔註72〕

（3）若概乎予不予、奪不奪而皆曰命，則命直虛設之詞，而天無主宰！君子之素位而行，若概乎生與死、得與不得而皆曰有命，則一切委諸大造之悠悠，而無行法尊生之道矣！〔註73〕

（4）陰陽生人，而能任人之生；陰陽治人，而不能代人以治。既生以後，人之所受之性情爲其性情，道既與之，不能復代治之。〔註74〕

（5）命之情者，天命我而爲人，則固體天以爲命。惟生死爲數之常然，無可奈何者，知而不足勞吾神；至於本合於天，而有事於天，則所以立命而相天者，有其在我而爲獨志，非無可奈何者也。〔註75〕

〔註70〕見《張子正蒙注》卷三，第 113 頁。
〔註71〕見《船山全書》第六冊，第 1113 頁。
〔註72〕見《船山全書》第六冊，第 1039 頁。
〔註73〕見《船山全書》第六冊，第 1040 頁。
〔註74〕見《周易外傳》卷五，第 992 頁。
〔註75〕見《四書訓義》卷二，第 105 頁。

（6）己無不誠，則循物荼爲而與天同化，以人治人、以物治物，各順
　　　其受命之正，雖不能知者皆可使由，萬物之命自我立矣。

（7）乃唯能造命者，後可以俟命，能受命者，而後可以造命……修身
　　　以俟命，慎動以永命，一介之士，莫不有造焉。〔註76〕

（8）天但以陰陽、五行化生萬物，但以元、亨、利、貞爲之命。到人
　　　身上，則元亨利貞所成之化迹，與元、亨、利、貞本然之撰自有
　　　不同。化迹者，天之事也。本然之撰以成乎仁義禮智之性者，人
　　　之事也。〔註77〕

上文所引之船山語，第（1）、（2）、（3）等三則，其意旨乃在於指出所謂的「命」，乃是指「天」對於人之賦予和客觀的限定等二種作用，此皆非主體所能參與改變之處；而此在能參與改變之處，則不可謂之「命」。既有人力可參與之處，故不可將所有的事皆歸之於「天」而視之爲「莫之致」，以至於「盡廢人爲」。而（4）、（5）、（6）、（7）、（8）等五則之意則是，天即降命於人，則其責任便在於人而不在於天，因爲「天」於既生人之後，則人於存在的歷程中便有其主體自由性而不受制於天，故人能受命亦能造命。勞思光先生認爲船山以天道是萬有的根源而且是決定一切者，則「人」之有「自由（意志自由或主體自由）」是否亦是「被決定爲如此」。……此遂導生一「被決定之自由」之怪異觀念矣。言「天道」時，「天道」生萬有，而萬有中之「人」至少是可能違「天道」者，則說「人」之此種能力不由「天道」而生既不可，若說由「天道」而生，則又生出類似之怪異觀念。〔註78〕筆者認爲勞思光所指出的船山學困境，若從天道是決定一切者，人根源於天且是一被決定者，人所有的一切行爲亦皆在宰制之下而存在，故可說人的行爲不當有違逆於天的狀態。在此觀點理解之下說人有主體自由，確實是一怪異之觀念。在此種單向度的機械式宿命論的思維下，當然會視純粹善的天道落實於具體的生活世界中卻能生出不善，是一種不可解的困境。

　　只是船山認爲天人的關係並非是決定者與被決定者之機械式的關係，而是一種有機的相互詮釋相互創造之互爲主體性的關係，此一有機互動的關係乃是船山認爲「人」此一存在不僅是本體的存在（ontological being），同時也是社會

〔註76〕見《船山全書》第十冊，第934～935頁。

〔註77〕見《船山全書》第六冊，第1137頁。

〔註78〕見勞思光《新編中國哲學史》三下，第723頁。

的存在（social being）與歷史的存在（historical being）。人做為本體的存在，雖然根源於天，但此一存在乃是萬物皆備於我，而與天地萬有是一整體的存在，是能通極於宇宙天地人我之存在。由於人之存在是存在於整體之中，因此本體的存在，同時也就是社會的存在與歷史的存在，存在間是彼此相互關係而又相互作用。如此，人之存在便不完全受天道的「宰制」，而是「天道」與「生活世界」交互辯證作用下的存在。天道雖有其規範性與決定性，但已非是絕對的決定者。船山認為若因著人根源於天，便認為天是決定一切的宰制者，發號施令的支配者，人只是被動的受命者被支配者，人之存在只能是天道之定然性的實現，而不能有其主體性的自由，人對於天的關係，若只能是父步亦步父趨亦趨的存在，則「人其如傀儡，而天其如提弔者乎？」〔註79〕船山認為那是不知天人分際，不知「天只陰陽五行，流蕩出內於兩間，何嘗屑屑然使令其如此哉？」〔註80〕人於既生於後，天並不宰制人，天對於人而言，天只是存在與價值的根源而非決定者，人有選擇自身存在方式的主體自由及權力，船山說：「生之初，人未有權也，不能自取而自用也。惟天所授，則皆其純粹以精者矣。天用其化以與人，則固謂之命矣。生以後，人既有權也，能自取而自用也。」〔註81〕人能夠通過主體自身的道德實踐，將潛存遮蔽的天道揭示的呈現，此即是主體性之自由。主體有此自由，並不是被天所決定的，而是天所給予的。此一自由之存在的真實，是通過主體之自取自用而被揭示。〔註82〕人之主體自由根源於天

〔註79〕見《讀四書大全說》卷二，第454頁。
〔註80〕見《讀四書大全說》卷二，第454頁。
〔註81〕見《船山全書》第十二冊，第300～301頁。
〔註82〕曾昭旭先生說：「總之，船山所謂性，乃兼『誠』與『幾』而言。誠即直指其凝合實存之形色，此乃宇宙全體之顯現於我者，其中即涵（1）虛而靈之乾陽之德、（2）調以均之坤陰之藏二義。而乾德之發用，即謂之幾，幾者誠之幾，即心者性之所發也。此幾又可從天人兩面說。天之幾者，即天之全體，所以顯現為吾身也。人之幾者，即成人之後，人秉其自主之心以取精用物，以漸成其後天之性也。於是從天之誠無不善而說性善，即可包孟子之說。從人之幾之可善可惡，即可釋孔子『性相近，習相遠』之說。從人之心常不能自覺以取純用粹而成其後天之性之駁雜，即可釋荀子性惡之說。從人之心畢竟亦從無不善而說性善，即可包孟子之說。從人之幾之可善可惡，即可釋孔子性惡之說。從人之心畢竟亦從無不善之誠所發而來復不難，而性非一定之例而不可改，即可包宋儒變化氣質之說。而以上各說納於船山之系統，則皆是性也。其間不必以善惡相攻，亦不必強於義理之性外，別立氣質之性而賤之矣。此即船山論性之旨，可謂高明篤實，兼有之矣。」見曾昭旭《王船山哲學》，第87～88頁。

是被給與的，就邏輯而言之給與不代表其必然宰制，因此可知當說人有權時，「天」側重的是價值義的創造義與創造的根源義而非主宰義，故無所謂被決定的自由之怪異。主體之自由表現在人於氣的相乘之機中能有其權，能自覺的做道德踐履以揭示存在所內具的道德理性──「貞一之理」。換言之，船山認為現象界的存在並非是被決定之定然的存在，而是處在場域之中並天地人我萬物交往而相互作用、相互影響的，這樣的存在是歷程的機體的場域的關係的作用的，因此而有其存在的複雜性。此複雜性乃在於存在有其「貞一之理」亦有其「相乘之機」，且在「貞一之理」與「相乘之機」二者之交互作用的辯證之下，展開其存在的歷程。〔註83〕就存在活動的歷程而言，「貞一之理」是人內在潛具之確定的因素，而「相乘之機」則是存在所面對的外在客觀之不確定性的因素，此二者對於存在而言皆是天之所命於人。但因為人有主體的自由，因此，人不可廢棄主體人事上的努力，而將一切歸諸於命，唐君毅先生說：「船山言，人生後所命于天之命，更有以天之予奪言命，以申昔賢之受命在人之義。原船山言人之受命于天，乃分于天之氣，以成其為人，而有其性。人之氣雖原于天，然既成為人，即所分之氣在人，而不在天。……人既受命于天而成人，則氣之屬于人，為人所以有者，不復屬于天。若非天所日降之命于人，有所予奪之處，不得將人本于所已有者，而發出之一切行為責任，皆歸于天。蓋人既分于天以生，而成其為人，人成以後所發之一切行為，便直接以人為所自發之主體。故若非天有予奪，不能言其行為，乃天之所命，而功罪皆不可歸于天。」〔註84〕就船山而言，存在面對命所應採取的正確態度乃是：「受命」、「立命」、「造命」、「俟命」、「永命」，而非放棄人事的努力，亦非與天對抗，而是「循物無為而與天同化，以人治人，以物治物，各順其受命之正，雖不能知者皆可使由，萬物之命自我立矣。」〔註85〕這也就是說，人能參贊天地萬物才是俟命立命永命之道，而參贊天地萬物的實踐進路是以「相互主體性」的方式而不是以主體攝客體「主──客」的模式，是以「我──你」、「主體──主體」的態度與方式為立命造命之實踐的進路，以相互主體性去面對天地人我萬物，實即是人與萬物的主體間際的交往。

────────────────

〔註83〕 林安梧師說：「氣之屈伸升降，絪縕動盪，動靜相感可對比出貞一之理和相乘之機，這正顯示存在的複雜性，並在這複雜性中有一存在的貞定。」見林安梧師《現代儒學論衡》，第 174 頁。

〔註84〕 見唐君毅《中國哲學原論‧原教篇》，第 561 頁。

〔註85〕 見《船山全書》第十二冊，第 125～126 頁。

第四節　道德實踐即是「善」

　　由於天人的關係，並非是單一向度而是互爲主體，相互主體間彼此相互作用而又能相互感通的。天有天之事，人有人之事。就天之端而言，人對於天的作用，即是通過主體自身的道德實踐將潛隱不在場的天道在實踐中揭示地帶出場，此即是人之事。既有天之事亦有人之事，而且存在的歷程是有機的場域的而非機械，天道是做爲存有與價值的根源，因此人於面對天道時，不可將一切歸之於「命」而喪失了主體之人事的努力，而當以俟命與至於命的態度去面對天命，船山說：

（1）繼者，天人相接續之際，命之流行于人者也。〔註86〕

（2）天與人異形離質，而所繼者惟道也。〔註87〕

（3）惟其有道，是以繼之而得善也。〔註88〕

（4）繼之則善也，不繼則不善也。〔註89〕

（5）陰陽之相繼也善，其未相繼也不可謂之善。〔註90〕

（6）蓋道在未繼以前，混淪而無得失，雨暘任其所施，禾莠不妨并茂，善之名未立，而不之迹亦忘。既已善繼乎人，而成乎人之性矣。〔註91〕

（7）乃易之爲言，惟其繼之者善，於是人成之而爲性（成，猶凝也）。孟子卻於性言善，而即以善爲性，則未免以繼之者爲性矣。繼之者，恐且喚作性不得。〔註92〕

（1）與（2）二則言「繼」乃是就天人相續之際上說，而所「繼」者惟道。此處所謂的天人相續之際，乃是指天道下貫於人而爲人之性。由於此一天道下貫之歷程是無形隱微的，其需通過人的主體實踐將此隱微不在場者從遮蔽

〔註86〕見《船山全書》第一冊，第526頁。

〔註87〕見《船山全書》第二冊，第270頁。

〔註88〕見《船山全書》第一冊，第1007頁。

〔註89〕見《船山全書》第一冊，第1008頁。

〔註90〕見《船山全書》第一冊，第1006頁。

〔註91〕見《船山全書》第一冊，第528頁。

〔註92〕見《讀四書大全說》，第567頁。需說明的是，船山以「繼」爲「善」，在此前提之下理解孟子之「性善」義，經過概念的代換，當然會得出「以繼之者爲性」的理解。這是典型的以自己對於概念的定義去詮釋質疑經典的說法。此種詮釋雖非是經典的原義，但吾人卻可由此見出詮釋者自身的詮釋系統與思想體系。

的狀態揭示出、帶出場，使之存在所具的內在道德理性成爲在場的澄明。而所「繼者惟道」，乃是指「陰陽之相繼」，也就是指能使天道生化相續不斷即是「繼」即是「善」。而所謂的能使天道之生化相續不斷，則是指通過主體之實踐使存在所內具而處於潛存狀態的天命之性從遮蔽的存有狀態走向澄明狀態，揭示存有爲連續的而非斷裂的主體實踐工夫即是「繼」。（3）、（4）、（5）、（6）、（7）等五則言「善」乃就能實踐的揭示存在自身的道德理性而言之，未能實踐的揭示存在自身的道德理性則未能言「善」，陳贇說：「善意味著通過人的活動，可見與不可見之間獲得了連續，從而構成人類之世界視域之整體。」〔註 93〕植基於此吾人可知，在船山學中所謂的「繼」乃是指將存在所內具的道德實踐所以可能之德能實踐地彰顯之，而以「繼」爲「善」的理論意義乃在於使抽象虛懸的天道，成爲具體眞實的實現，能使存在所本具本存於德能於行爲中相續不斷地作用此即是「善」。換言之，於船山學中，「善」的概念並不就存有的本質義上說，而是就行爲之道德踐履上指點，林安梧師說：「他否定所謂先驗的、本質的『善』的觀念，他認爲最終極的觀念是生，而生即是氣之絪縕變化。生生之謂易，繼之者善，成之者性。繼之、成之這乃是人的實踐概念，而不是存有論意義的概念。」〔註 94〕

　　於此勞思光先生指出《易傳》中所言之「繼之者善也」，之「繼」字是就「人」「道」之間立義，是就道之外部之與人關係而言之，是就「客觀」與「主觀」之關係而言「繼」，「繼」之內容是指「繼道」，而不可就道之內部說「陰陽之相繼」，然而船山卻又將「繼之者善也」解爲「陰陽之相繼」，此是道之內部而言之，此不僅不合於《易傳》，同時此二義是語言之混亂，且在嚴格的意義上不能貫通，不過此卻是船山學中不得不有此發展，因爲此是船山思想之出路，勞思光先生說：「『繼之者善也』，在文義上只能指『繼道』是『善』，別無二解。然如此訓定『繼』字之義，則此『繼』字必立於『人』（或任何能『繼』或不『繼』者）與『道』之間，換言之，必指包含一陰一陽爲內容之「道」與此外之某存有間之關係。則『繼』字此處決不能再說爲『陰陽之相繼』；『陰陽』含於『道』之內部，而『繼』道者在『道』之外；『繼之者』一語決不能解爲『陰陽繼一陰一陽』也。船山所用解法，自亦非自己創出；舊解於此處『之』字本欠明確，故船山依舊解立說，無論理論得失如何，言語

〔註 93〕見陳贇《回歸眞實的存在——王船山哲學的闡釋》，第 210 頁。
〔註 94〕見林安梧師《現代儒學論衡》，第 174～175 頁。

已大爲混亂矣。船山雖將『繼之者善也』一句解爲『陰陽之相繼也善』，因而此『繼』字似落在『道』之內部上（因上文明說『一陰一陽之謂道』，其文義亦不容曲解）；但又說『繼之者，天人之際也』；則亦不能不將『繼』字轉至『人』與『道』（或『天』）之關係上。此雖與『陰陽之相繼也善』一語，在嚴格意義上不能貫通，然此一轉方是船山思想之出路，否則船山根本無法談及所謂『人道』及善惡問題矣。」〔註95〕筆者認爲船山學的「繼」字義，正如勞思光先生所指出的船山所言之「繼」字義確實有不合《易傳》的地方。因爲若單就表面的語義邏輯而言之，「天道之繼」的意思是不同「人道之繼」的意義。《易傳》所言之「繼」，它是從客觀面講天道之「繼」，其內容是指陰陽之相續不斷，其意義即在於宇宙生化之歷程相續不斷，這是「本體宇宙論的講法」；而人道之「繼」則是就主觀的道德實踐而言之，所「繼」者即是「日降日受」之「道」，此是「道德實踐論的講法」；「道德實踐論的講法」是不同於「本體宇宙論的講法」。

只是在儒學的傳統之中，天道與性命或宇宙與道德或天人之際，並非如西洋哲學般道德自是道德而宇宙論自是宇宙論，此二者是截然不同的界域而不可混通。〔註96〕客觀的本體宇宙論之「客觀創造性的陰陽相續」與「主觀的道德創造之相續」，此二者在儒學的傳統之中所以能通一不二，其合法性的基礎乃植基於天人之間乃是一存有的連續，天之陰陽相續與創造，乃表現在天之創造人之同時，亦「於穆不已」的將「天道」下貫流注於個體之存而成爲個體存在之性。個體之性既是根源於天道實體，是「天之所與者」而與天有其本質的同一性，故天人不同而能相通，「本體宇宙論」與「道德實踐論」便不再是截然割裂爲二而不能相通的範疇。換言之，從本體宇宙論立場所言之「天命」，其具體的落實即是人所本具而潛存之「性體」。因此，當人此一存在透過主體自覺的道德實踐創造性的詮釋與體證所揭示的內在道德理性，

〔註95〕見勞思光先生《新編中國哲學史》三下，第 706～707 頁。

〔註96〕關於《易傳》所采的本體宇宙論的立場與《孟子》學所採的道德立場，此二種不同的進路是否眞不能融通，牟宗三先生曾表示出他的看法，先生說：「『繼之者善也，成之者性也。』這是《易傳》從本體宇宙論的立場說的。甚麼是善呢？『繼之者善也。』甚麼是性也？『成之者性也。』這種講法是本體宇宙論的講法。所謂本體宇宙論的講法就是表示跟孟子言性、言善不是同一個入路。但是，二者是相通的。孟子言善、言性，是道德的立場。《易傳》講『繼之者善也，成之者性也。』是本體宇宙論的講法。」見牟宗三先生《周易哲學演講錄》，第 93 頁。

實即是客觀的天命實體。如此，「本體宇宙論的講法」與「道德實踐論的講法」只是揭示隱微天道之實踐進路的不同，然而因著本質的同一性，此二者實是可相通而可縮合爲一。〔註97〕在此思維的脈絡之下，船山將採取宇宙進路的《易傳》與採取道德進路的《孟子》二者的說法縮合起來，是有其理論的合法性基礎而不矛盾。植基於這樣的理解我們便可發現，在船山學中，「繼」字義雖有二重涵義，一是道德的意義（moral definition）下的「人道之繼」與宇宙論意義（cosmological definition）下的「天道之繼」。此中，天道之繼所成之善，乃是《易傳》系統中宇宙論巡路（cosmological approach）所成的宇宙論意義之善；而人道之繼所成之善，則是《孟子》學中所採之道德巡路（moral approach）與立場之意義下的善。然而此二者是可縮合而不矛盾的。

由於船山對於「善」此一概念並非是持本體論或存有論的意義，而是持相續不斷的道德實踐義，是採「實踐即善的存在」或「善的存在即是實踐」義，當人通過自覺的道德實踐工夫所體證之固有之性體，即是人對於天命實體的創造性的詮釋與揭示。天之創造人即是天之實踐天之善，而人之揭示道即是人之實踐是人之善，如此天與人便構成了「創造的詮釋循環」，同時也是「實踐的詮釋循環」。〔註98〕由於道德的存在與實現並非一成永成，其需主體

〔註97〕 牟宗三先生說：「大抵先秦後期儒家通過《中庸》之性體與道體通而爲一，必進而從上面由道體說性體也。此即是《易傳》之階段，此是最後之圓成，故直下從『實體』處說也。此亦當作圓滿之發展看，不當視作與《論》《孟》爲相反之兩途。蓋《論》《孟》亦總有一客觀地、超越地言之之『天』地。如果『天』不向人格神方向走，則性體與實體打成一片，乃至由實體說性體，乃係必然者。此與漢人之純粹的氣化宇宙論不同，亦與西方康德前之獨斷形上學不同。此只是一道德意識之充其極，故只是一『道德的形上學』也。先秦儒家如此相承相呼應，而至此最後圓滿，宋明儒即就此圓滿亦存在地呼應之，而直下通而一之也；仁與天爲一，心性與天爲一，性體與道體爲一，最終由道體說性體，道體性體仍是一。若必將《中庸》、《易傳》抹而去之，視爲歧途，則宋明儒必將去一大半，只剩下一陸王，而先秦儒家亦必只剩下一論孟，後來之呼應發展皆非是，而孔孟之『天』亦必抹而去之，只成一氣命矣。……是故儒家之道德哲學必承認其函有一『道德的形上學』，始能將『天』收進內，始能充其智慧方向之極而至圓滿。」見牟宗三先生《心體與性體》第一冊〈第一部綜論〉，第35～36頁。

〔註98〕 此一「實踐歷程的詮釋」的說法乃源自於林安梧師「本體的實踐之圓環」（onto-practical circle）與「本體詮釋的圓環」（onto-hermeneutical circle）之說的啓發，林安梧師於論述象山經學的方法論時曾說：「『心即理』乃是一本體的實踐之理，它必然的展開其實踐，而實踐之所及是整個生活世界，在生活世界中『事、道、心』這三者構成了──『本體的實踐之圓環』（onto-practical

不斷的道德實踐方能使其恆處於實現的狀態。如此，可說船山的道德學實是一歷程（process）的道德實踐學而非本質的道德哲學，「性」之本質在船山的道德學中雖然與純粹至善的天道同一而不二，但此不論天道或性在未實踐之時，都只是一潛存的狀態，船山認為既非具體的實現則不可以本質之善而說是善。這就表示船山所重視的是：道德需通過實踐才能成為真實的道德，而這也就異於程朱與陸王從本質的善以說善的理論型態。〔註99〕

第五節　小　結

在天命、天道下貫而為人內在之仁、義、禮、智之性的同時，便將本有人格神意味的天道轉化成為超越的形而上之實存。只是此處所說的「形而上之實存」一概念，在船山那裏並非如朱子學般，將之視為是一純粹的形式的超絕的理體。船山將此「形而上的實存」視為隱藏在現象背後之隱微而不在

circle）。針對此，筆者更而對於象山的本體實踐學作了一番展開，指出本體的實踐是攝持於本心，通極於道體的，並當體的呈現於生活世界之上。生活是一種詮釋，一種參贊，經典之詮釋即是生活，一方面通極於道，一方面亦攝持於本心的。它們構成了一『本體詮釋的圓環』（noto-hermeneutical circle），它指出：道體通過本心而開顯為經典文字，本心亦經由經典文字而契入道體。本體詮釋學方法之釐清對於宋明理學的研究是迫切而必要的。」見林安梧師《中國宗教與意義治療》，第51頁。

〔註99〕唐君毅先生說：「船山之言人性，乃取客觀宇宙論之進路，與周濂溪張橫渠略同，而大異於象山陽明之直接就本心與良知、以自見其性之進路。亦異於程朱之兼取心性論與宇宙論之進路者。船山之人性論之內容，大異於程朱者，要在其重別人性於物性，而嚴人物辨。程朱之以理言天，以善言理，謂理本身即善，天道即理顯於氣之歷程，故天道本身即涵善，而萬物皆本天化以生，而賦得此理；故萬物之性，實無不善，而不善惟在其氣質之昏蔽。船山以氣言天，理屬於氣，徒言氣言理尚不足以言善；必乃由天之氣化流行之依道依理，而有所生有所成，而所成者，復足以繼天道，乃有所謂善。天授此理於人物，而人物更受此理以成人物之性，即是天道之繼。此繼即是善。故善在天與人物授受之際、天命流行於人物以成人物之性之際。性成而善凝於人之性，乃可謂人性為善、人之理為善。故於天道本身，不可言善，只可言善之所從出；而言人之性善者，乃推本於此人性之所以成而言。趁實言之，即徒言天之理、天之道，不得言善，徒言人物有理為性，亦不得言善。惟天授其理以成人之性之「授」上，乃有天之善。人之受天之理，復受天之授，而受得此善，于是此「受」本身，亦為善。此之謂善凝於于性。由此乃可說人之性、人之理為善。若夫人外之萬物，則雖本天道之善以生，而賦得理以為性，然天道之善，不凝于其性，則不得言其性善矣。」見唐君毅《中國哲學原論·原教篇》，第543頁。

場的真實存在，並非離於現象的純粹形式之空概念。就人而言之，「天道」是隱藏在「人心」之中，需透過人心之實踐的詮釋與彰顯，天與人之間有著相互詮釋與相互創造的「詮釋的循環」與「創造的循環」。船山並非如朱子般將天命與天道推遠，而是將之收攝在人心之內成為存在之性，因其隱微不在場而視之為形而上，此形而上是指生活世界中隱微的那個向度，形而上的世界與形而下的世界是統一的，船山並非如朱子般將形而上的世界視之為是純粹超越而與生活世界不同之異度世界。也就是說相較於朱子，船山學較側重通過主體性（Subjectivity）的實踐，而朱子則較側重客體性（Objectivity）的超越之默契。通過在場者主體性的實踐，而將不在場之形而上之實存者帶出場，使之成為在場者，這就將主體與客體統一在一起，使得主觀性與客觀性取得了真實的統一（Real Unification），成為一個「真實的統一體」（Real Unity）。雖然，天道、天命與人性有其同一性，是一而不是二，只是此性天之道或天命之性，是隱微的不在場的，其需通過此在的道德實踐之詮釋，方能將此隱微不在場的轉化成為具體呈顯的在場的，因此一講天道、天命下貫而成為人性，便需正視人之主體性；而人存在的「真實主體性」（Real Subjectivity）也在主體之實踐的詮釋時，因著此在超越自身的有限性將超越無限之形而上的隱微不在場的，轉化成為在場者時得到的穩立的證成。

就儒學而言，「天道下貫」而為「性」，只表示人有道德實踐的可能性而不代表其已具體實踐。在道德上，僅具存有論及其實踐的可能性，卻不能於生活場域中具體的實踐，「存有」與「實踐」之間的割裂便不是道德。道德的「存在與實踐」如何取得統一？如何能將此道德性的潛存狀態實踐的揭示？如何能將隱蔽的不在場的將之帶出場而成為在場者？此是道德學所關注的。在船山看來，欲將內在潛存的道德理性之真實性予以具體的呈顯，其方法並非通過「主——客」關係模式之認識論意義的以主體涵攝客體的認知；而應當是透過道德實踐主體之道德踐履——主體之踐性踐仁的工夫，才能使「主觀性原則」與「客觀原則」之絕對而真實的統一，具體的實現於生活世界。也唯有通過主體的實踐，才能超越的轉化自在自為的自存（Self-existent）之物，使之成為真實而又能具體實現之「為我之物」。〔註100〕雖然萬有皆由天道

〔註100〕唐君毅先生認為，中國哲學言命，則是就「天人之際」與「天人相與之事」言之，由之以見天人之關係。因此欲明中國哲學中「天人合一」或「天人不二」之旨，從往哲之言命處用心，實是一直接簡易之路。然而「命」既由「天

此一創造性之總體的根源所造，但就實踐上的可能性來說，在萬有當中卻只有人有具體實踐天道的能力，而有通極於道的可能性。至於人之所以能通過參贊的實踐詮釋以通極於道，而物無此道德實踐的能力，這是因為人之存在所具有之感性的知覺運動聲色臭味之自然物欲，有其內在的仁義禮智等道德價值理性以為軌約性的律則；而物之存在，則因為只具知覺運動聲色臭味之感性的自然嗜欲，而無道德理性以為內在之律則。因此，物之存在不能參贊與詮釋道，亦無法將道的內容與意義揭示出來。人內在所具之道德價值理性能透過食色知覺運動之實踐的詮釋以揭示之，在船山看來，這正是人之存在與禽獸之存在最大的不同之處。〔註101〕

在船山那裏，天道與性命之關係首重的是此在的主體性，此在通過自己之覺悟以體現與性相貫通的天道。因此人欲超越存在之有限性，以參贊天道而與天地人我相通而為一整體，其方式便是不透過外在的認知攝取，而是經由主體內在之實踐的詮釋，將「天命之性」或「性天之道」的內容及其意義揭示出。透過主體實踐的道德創造將主體內在所涵具的創造之真幾，從不在場的帶出場而成為在場者，使得人的主體性及其有限性的超越，也在此時得以真實的證成與穩立，故曾昭旭先生指出說：「船山之說性，遂不同於陽明一派之單即心以說性，程朱一派之單即理以說性，或告子以下道家一派之即存在之氣質以說性，而是合創造之心、奉持之理、存在之氣質為一之說性也。於是船山之性，遂有即心說性之高明而無其單薄，有即理說性之嚴肅而無其固蔽，有即氣質說性之厚實而無其無明。乃是即於博厚莊嚴處日開發其高明，即於創生不息處日凝聚其富厚者，是亦乾坤並建而合一之旨也。」〔註102〕而陳贇則認為：「以繼天繼道論取代同天法道論，構成了王船山在天人關係上的重大變革。通過這種變革，一方面，人的自為性獲得了存在論上的擔保，另

人之際」與「天人相與之事」而見，因此「命」概念當是內不只在人，而外不只在天，而在二者感應施受之交。見唐君毅《中國哲學原論・導論篇》，第520～521頁。

〔註101〕唐君毅先生說：「天道之氣化，不僅化成人，亦化成物。人物皆天道之化之所凝成者。天之化成人也，于人有所命，以成人性。故人道，即人之分于天道以成性，更知性，盡性而有者。天之化成物也，于物亦有所命，而後有物性。人物之受命以成性也同，而其所受之命，所成之性，不必同。故道大、命大、而人之性則專于人。人之性善，而物之性不必善。此乃船山言天道、人道、人性、物性之辨之細密處。」見唐君毅《中國哲學原論・原教篇》，第542頁。

〔註102〕見曾昭旭《王船山哲學》，第84頁。

一方面，天人之間的連續性也得到了維護。」〔註103〕

　　船山從「繼」處言「善」，其所意蘊的意義是道德的存在自身即是實踐，道德實踐的當體即是道德當體的存在，亦可謂道德自身即是實踐，這樣的思維實同於黃梨洲所言之「心無本體，工夫所至即其本體」與熊十力先生所言之「良知當下即是呈現」，此皆就道德的實踐處言道德，而不從本質處言道德。此皆是「理事不二」、「即理即事而即事即理」之思維的展現。「善」與「繼」的關係，並不僅只是「事能顯理」，而且是「事法即理」之架構下言「善」與「繼」的關係。在此脈絡之下，道德之善即是主體之實踐，主體之實踐即是道德之善。船山透過道德行為以言道德之善，而不從本質之「善」以言「善」，認為道德必然關聯著事，無其事則無其理，強調道德之理不外於道德行為之事而獨存，在理論上的效益是：可避免高談虛玄而無道德修養工夫之踐履，以致蹈於虛玄的流弊。故林安梧師指出：「王夫之的性善論不泥於體上說，他頗為著重於關係及功用這個層面，他用了一大堆的語詞來說明道德仁義這些用語的實踐意義。他極力屏除個人小我的道德實踐，他尤其屏斥境界型態的道德實踐，他之力斥佛老及陸王便起因於此。他亦深斥『立理以限事』的道德實踐，他所強調的是『即事言理』，他之貶斥程朱便起因於此。依他看來宋明儒之軟弱無用正因為彼等之社會歷史意識不足，正因為他們那套本心論的形上學有踏入虛空的弊病，而唯理論的形上學則導致立理限事及制欲的傾向，而造成保守不前的性格。王夫之他重新釐清儒學心性論中心性情才等語詞的分際，從而給予一哲學人類學式的解說，進而締造完整的氣化日新，命日降，性日生，道日成的人性論系統，這在在顯示王夫之的人性論中的歷史性（Historicity）是極為強旺而不可蔑視的。」〔註104〕

〔註103〕見陳贇《回歸真實的存在》，第210頁。
〔註104〕見林安梧師《現代儒學論衡》，第174頁。

第六章 「性」與「情」：存在的「理性」與「感性」

　　「心」、「性」、「情」三者的關係，於宋明儒學的「心性論」中乃是核心的議題，張載認為「心」與「性」是一不是二，此是本體宇宙論地說「心性是一」，從客觀地、本體宇宙論的說「性」以建立起道德的客觀性原則、自性原則；由道德實踐地說「心」以建立起道德的主觀性原則、形著原則、具體化原則。〔註1〕明道則認為「心」與「性」的關係乃是即心即性即天，心、性、天一也。〔註2〕就胡五峰的學說而言之，「性」是「體」，而「心」為「用」，「心」與「性」是對揚的，「性」是「自性原則」，而「心」是「形著原則」，故五峰之學乃重在以心著性而即心攝情，情即是仁心本情。〔註3〕而在朱子學中雖亦

〔註1〕 橫渠說：「合虛與氣，有性之名；合性與知覺，有心之名。」見《張載集·太和篇》。又說：「心能盡性，人能弘道也。性不能檢其心，非道弘人也。」見《張載集·誠明篇》。所謂的「心能盡性」是指心能實現地具體地形著那客觀的自性原則（「性」）；而合「性」與「知覺」，則是分析地說「心」之知覺不止是從經驗層的、感知層上立，心之知覺乃是「虛明照鑑，神之明也」之太虛靈明之知覺，於經驗層中的「有識有知，物交之客感爾」，亦是此太虛寂感之靈明知覺之發用。易言之，在橫渠學中，心性實是一不是二，只是一從客觀處說而謂之「性」，從主觀的形著處說而謂之「心」。

〔註2〕 明道說：「只心便是天，盡之便知性，知性便知天。當處便認取，更不可外求。」見《二程遺書》卷二上〈二先生語〉二上，第15頁。

〔註3〕 五峰說：「竊謂未發只可言性，已發乃可言心。」見〈僧吉甫書〉，第115頁。又說：「氣主乎性，性主乎心。心純，則性定而氣正。氣正則動而不差。」見《知言》，第32頁。又說：「氣之流行，性為之主。性之流行，心為之主。」見《知言》，第32頁。又說：「天命之謂性。性，天下之大本也。……心也者，知天地宰萬物以成性者也。」見《知言疑義》，第104頁。

主張「心」爲「體」，然而「心」不是「用」，「情」才是「用」，「心」是統貫性情之統體，「心」含「性」而不能是「性」，「心」雖具「理」而不能是「理」，「性」才是「理」，故謂性即理。〔註4〕於象山陽明學中則視「心」、「性」、「情」三者通而爲一，心即是性亦即是理，故有「心即理」之說。〔註5〕

於船山學中，「性」、「心」、「情」三者是可縮合爲一，其縮合而聚縮的核心則是經驗世界之實存——「心」。「心」可通極於「性」，亦可通貫於「情」，而「心」之所以能通極於「性」與「情」之二端，其理論之基礎即在於「性」爲「心」之「體」，「心」爲「性」之「用」；「心」爲「情」之「體」而「情」爲「心」之「用」。在「體用相涵」的思維之下，「體」必有其「用」，而「用」亦必有其「體」，故「性」必開顯爲「心」，而「心」之開顯必有其根源。「心」亦必發動而出「情」，「情」亦必因「心」之作用而產出。易言之，「性」、「心」、「情」三者，之所以能通而爲一，實乃植基於以「心」爲「超越的道德理性」與「經驗的感性」等兩端所以能縮合爲「一致」之關鍵性的因素。「一致」之「心」即函開展爲「兩端（性與情）通極之可能」；而「兩端」亦有其縮合而爲一的可能性。〔註6〕船山以「心」爲縮合「性」與「情」之兩端，而能「通統」於兩端，則「性」與「情」並不是並列的而是有其先後序的。就「性」與「心」的關係而言之，「性」爲「心」之「體」，而「心」爲「性」之「用」，故可說「性」爲「心」之所統，而「心」爲「性」之所生，「性」是「心」的客觀原則、自性原則，而「心」爲「性」的形著具體化原則；就「心」與「情」之關係而言之，「心」是「情」之「體」，故「心」爲「情」所以能產出發用

〔註4〕 朱子說：「心主于身，其所以爲體者，性也；所以爲用者，情也，是以貫乎動靜而無不在焉。」見《朱文公文集》卷四十〈答何叔京二十九〉，第 1743 頁。又說：「性者心之理也，情者心之用也，心者性情之主也。」見《朱子文集》卷六十七〈元亨利貞說〉，第 3361 頁。又說：「性是體，情是用，性情皆出于心，故心能統之。統如統兵之統，言有以主之也。」見《朱子語類》卷九十八，第 3393 頁。

〔註5〕 象山說：「人皆有是心，心皆具是理，心即理也，……所貴乎學者，爲其欲窮此理，盡此心也。」見《陸九淵集》卷十一〈與李宰〉。陽明說：「心即理也，天下又有心外之事，心外之理乎？……都只在此心，心即理也。」見《陽明全書》卷一《傳習錄上》，第 37 頁。

〔註6〕 林安梧師說：「『一致』即函『兩端』，而『兩端』即函『一致』，由『一致』而『兩端』此是『辯證之開展』（Dialectical development），由『兩端』而『一致』此是『辯證之綜合』（Dialectical synthesis）。」見林安梧《王船山人性史哲學之研究》，第 111 頁。

的根源，而「情」是「心」的具體作用，而「性」與「情」便在以「心」爲樞紐之架構之下有了統一的可能，心、性、情三者亦因之而可通而爲一。吾人認爲船山這樣的「心統性情論」，實是異於朱子於「心、性、情」三分架構下之「心統性情論」，亦不同於陸王「心即理」之「心、性、情」直下通貫而爲一，而更能凸顯與說明何以凡言道德實踐時必然地需要以「心」爲核心。

第一節　人獨具道德理性

　　由於人與萬物皆同樣根源於天，同受太和之氣以生，〔註7〕人因氣之凝聚而稟受天理而有性，萬物禽獸亦秉氣而生則亦當同有其性，不可說只有人有性而物無性，是以船山說：「有其氣，斯有其性；犬牛既有其氣，亦有其性。」〔註8〕又說「天命之人者爲人之性，天命之物者爲物之性。今即不可言物無性而非天所命。」〔註9〕又說：「人物之生，因各得其所賦之理，以爲健順五常之德，所謂性也。」〔註10〕船山認爲人與萬物同根源於天，因此人與萬物應當同秉受天理之健順五常以爲之性。只是此性就「人」而言則謂之「人性」；就「物」而言則謂之物性。也就是說，當吾人言「人性」時，是專就物類之不同處而言，並非專就人性與物性之相同處而立論，因爲專就相同的根源處以言性實無法區別人此一物類與其它物類的殊異性。只是何以同樣根源於天，何以會有人物之別？就船山學而言，氣有統體絪縕之氣，亦有分殊有限殊異之氣，太虛絪縕之和氣是從氣之「體」上說，而分殊有限之氣則是落在氣之「用」上說，從「體」上而言之太虛和氣是「一」，而從「用」上說的分殊之氣則是「多」。〔註11〕從「體」上而言，人與物雖同由太虛絪縕之氣所化生，然而當論及人與其它物類之差異性時所言之氣，則已是落在氣之作用處，落在特殊有限分殊之氣上而言說，而不就統體一氣、絪縕一氣處上立說。船山認爲人與禽雖然同樣根源於天，而同爲天道之所創生，然而吾人實不當據

〔註7〕　船山曰：「人物同受太和之氣以生，本一也。」見《張子正蒙注》卷五〈作者篇〉，第 221 頁。
〔註8〕　見《讀四書大全說》，第 1054 頁。
〔註9〕　見《讀四書大全說》卷二，第 455 頁。
〔註10〕　見《禮記章句》卷三十一，第 1248 頁。
〔註11〕　所謂的「多」是指「氣」有許多不同的存在狀態，而非有各種不同之氣。在船山學中可因「氣」之殊多的存在狀態而說「氣」之殊異，卻不可因氣的殊異存在狀態，而說有不同之氣。

此便謂人禽無別，因為「存有的根源」是「體」、是「一」，而「存有」的實況則是「用」、是「多」，吾人不可因為存有的根源之「體」是一，便謂「用」之「存有」亦當是「一」，故人禽不能謂之無別。〔註12〕而人禽之殊異處在船山看來即在於「性」，船山曰：

（1）性者何也？生之理也，知覺運動之理也，食色之理也。此理禽獸之心所無，而人獨有也。故與禽獸同其知覺運動，而人自有人之理。此理以之應事，則心安而事成，斯之謂義。〔註13〕

（2）人之所以異於禽獸者，其本在性，而其灼然終始不相假借者，則才也。故惻隱、羞惡、恭敬、是非，惟人有之，而禽獸所無也；人之形色足以率其仁義禮智之者，亦惟人則然，而禽獸不然也。〔註14〕

（3）人之性既異於犬牛之性，人之氣亦豈不異於犬牛之氣！人所以視聽言動之理，非犬牛之所能喻；人視聽言動之氣亦豈遂與犬牛同耶！人之甘食悅色，非自陷於禽獸者，則必不下齊於禽獸。乃（嘑）蹴之食，乞人不屑，不屑則亦不甘矣，是即自陷於禽獸者，其氣之相取也亦異。〔註15〕

（4）人之凝氣也善，故其成性也善；犬牛之凝氣也不善，故其成性也不善。〔註16〕

上所引船山語之第（1）則第（2）則，主張「生之理」為人之「性」，並指出此「理」乃是人異於禽獸之處，此「理」惟人有之而禽獸所無也。（3）、（4）二則主張「性」是「氣」之凝聚所成，而「性」之不同即表示「氣」之不同，就算人於經驗作用中其行為隨順嗜欲而下墮而同於禽獸者，人與禽獸於「氣」之相取上亦有所不同。而這也就表示著船山此處所言之「性」與「象」是就物類之分殊上說，是指「分殊之氣」與「分殊之性」，而非就統體一太虛絪縕

〔註12〕唐君毅先生亦曾指出說：「船山之人性論之內容，大異於程朱者，要在其重別人性於物性，而嚴人禽之辨。」見唐君毅《中國哲學原論・原教篇》，第543頁。

〔註13〕見《四書訓義・孟子十一・告子上》，第676頁。

〔註14〕見《船山全書》第六冊《讀四書大全說》卷十〈孟子・告子上篇〉，第1072頁。

〔註15〕見《船山全書》第六冊《讀四書大全說》卷十〈孟子・告子上篇〉，第1058頁。

〔註16〕見《讀四書大全說》，第1054頁。

之氣處上說。〔註17〕

　　張立文先生認為船山此處所言的「性」是指人的生命生存的原則、原理，張立文說：「人性作爲『生之理』，是指人的生命生存的原則、原理。生存之理，是人本身之所以不斷延續的基礎，若無人的生命生存，人生也會隨人的消滅而滅，就無法再侈談什麼人性了。所以『生之理』是人性的基本內涵。」〔註18〕只是此生命生存的原則之「性」，究竟是什麼意義下的原則？此實是吾人所需詳究的，因爲生命生存的原則或生存之理，可以是形構之理亦可以是依著自然的本能或感性的自然物欲，亦可以是以價值的應然之理以爲生命生存的原則。若此生命生存的原則只是依著自然感性之物欲以爲原則，則人此一存在與禽獸並無分別；若此原則是依著道德價值的應然之理以爲生命生存的原則，那麼人此一存在即爲理性的存在、道德的存在、價值義的存在。然觀船山此處所言之「性」，是收攝在人處說，專指人異於其他物類的所以然之理，此「理」實爲道德價值義而非感性物欲之質性義，是「仁、義、禮、智」等道德價值之理，而此道德理性之有無正是人禽之別的判斷之所在。

　　在船山看來由於人是天地之「珍其德之生者」，〔註19〕是「陰陽五行之氣化生萬物，其秀而最靈者爲人，形既成而理固在其中。」〔註20〕雖然「物不可謂無性，而不可謂有道。道者，人物之辨，所謂人之所以異於禽獸也。」，〔註21〕然而人與萬物之別，異於禽獸之處即在於「性」，因爲人具此「性」此「理」，因此心才能是天地萬物最靈秀者。而此「性」與「天道」的眞實內容，就「天」而言即是「元、亨、利、貞」，就「人」而言之，則是「仁、義、禮、智」等道德理性與道德法則，船山曰：

　　（1）性者，天理流行，氣聚則凝於人，氣散則合於太虛。〔註22〕

　　（2）性以理言，有其象必有其理，惟其具太和之誠，故太極有兩儀，

〔註17〕張立文先生認爲，船山將人之耳目口身及其功能視聽言動，作爲人的自然生理屬性，亦與犬牛等禽獸有異，其異就在於構成人的氣的異。這樣就把人的生之理之性與禽獸的自然生理屬性區分開來。見張立文《正學與開新》，第145～146頁。

〔註18〕見張立文《正學與開新》，第145頁。

〔註19〕船山曰：「天地之大德者，生也；珍其德之生者，人也。」見《周易外傳》卷六，第1034頁。

〔註20〕見《四書訓義》卷二，第105頁。

〔註21〕見《張子正蒙注》卷三〈誠明篇〉，第112頁。

〔註22〕見《張子正蒙注》卷三〈誠明篇〉，第126頁。

兩儀合而爲太極,而分陰分陽,……皆稟此以爲性。〔註23〕

（3）蓋性者,生之理也。均是人也。則此與生俱有之理,未嘗或異;
　　故仁義理智之理,下愚所不能滅,而聲色味之欲,上智所不能廢,
　　俱可謂之爲性。〔註24〕

（4）若論性,只喚作性便足也。性裡面自有仁、義、禮、智、信之五
　　常,與天之元、亨、利、貞同體,不與惡作對。〔註25〕

（5）元亨利貞,天之德也。仁義禮智,人之德也。〔註26〕

（6）仁義禮智,性之四德也。〔註27〕

（7）色、聲、味固與人漠不相親,何爲其與吾相遇於一朝而皆不昧也!
　　故五色、五聲、五味者,性之顯也。〔註28〕

（8）天以其陰陽五行之氣生人,理即寓焉而凝之爲性。故有聲色臭味
　　以厚其生,有仁義禮智以正其德,莫非理之所宜。聲色臭味,順
　　其道則與仁義禮智者不相悖害,合兩者而爲體也。〔註29〕

（1）、（2）二則指出,所謂的「性」乃是「天理」,因著「氣」之凝聚成人而爲
人內在所涵具;（3）則指出所涵具之「天理」就人而言即是「仁義禮智」四德,
此四德是上智與下愚所共有,此性天之理是具有其普遍性而爲人內在的道德實
踐所以可能的根據;（4）、（5）、（6）等三條則指出天之德爲「元、亨、利、貞」,
而人之德則爲「仁、義、禮、智」,雖然就概念上可分言天人,然而就存在的本
質而言之,天之德與人之德是一不是二,是同體而無分。〔註30〕（7）、（8）二
則說明了人之「性」即是「天理」之凝成,此理此性即是「仁義禮智」之德;
而道德理性則需通過依於道德律則而發之感官知覺,才能爲之彰顯,聲色臭味
實則即可謂之爲「性」的呈顯。至此吾人可知,就船山學而言,「人性」是指道

〔註23〕見《張子正蒙注》卷一〈參兩篇〉,第 146 頁。
〔註24〕見《張子正蒙注》卷三〈誠明篇〉,第 128 頁。
〔註25〕見《讀四書大全說》,第 1051 頁。
〔註26〕見《讀四書大全說》卷六〈論語·衛靈公篇〉,第 822 頁。
〔註27〕見《讀四書大全說》卷十〈孟子·告子上篇〉,第 1064 頁。
〔註28〕《尚書引義》,第 407 頁。
〔註29〕見《張子正蒙注》卷三〈誠明篇〉,第 121 頁。
〔註30〕船山說:「仁義,性之德也,天德也,其有可析言之體用乎?當其有體,用已
　　　　現;及其用之,無非體。蓋用者用其體,而即以此體爲用也。故曰:『天地絪
　　　　縕,萬物生化』,天地之絪縕,而萬物之化生即于此也。」見《讀四書大全說》,
　　　　第 504 頁。

德理性與法則，此一法則是既內在而又超越的，是人與天相同之處，同時也是人異於禽獸之處。

第二節　「性」是「心」之「體」，「情」是「心」之「用」

在船山看來，「聖賢言心，皆以其具眾理而應萬事者言之。」〔註31〕所謂的具眾理是指「心」涵具著「性」，而應萬事則是指「心」有「知覺」，故「心」實具有「托性著知」之能，船山說：「原心之所自生，則固爲二氣五行之精，自然有其良能（良能者，神也），而性以托焉，知覺以著焉（性以托，故云具眾理，知覺以著，故云應萬事），此氣化之肇夫神明者，固亦理矣。而實則在天之氣化自然必有之幾，則但爲天之神明以成其變化之妙，斯亦可云化理而已矣。」〔註32〕船山此說實乃源自於張載「合性與知覺有心之名」的說法。在船山學中「性」即是「天理」之內在於「心」而爲「心」之運行的軌約性律則，〔註33〕此「理」的具體內容在「天」處名之爲「元、亨、利、貞」，在「人」處則名之曰「仁、義、禮、智」，此二者雖然有著不同的稱謂，然而就本質與體性上此二者是無二無別。天道與人道是通一無二，宇宙之律則即是道德法則，此一形而上超越的道德律則是內存於人而作用於經驗的世界之中。〔註34〕而這也就意謂著「性」或「天理」是既超越而又內在，其不是一只具形式而無內容的空概念，而是能具體實現與彰顯的實存；同時這也表示著，人因具此一內在的道德理性及其律令，因此人有了道德踐履的可能性與能力，而物則無此道德實踐的能力與可能性。

由於人之性德並非只是一純粹形式的存在，而是能具體作用的呈現於經驗世界，「性德」要能作用的實現於經驗世界之中，則其需通過聲色臭味等感官知覺才能爲之實現，這就有別於宋明儒者之視聲色臭味僅是欲求的表現，

〔註31〕見《讀四書大全說》，第 689 頁。

〔註32〕見《讀四書大全說》，第 721 頁。

〔註33〕船山曰：「孟子云：『存其心』，又云『求其放心』，則亦『道性善』之旨。其既言性而又言心，或言心而不言性，則以性繼善而無爲，天之德也；心含性而效動，人之德也。乃其云『存』云『養』云『求』，則以心之所有即性之善，而爲仁義之心也。」見《讀四書大全說》，第 502 頁。又曰：「仁義，善者也，性之德也。心含性而效動，故曰仁義之心也。」見《讀四書大全說》，第 502 頁。

〔註34〕船山說：「天與性一也，天無體，即其資始而成人之性者爲體。……盡其性而與天合矣。」見《張子正蒙注》卷三〈誠明篇〉，第 130 頁。

而進一步的正面肯認「感官知覺」可以即是「性德」之彰顯，故船山謂「合
兩者而為體」。就存有的實況而言之，「心」之存在不單單只是感性經驗的存
在，亦非只是一純粹理性的存在，「心」乃是一綜合性的概念，「心」之作用，
具有其感性經驗層的作用與超越層的道德理性之作用等二種向度。這就意謂
著「心」所具的超越的道德理性不只是形式的虛玄的具，而是不離於經驗而
能作用於經驗的超越；感官知覺的作用亦不只是經驗的而是含具著超越性的
經驗，此種不偏落於感性的經驗層或超越的形上層等兩邊，才是心此一作用
性存在的真實體性與實況。

　　船山認為「心」之靈明的作用實散於五官，〔註35〕且心乃「吾立身之始，
有為身之主者，心也。當物之未感，身之未應，而執持吾志，使一守其正而
不隨情感以迷，則所以修身之理，立之有素矣。乃心，素定者也，而心與物
感之始，念忽以興，則意是也。」〔註36〕而「心」之所以能為身之主，能素
定而不隨情感而迷者，能執持志守正不隨情迷，正因為「心」具此道德理性
（所以修身之理）乃是本具而立之有素，也因「心」涵具此「性」以為實踐
的標準，故於「心」之作用時才有善惡可說。〔註37〕由於「心」涵具著「性」，
具「心」亦能發之以為「情」，是以船山有「心統性情」之說。只是此「統」
是「通統」之統，是從「心」之「體」與「心」之「用」上立說，是指「心」
乃根源於「性」而能有「情」之用，〔註38〕此「心統性情」並非說「心」內

〔註35〕船山説：「一人之身，居要者心也。而心之神明，散寄于五藏，待感于五官。
　　　　肝、脾、肺、腎，魂魄志思之藏也，一藏失理而心之靈已損矣。無目而心不
　　　　辨色，無耳而心不知聲，無手足而心無于視、聽、言、動者，不可謂心也。
　　　　可也？不發而之于視、聽、言、動，吾亦非無心也，而無所施其制。」見《尚
　　　　書引義》卷三〈仲虺之誥〉，第 289 頁。
〔註36〕見《四書訓義》卷一〈大學〉，第 48 頁。
〔註37〕船山説：「人之所以為人者，仁義而已矣。受之于性，而含之于心，其存其去，
　　　　而善惡分矣。」見《四書訓義》卷三十五〈孟子・告子上〉，第 727 頁。
〔註38〕林安梧師説：「船山於他處又區分『心統性情』的『統』字只作『兼』字看，
　　　　而不言『兼』而言『統』，乃因『性』、『情』有先後的秩序，不是並立的。因
　　　　此所謂的『統』是就其『函受』來說。再者，『統』不可解成『主』，因將之
　　　　說成『主』，那麼成了『性情顯而心藏矣』，這便不成義理。就『主』的次序
　　　　來說『性自是心之主，心但為情之主，心不能主性也』，但因為『性本於天而
　　　　無為，心位於人而有權』，故人能『函受』性情而自主之。……以『函受』一
　　　　語觀之，道心之統人心的『統』謂之『函』，人心之『統』道心的『統』謂之
　　　　『受』，『函受』一語既顯『主統義』及『通統義』，一函一受亦顯其辯證的圓
　　　　融義。」見林安梧《王船山人性史哲學之研究》，第 113 頁，註 45。

在同時涵藏著「性」與「情」，船山曰：

> 心者，函性、情、才而統言之也。〔註39〕

又說：

> 心統性情，統字只作兼看。其不言兼而言統者，性情有先後之序而非
> 并立者也。實則所云統者，自其函受而言。若說個主字，則是性情顯
> 而心藏矣。此又不成義理。性自是心之主，心但爲情之主。〔註40〕

此處船山明確的說明了，所謂的心統性情之「統」是指「兼」，然而此「兼」
並非說「心」是同時含具著「性」與「情」的綜合性概念，而是從「心」存
有的「根源義」（受）與「心」的「作用義」（函）等兩個向度說「心」之「體」
與「心」之「用」。就存有發生之邏輯順序而言之，「體」與「用」有其存在
之先後秩序而非同時共構並列，故船山認爲心性情三者的關係當以「心統性
情」來表述，而不說「心兼性情」。也由於「心」爲「性」之所生，〔註41〕「性」
是「心」存在的所以然根據，是「心」之「體」；而「情」爲「心」之所發，
是「心」之「用」，如此即知，所謂的「心統性情」此一命題，在船山學中其
意乃在說明「心」的「體用」關係，船山說：

> 說性便是體，才說心已是用。說道便是體，才說德便已是用。說愛

〔註39〕見《尚書引義》，第 366 頁。

〔註40〕見《讀四書大全說》，第 554 頁。

〔註41〕船山曰：「學者須認得『心』字，勿被他伶俐精明的物事占據了，卻忘其所含
之實。……以彼本心既失，而但以變動無恒，見役于小體而效靈者爲心也。
若夫言存言養言求言盡，則皆赫然有仁義在其中，故抑直顯之曰『仁，人心
也。』而性爲心之所統，心爲性之所生，則心與性直不得分爲二。故孟子言
心與言性善無別，『盡其心者知其性也』，唯一故也。」見《讀四書大全說》，
第 508 頁。此則強調不能將「心」理解爲只是知覺與感受。船山認爲於孟子
學中所言之存心、養心、盡心之「心」，決非只是經驗層之作用的知覺而是有
仁義在其中。此種涵具仁義的知覺在船山看來實爲仁義之知覺，這樣的心實
即是「仁義之心」。若「心」之覺知失去性德之軌約，則「心」只是一落在經
驗層感物應事之「心」，只是一依著感官知覺之經驗的作用之心而非道德的本
心。由此可知，雖然船山認爲「心」與「性」從概念上有別，然而卻不是說
「心」與「性」爲二。「性」是指心之所具的道德性能，而「心」則是指「道
德性能」之具體存在處，然而「心」非僅是「性」之載具而與「性」有著本
質上的差異。在船山學中，「性」是「心」之「體」，也就是「心」所以能存
在與作用的根據，故謂「心」爲「性」之所生，而不得分爲二，此是船山與
朱子學不同之處。在朱子學處，心只能是「氣心」，只能屬於氣質，「性」則
是超越之天理，理氣雖不離，然卻不是一，理氣雖是不離但卻不雜，因此「心」
只能是「性」之載體，「心」與「性」終究是二而不能是一。

> 是用，說愛之理依舊是體。說制便是以心制事，如何不是用？說宜
> 是用，說事之宜便是體。乃其大義，則總與他分析不得。若將體用
> 分作兩截，即性之德矣。〔註42〕

又說：

> 若張子所謂心統性情者，則又概言心，而非可用釋此心字。此所言
> 心，乃自性情相介之幾上說。《集注》引此，則以明心統性情，故性
> 之于情上見者，亦得謂之心也。心統性情，自其函受而言也。此于
> 性之發見，乘情而出之者言心，則謂性在心，而性爲體、心爲用也
> （仁義禮智體，四端用）。〔註43〕

從「體」與「用」的角度而言之，「性」是「心」之「體」而「情」是「心」
之用。不論是「性」或「情」，皆「緣」於「心」，「依」於「心」，而「介」
於「心」。故不論是「性」還是「情」皆不能離「心」而言之，皆需通過「心」
才能得其存在的眞實性，因之謂「性」與「情」通統於「心」。於此需說明的
是船山的「心統性情」與朱子的「心統性情」的殊異處在於「心性情」三者
之間的關係有所不同，在船山學中「心」與「性」的關係是「體用」的關係，
「用」是「體」之「用」，而「體」是「用」之體，故可說全「體」是「用」，
全「用」是「體」，故能即「用」見「體」。〔註44〕如此即「四端之情」以見
「性」，便有其理論的合法性基礎。而在朱子學中，「心統性情」此一命題是
在「心」、「性」、「情」三分，「心」、「性」、「情」對言的思維格局下說「心統
性情」，「心統性」是認知靜態地統攝，「心」具「性」而不即是「性」，「性」
只靜態地存在於「心」而不活動；至於「心統情」則是動態的統攝，「情」是
「心」之所發。故「心性情」三者，是不離然而亦不雜，此與船山以「心」
之「體用」關係詮釋「心統性情」此一命題，「體用不二，即用見體」的思維
是有所不同的。〔註45〕

〔註42〕見《讀四書大全說》，第 503 頁。

〔註43〕見《讀四書大全說》，第 554 頁。

〔註44〕船山曰：「仁義，性之德也。性之德者，天德也，其有可析言之體用乎？當其
有體，用已現；及其用之，無非體。蓋用者用其體，而即以此體爲用也。故
曰：『天地絪縕，萬物化生』，天地之絪縕，而萬物之化生即于此也。」見《讀
四書大全說》，第 504 頁。

〔註45〕關於朱子「心統性情」之義，讀者可參見唐君毅《中國哲學原論・原性篇》，
第 396〜402 頁。牟宗三先生《心體與性體》，第 407〜485 頁。與蔡仁厚先生
《宋明理學・南宋篇》，第 185〜201 頁。唐、牟、蔡三先生論之甚爲精詳諦

從「心」之「體用」以詮釋「心、性、情」三者的關係，這在理論上即意謂著，船山肯認「心」為具「理」（「性」）之心，且「心」是顯「理」（「性」）之「心」，因此船山反對離心言性與離性言心。在船山看來，離「心」言「性」則「性」只能是一純粹形式的抽象的空概念，此極易陷於蹈空之危地；而離「性」言「心」，則「心」只成為一「情識之心」而無道德理性以軌約之，則易陷於誤以情識以為良知天理而不自知，此皆非對於「心」的正確認識。〔註46〕船山認為說「心」則不能不分別「心」之「體」與「心」之「用」，「心」之「體」是「理」是「性」，是指「心」的純粹道德理性，而「心」之「用」則是「情」，是指「心」的「感性」，「心」實為「超越的純粹道德理性」與「經驗的感性知覺」的統一，「心」的作用實亦可有此兩個方向。〔註47〕

第三節　超越的道德理性與經驗作用之情的統一

船山以「性」為「心」之「體」，為「心」之「實」，為「心」之內容，而「情」為「心」之「用」，如此則「性」與「情」的關係通過「心」而被關聯起來，也就是說「情」之發用實有「性」以為「情」之內容，「情」自身並非只是單純的經驗層之感官知覺的作用，而是有其內在的軌約性之道德律則，由此而可說「四端之情」即是「性」之作用地呈顯。此種含具著「性」

當，宜參閱之。

〔註46〕船山曰：「仁義者，心之實也，若天之有陰陽也。知覺運動，心之幾也，若陰陽之有變合也。若舍其實而但言其幾，則此知覺運動之惺惺者，放之而固為放辟邪侈，即求之而亦但盡乎好惡攻取之用；浸令存之，亦不過如釋氏之三喚主人而已。」見《讀四書大全說》，第502頁。仁義為心之「實」，即指「性」為「心」之體，而「幾」則指「心」之變化作用。船山認為這樣並不是對於心的正確認識。在船山看來，「心」其實是「感性」（知覺運動）與「道德理性」之總稱，如果捨棄「心」的道德理性之向度，而將「心」之感性視為「心」之全體，而聽任知覺運動，則必然流於放任感性好惡。在這樣的理解之下，對於「心」之求與「存」，也只是使感性物欲澈底之發用，而不能是道德理性的呈顯與作用，此非儒門深意而只如禪門「三喚主人」的修養工夫。

〔註47〕關於此一論點，唐君毅先生亦有類似的看法，唐先生說：「船山之言心，取橫渠心統性情之說，以氣載天理，而為心；氣所具理，為性；氣具理而知之，為思；顯此理于外，為情；思此理，行此理，以顯此理之能，為才。于此理具之，而能思之、顯之、行之者，亦即所謂載理之心也。」見唐君毅《中國哲學原論·原教篇》，第564頁。

以爲自身內容之「情」，實可說是既經驗而又超越的，是超越的道德理性作用的實現於經驗之中，情感不再只是一單純感性的、經驗的，情感可以是「道德理性」的呈顯而爲「道德情感」，故林安梧師指出說：「船山又說明了『性、情』的關係乃是『體、用』的關係，二者是始終相成，是體用相函的。所謂『始終相成』是『始以肇終』而『終以集始』。所謂『體用相函』是『體以致用』而『用以備體』。『始終相成、體用相函』說明了『性』是『情』的根源，由這個根源才能開顯爲用，每一步情之用中即函著性之體，情一直都帶著根源之性的。『性以發情』而『情以充性』，性具有辯證發展的可能而發動出情，情則又充擴此性，使此性眞正發展開來。」〔註48〕在船山看來，能視情感道德理性的呈顯，情感能爲道德的情感，唯有在「心之體用」架構下方能有其理論的合法性基礎。

船山將「四端之情」視之爲「性」的作用地呈顯，其實不異於孟子以「四端」之心言人之「性」，因爲在孟子學中，心、性、情三者是一而不是三，四端之心不僅是道德之心，同時也是道德之理，亦是道德之情，「四端」之「心」或「情」是抽象先驗超越普遍之理之性通過「心」或「情」而得其具體的眞實性。以「四端」之「心」或「情」言「性」，於理論上便能讓「性」不再只是先驗抽象純粹形式的概念，而可以是具體地普遍的；而「心」與「情」亦因有「性」爲自身的本質內容，而爲「性」之具體而眞實的展現，「心」與「情」不再只能是經驗層之義而可以具有超越義。簡而言之，船山認爲惻隱、羞惡、辭讓、是非等四種情感，就其本質與內容而言之，實即是「性」（「理」）通過「情」之呈顯，船山說：

> 性感於物而後動，則緣於情而爲四端；雖緣於情，其實只是性。如人自布衣而卿相，以位殊而作用殊，而不可謂一爲卿相，則已非布衣之故吾也。〔註49〕

又說：

> 要此四者之心，是性上發生有力底。乃以與情相近，故介乎情而發（惻隱近哀，辭讓近喜、羞惡、是非近怒）。性本于天而無爲，心位于人而有權，是以謂之心而不謂之性。若以情言，則爲情之貞而作喜怒哀樂之節者也（四端是情上半截，爲性之尾。喜怒哀樂是情下

〔註48〕見林安梧《王船山人性史哲學之研究》，第110～111頁。
〔註49〕見《讀四書大全說》，第1065頁。

半截，情純用事）。〔註50〕

船山認爲「四端之情」是人內在的純粹道德理性藉著「情」所具體呈現的四種內容，以「四端」爲「性」之具體內容，在理論上不僅使得人此一理性存在所內具的純粹道德理性（「性」），不再只是先驗超越抽象的，而是既普遍而又具體，同時「四端之情」是指能顯仁義禮智之性的情感，實爲道德法則、道德理性之具體實現，「性」與「情」實是一而不是二，故船山謂「雖緣於情，其實只是性」。〔註51〕船山以「道德之情」言「性」，將之視爲道德法則、道德理性之呈顯，其實有別於朱子而能符應於先秦孔孟儒學與象山陽明之學。在朱子處，「性」只是「理」，「理」是只存有而不活動之靜態的存有，「理」雖存於「心」而不能是「心」；而「情」則是「心」之所發，「情」亦只屬於「氣」，只屬於「心」而不能是「理」不能是「性」，「情」只能依理行之不能是理，「情」與「理」並無自身的同一性。然而不論是孔孟或陸王言「性」皆非抽象虛懸形式掛空的來說「性」，而是在應物中展現「性」之眞實性，「心、性、情、才」只是一事。〔註52〕此種將「情」上提至超越層視之爲道德理性

〔註50〕見《讀四書大全說》，第555頁。

〔註51〕學者常據此段所引之文獻，言船山之性情論是「性情不二」。此處所言固然爲「性情不二」，然而卻不是泛論含渾的說所有的情皆是性，因爲在船山學中「情」有無根之情，亦有以「性」爲幹之情，所謂「貞」亦情而「淫」亦情。吾人斷不可泛論「性情不二」，唯有以「性」爲幹是性所緣之情方能是「性情不二」，也就是依著自身內在之本質律則，如其自身而發用的四端之情方可視之爲性。

〔註52〕牟宗三先生說：「這種心、情，上溯其原初的根源，是孔子渾全表現的「仁」不安、不忍之感，惻惻之感，悱啓憤發之情，不厭不倦、健行不息之德，等等。這一切轉而爲孟子所言的心性：其中惻隱、羞惡、辭讓、是非等是心，是情，也是理。理固是超越的，普遍的先天的，但這理不只是抽象地普遍的，而且即在具體的心與情中見，故爲具體地普遍的；而心與情亦因其即爲理之具體而眞實的表現，故亦上提而爲超越的、普遍的，亦主亦客，不是實然層上的純主觀，其爲具體是超越而普的具體，其爲特殊亦是超越而普遍的特殊，不是實然層上的純具體、純特殊。……陸象山便直以此爲道德性的本心與宇宙心：這當然不是一個抽象的乾枯的光板的智心，故理在其中，情也在其中，故能興發那純粹的道德行爲道德創造，直下全部是道德意識在貫注，全部是道德義理在支柱，全部是道德心、情在開朗、在潤澤，朗天照地，了無纖塵。到王陽明則復將此本心一轉而爲良知：良知是認識此本心之訣竅，亦是本心直接與具體生活發生指導、主宰關係之指南針；而良知之內容亦不只是光板的作用的明覺，而是羞惡、辭讓、是非、惻隱全在內的心體之全，故陽明總言『良知之天理』，亦總言『精誠惻怛』之本心；這也是既是理，也是情，也是心。」見牟宗三先生《心體與性體》第一冊〈第一部綜論〉，第127頁。

的表現，在傳統中國哲學中不論儒家或道家皆如此主張，故不論儒道在論及道德理性與道德實踐最能圓滿證成之聖人時，認為聖人的生命之所以圓而神，實乃因聖人的生命全體是理、全體是性、全體是心、全體是情。且因無情不能應物，是以不論儒道皆主聖人有情。〔註53〕只是此有「情」是「應物而無累」能「體沖和以通無」之上提的為能顯道德之體的超越的道德情感，而不是莊子所言之內傷其身之經驗實然感性的好惡之「情」。〔註54〕船山視「四端」之情為道德情感而有其超越的普遍性，不將之僅視為實然經驗層的感性之情，將此四端視為道德的原理原則之具體的呈顯，〔註55〕實符應於孟子學而與康德學有所不同。因為在康德學中，道德法則是不能從經而來，〔註56〕

〔註53〕李翱〈復性書〉說：「聖人者，豈其無情也？聖人者，寂然不動，不往而到，不言而神，不耀而光，雖有情也，未嘗有情也。」程明道〈定性書〉亦說：「天之常，以其心普遍萬物而無心。聖人之常，以其情順萬物而無情。」而王弼則說：「聖人茂於人者神明也，同於人者五情。神明茂，故能體沖和以通無。五情同，故不能無哀樂以應物。然則聖人之情，應物而無累於物者也。今以其無累，便謂不復應物，失之多矣。」

〔註54〕莊子曰：「吾所謂無情者，言人之不以好惡內傷其身，常因自然而不益生也。」見《莊子集釋》卷二〈德充符第五〉。

〔註55〕牟宗三先生認為：「道德情感不是落在實然層面上，乃上提至超越層面轉而為具體的、而又是普遍的道德之情與道德之心，此所以宋明儒上繼先秦儒家既大講性體，而又大講心體，最後又必是性體心體合一之故。此時『道德感』不是如康德所說的那『設想的特別感覺』，而『道德情感』亦不是如他所說的『在程度上天然有無限地差別變化，它對於善與惡不能供給一統一的標準』這實然的純主觀的道德情感，而是轉而為既超越而又內在、既普遍而又特殊的那具體的道德之情與道德之心。」見牟宗三先生《心體與性體》第一冊〈第一部綜論〉，第126～127頁。

〔註56〕康德說：「每一個經驗的成分不只是對於道德底原則完全不能成為一幫助〔不只是在道德底原則中完全不值得成為一因素——依拜克譯〕，且甚至對於道德底純粹性是大有損害的〔且甚至對於道德實踐本身底純粹性是大有損害的——依拜克譯〕；因為一個絕對善意底恰當而無可估計的價值恰正在於這一點，即：行為底原則須擺脫偶然根據底一切影響，單只這偶然根據才是經驗所能供給者。我們重複我們的警告以反對「在經驗動機及經驗法則中尋求道德底原則」這種鬆懈而甚至是卑下的思想習慣，不能算是過多或過頻；因為人類理性在其疲倦之時，是樂於去止息於這種枕頭上的；而在一種甜蜜的虛幻之夢中（在此夢中，人類理性所擁抱的不是尤諾——高貴的美人，而是一團雲霧），它以由各種來源的肢體補綴（拼湊）起來的假冒品（混血品）來代替道德，這假冒品看起來可以隨人所欲見而現其形似；只是對那曾經在美德底真正形相中看美德的人看來卻決不像似美德。」見康德著，牟宗三譯註《康德的道德哲學‧道德底形上學之基本原則》，第62頁。

不能從範例中引申出來，〔註 57〕不能從「人性底特殊屬性」、「人類之特殊的自然特徵」、「脾性（性癖）、性好、以及自然的性向推演」；〔註 58〕甚至亦不能從「上帝底意志」來建立，〔註 59〕而道德情感在康德看來正是屬於實然層面，是歸於私人幸福原則之下，是經驗的原則，故不能由此建立道德法或成

〔註 57〕 康德説：「又，再沒有任何事能比我們想從範例裏引申出道德，更是道德之致命傷。因爲擺在我面前的每一個道德範例其自身必須首先爲道德底原理所測驗，看看它是否值得充作一原始的範型，即是説，充作一範型，但它決不能有權供給那道德底概念。即使四福音書中的獨一聖子，在我們能承認祂是聖子以前，也必須先與我們的道德圓滿之理想作一比較；所以祂自己説：『爲什麼你們稱〔你們所看見的〕我爲善？除了〔你們所看不見的〕上帝而外，無有配稱爲善〔善底模型〕者！』但是我們又從那裏得有上帝底概念以爲最高善呢？這簡單地説來，只有從道德圓滿之理念而得有之，這道德圓滿之理念乃是理性所先驗地構成者，不可分地與一自由意志底概念相連繫。模倣，在道德中，畢竟毫無地位，而範例則只可供獎勵之用，就是説，它們可使『法則所命令的事之可行性』爲無可疑，它們使『實踐規律所更一般地表示者』成爲可見的，但它們決不能使我們有權把那存於理性中的真正根源的東西置諸不理，而只憑範例去指導我們自己。」見康德著，牟宗三譯註《康德的道德哲學‧道德底形上學之基本原則》，第 36 頁。

〔註 58〕 康德説：「最重要的是要記住，我們必不允許我們自己去想從人性底特殊屬性中推演出這原則底真實性。因爲義務須是行動底一種實踐，無條件的必然性；因此，它必須在一切理性存有上皆能成立皆有效（這一切理性存有是一律令所能應用於他們身上者），而亦只爲此故，它始亦能對一切人類意志而爲一法則。反之：凡是從人類之特殊的自然的特徵中繽繹出來的，從某種情感和性癖〔英譯注〕中繽繹出來的，不，如其可能，甚至從適當於人類理性的任何特殊傾向，而這特殊傾向不必然在每一理性存有底意志上皆有效（皆成立，分可執持），從此中繽繹出來的，這雖誠可供給我們以格準，但卻不能供給我們以法則：可以供給我們以主觀原則，……但卻不能供給我們以客觀原則，依此客觀原則，我們必須奉命（被命令被吩咐）以行，縱使一切我們的性癖、性好，以及自然的性向都相反於此原則，我們也必須依之以奉命以行。」見康德著，牟宗三譯註《康德的道德哲學‧道德底形上學之基本原則》，第 60 ～61 頁。

〔註 59〕 康德説：「在理性的道德原則之中，存有論的『圓滿』之概念儘管有缺點，亦比神學的概念爲較好，此神學的概念乃是從一個神的、絕對圓滿的意志中引申出道德者。……首先，因爲我們對於神的圓滿並無直覺，我們只能從我們自己的概念中（其中最重要的就是道德之概念），把神的圓滿推演出來，這樣，我們的説明必陷於一惡劣的循環中；其次，如果我們想要避免這惡劣的循環，則所剩留下給我們的那唯一神的意志之概念便是一個『以欲求榮耀與統治這種欲望之屬性而造成』的概念，並且是一個『與可怕的威力和報復之觀念相結合』的概念，而凡建築在這基礎上的任何道德系統必直接相反於道德。」見康德著，牟宗三譯註《康德的道德哲學‧道德底形上學之基本原則》，第89頁。

爲道德原則。〔註 60〕然而在儒學中，不論是從根源（「體」）至作用（「用」）順著講道德法則與道德情感的統一；或是逆著講，從修養實踐工夫論往上講道德情感與道德律則的統一，不論是採取何種進路，道德情感是可以視之爲道德法則的呈顯。〔註 61〕從存有的實況逆著往上講，道德情感落於實然層面時固然不可由之建立道德法則，然而當吾人通過道德實踐修養的工夫以使「情」上提至超越層時，則「道德情感」即可成爲道德法則、道德理性之表現的最本質的一環。也就是說，通過道德實踐修養的工夫以體現性體，便能將道德情感上提至超越層，也惟有在此一前行的實踐工夫後才能使道德的情感即是道德法則的呈顯，牟宗三先生說：「惟重視由實踐工夫以體現性體心體者始能正式正視道德感、道德情感而把它上提至超越層面而定住其道德實踐上的本質意義，然而康德則不能至此，他只把它停在實然層面上，故歸之於私人幸福原則之下，而視之爲經驗原則。道德感、道德情感，如不能予以開展而把它貞得住，則道德實踐即不能言。正因康德之道德哲學無自實踐工夫以體現性體心體一義，故亦不能正視此道德感、道德情感也。他只是由抽象

〔註 60〕 康德之所以認爲道德情感無法成爲道德法則，是因爲康德認爲私人幸福原則與道德情感乃是經驗的後天的原則，此二者皆有待於外，而且它們完全根據於那純主觀的「人性之特殊構造」，因之無法爲道德法則提供普遍性與必然性，故康德認爲私人幸福原則與道德情感所建立的道德法則皆不是眞正的道德法則。此種只將道德情感視爲實然層、經驗層的，而不將道德情感上提至超越層面，認爲道德的法則是不能由道德的情感建立，正是康德的道德哲學與傳統中國哲學不同處。然而康德之所以如此，實乃因康德之道德哲學乃是透過抽象思考所構建出的理論系統，並不是通過眞實的道德實踐而獲得的體證。

〔註 61〕 牟宗三先生說：「道德情感可以上下其講。下講，則落於實然層面，自不能由之建立道德法則，但亦可以上提而至超越的層面，使之成爲道德法則、道德理性之表現上最爲本質的一環。然則在什麼關節上，它始可以提至超越的層面，而爲最本質的一環呢？依正宗儒家，即在作實踐的工夫以體現性體這關節上，依康德的詞語說，即在作實踐的工夫以體現、表現道德法則、無上命令這關節上。但這一層是康德的道德哲學所未曾注意的，而卻爲正宗儒家講說義理的主要課題。在此關節上，道德感、道德情感不是落在實然層面上，乃上提至超越層面轉而爲具體的、而又是普遍的道德之情與道德之心，此所以宋明儒上繼先秦儒家既大講性體，而又大講心體，最後又必是性體心體合一之故。此時『道德感』不是如康德所說的那『設想的特別感覺』，而『道德情感』亦不是如他所說的『在程度上天然天然有無限地差別變化，它對於善與惡不能供給一統一的標準』這實然的純主觀的道德情感，而是轉而爲既超越而又內在、既普遍而又特殊的那具體的道德之情與道德之心。」見牟宗三先生《心體與性體》第一冊〈第一部綜論〉，第 126～127 頁。

的思考，以顯道德之體，他只是經驗的與超越的對翻，有條件的與無條件的對翻，此已極顯道德之本性矣，惜乎未至具體地（存在地）體現此『道德之體』之階段，故只言道德法則，無上命令（定然命令）之普遍性與必然性，而對於超越之心與情則俱未能正視也。」〔註62〕換言之，雖然落在經驗實然層之道德情感不可由之成立道德法則，然而經驗實然層的道德情感卻可從道德實踐往上講道德律則與道德情感的統一。只是此逆著說「道德情感」可以是「道德律則」的實現，則有一更根源性的基礎即在於「性」與「情」有著其根源處的同一性，才能透過道德實踐的工夫將於存有實況分裂的「性」與「情」統一起來。

吾人觀察船山所言的性緣於情而為四端之情，實是從存有的根源、從「心」的體用關係順著往下講「性」與「情」的關係，因而肯認「道德理性」與「道德情感」有其本質內容的同一性，道德情感實即是道德理性通過「情」的具體呈現，由此而建立起「緣情見性」的合法性，同時亦肯認情感存在的正面性意義與價值。從理論的價值與意義上來說，船山學以「情」為「性」之所緣的說法，不僅可避免因「離情言性」而使得「性」只是個虛說之抽象形式之概念；同時亦可避免「即情言性」所可能導致的感性物欲與天理混同不分之失。而這也是船山針對宋明儒者於心性論上所產生的問題與缺失，所做出的回應與挽救。〔註63〕筆者認為這正是船山學與宋明程朱、陸王之學最大的不同處，同時

〔註62〕見牟宗三先生《心體與性體第一冊‧第一部綜論》，第128～129頁。於此筆者欲說明的是，何以若道德情感不能開展則道德實踐即不能言？又何以重視實踐工夫以體現性體心體者始能正視道德情感？此乃因為宋明儒所說的道德性的天理實理本就不是純粹形式的概念，而是通過生命或人格於踐仁盡性之道德實踐中所體證的道德性當身的嚴整性與純粹性，此是具體的。

〔註63〕船山曰：「新安『此心此理』之說，自象山來。象山于此見得疏淺，故其論入于佛。其云『東海、西海』云云，但在光影上取間架、捉綫索，只是『三界唯心』一籠統道理，如算家之粗率。乃孟子之言『一揆』也，于東夷西夷，千歲前後，若論心理，則何有于時地！以時地言者，其必以事迹之因時而制地者審矣。」見《讀四書大全說》，第618頁。又曰：「西山云『人物均有一心，人能存，物不能存』。此語魯莽，害道不小……心便是統性情底，人之性善，全在此心凝之，只庶民便去，禽獸卻不會去，禽獸只一向蒙蒙昧昧。其或有精明處，則甘食悅色而已，此心存之，又將何用？……西山于此，似認取個昭昭靈靈、自然覺了能知底做心，而以喚醒著、不沈不掉為存。此正朱子所謂存禽獸之心者。」見《讀四書大全說》，第631頁。船山又說：「存者，存其理，存學問思志所得之理也。若空立心體，泛言存之，既已偏遺仁之大用，而于鳶飛魚躍，活活潑潑地見得仁理昭著者，一概刪抹，徒孤守其洞洞

也是船山學之貢獻。關於此點，唐君毅先生早已指出說：「船山之根本思想，即在由性即氣之性，而暢發性善氣亦善之義。惡不在氣而在情，善不在心而在性。故即情不足以知性，任心不足以見性，舍氣實足以孤性。即情知性，即心見性，則明儒即心之知覺運動、視聽言動、喜怒哀樂以言性之說。舍氣言性，則程朱以理言性，氣爲理蔽之說。即情言性，其病只在重氣機之鼓盪，而不知氣之凝結而蘊于內者，或不免以人欲爲天理。舍氣而但以理言性，則不免以觀理爲重，而輕養氣，或流于山林枯槁。而此者在船山意，則皆爲宋明儒思想之鄰于佛者；必剔而去之，乃可以嚴儒之壁壘。」〔註64〕就思想發展的價值與意義的立場來看，筆者認爲船山以「四端之情」說「性」，不僅可修正王學末流錯認感官知覺嗜欲之情爲天理之失，同時亦可避免程朱學末流，舍氣言性而使「性」只成爲一純粹形式的空概念而流於蕩之虛玄之弊。〔註65〕

第四節 「心」之活動的二種向度

前文已言，「心含性而效動」，就「性」爲「心」之「體」而言，則「心」爲「性」之「用」，就「情」爲「心」之發「用」而言之，則「心」爲「情」之「體」，而「情」爲「心」之「用」。因此「心」之發用若能如其自己如其體性，能如其自身所涵具之純粹道德理性，那麼「心」之所發而產生之「情」實即是道德理（「性」）自身的彰顯。如此，「情」與「性」或「情感」與「道德理性」在此一前提之下，便有著本質與體性的同一性。這樣就在理論上建立起「緣情見性」的合法性基礎，這是從根源處順著講的立論以證成「緣情以見性」。〔註66〕

惺惺、覺了能知之主，則亦靈岩三喚主人之旨而已。」見《讀四書大全說》，第 490 頁。

〔註64〕 見唐君毅《中國哲學原論·原教篇》，第 516～517 頁。

〔註65〕 也由於「四端」之情是超越的道德之情，是實踐地體現性體，表現道德法則與道德理性者，故船山認爲依著此上提至超越層的道德情感便能由實踐工夫貞定住道德理性與道德法則於實踐上的本質意義，故船山曰：「《易》曰：『觀其所感，而天地萬物之情可見矣。』見情者，無匿情者也。是故情者性之端也，循情而可以定性也。」見《詩廣傳》卷二，第 2 頁。

〔註66〕 在「性」是「心」之「體」，而「情」爲「心」之「用」的前提之下，亦爲實踐論之「緣情以見性」提供了理論的合法性。經驗作用之「情」亦可通過道德實踐修養的工夫，使異之「情」復歸爲如其自身之道德理性，這是從道德實踐之進路以建構「緣情以見性」的合法性，此是上溯的說逆著講的建立。

　　然而，需注意的是，在船山學中「情」固然是經驗層之「心」的發用，然而能視之爲「性」之「情」則是專指能於發用時能體現性體、心體之道德性情感而言，並不是無分別地通視經驗作用層的感性之「情」爲「性」，「性」與「情」能說其同一視爲同一，在船山處並非無分別地而簡單籠統含渾的說「性」與「情」的同一性（Identity）。〔註67〕雖然在體用相涵互攝的架構下，「心」爲「性」之所生，而「情」爲「心」之所發，「性」爲「心」之「體」，「心」爲「情」之「體」，有「體」必有「用」，而「用」亦必有其「體」，因此就存有義而言之，「心」必然地具「性」，而「心」之發「用」之「情」亦當有其「體」、有其「性」以爲軌約性的律則，〔註68〕只是船山認爲「心」雖然有其內在的道德律法，然而在具體的作用中，卻可以「離性而自爲情」，「心」之發用可以不依自身內在的道德法則而行，船山說：

> 孟子言「情可以爲善」者，言情之中者可善，……以性固行於情之中也。情以性爲幹，則亦無不善；離性而自爲情，則可以爲不善矣。惻隱、羞惡、辭讓、是非之心，固未嘗不入於喜怒哀樂之中而相爲用，而要非一也。〔註69〕

又說：

> 貞亦情也，淫亦情也。情受於性，性其藏也。乃迨其爲情，而情亦自爲藏矣。藏者必生，而情乃生欲。故情上受性，下授欲，受有所依，授有所放。〔註70〕

於此，船山指出「心」之發用有以性爲幹的性存之情，亦有離性而自爲之情。然而所謂的「性在」與「離性」而自爲，並非存有義而是作用義的指「性」

　　然而不論是順著地從根源處說或上溯地說實踐義之「緣情以見性」，其理論所以可能的關鍵性樞紐乃在於「心」，因著「心」而使著「性」與「性」可關聯著說，也因此才能逆著講通過實踐以達成「性」與「情」的同一性。

〔註67〕船山認爲唯有超越的道德之「情」才能視之爲「性」，因爲超越的道德之情是性之所緣。因此在船山學中「情性不二」之「情」，不是泛指經驗的實然層之情，而是指能顯性的超越之「情」，這樣的「情」於體性上與「性」有其同一性。「情」與「性」有其體性的同一性，因之其所發即是性之發露，故說緣情以見性才能有其理論的合法性，吾人斷不可含混的以爲船山視一切之情皆爲性之呈顯。

〔註68〕船山曰：「性自行於情中，而非性之生情，亦非性之感物而動則化而爲情也。」見《讀四書大全說》，第1066頁。

〔註69〕見《讀四書大全說》，第965頁。

〔註70〕見《詩廣傳》卷一，第14頁。

能否於「心」之發用中對「心」產生軌約性之作用。因為「心」由「性」所成，一言「心」必然涵具著性，故言「心」之作用亦必然內具著「性」。雖然「心」內具此「性」，只是「心」之發用未必能如其自身內在之律則（「性」），故船山說「性」未嘗不入而相為用，而要非一也。「性」能對「心」有著規範之作用者即謂之「性在」，「性」不能對「心」有著規範性作用時即謂之「離性」，然而「性」是否對「心」有著軌約性的作用，則具體呈現在於「情」是否合於「性」之軌約。因此船山認為，雖然「貞」之「情」與「淫」之「情」一皆是「情」，然而此二者的差別乃在於，「貞」之「情」乃是「性」固行於「情」之中，是「情」以「性」為「幹」，「情」之發用是受到道德法則之軌約，故貞之「情」可視之為「性」。而「淫」之「情」則是「情」之發用不依於「性」之軌約而是受到「物欲」的主導，此即是離「性」而自為之「情」，故不可視之為「性」。由於「心」之發用有依於「性」與不依於「性」之二種不同的方向，船山據此而說「心」有「人心」與「道心」之別，船山說：

（1）性在則謂之道心，性離則謂之人心。〔註71〕

（2）性者，道心也；知覺者，人心也。〔註72〕

（3）情便是人心，性便是道心。〔註73〕

（4）情自是喜怒哀樂，人心也。此四端者，道心也。〔註74〕

（5）性，道心也；情，人心也。惻隱、羞惡、辭讓、是非，道心也；
　　喜、怒、哀、樂，人心也。〔註75〕

上文所引船山語之第（1）則，其意旨在分說「道心」與「人心」之別，其關鍵乃在於「性」之「在」或「離」，「在」即是道心，而「離」即是「人心」。（2）、（3）、（4）、（5）等四則所指出的是「人心」為「情」，而「道心」是「性」。「惻隱」、「辭讓」、「是非」、「羞惡」與「喜」、「怒」、「哀」、「樂」同為心之發用，同為是「情」，何以有「性」、「道心」與「情」、「人心」之別？此中的區判標準乃在於「情」之發用是否如內在的道德理性，而受到道德法則之規範。依著道德律法之規約而發用之「情」者，即是「性在」，此謂之曰「道心」，謂之為「性」；不依著道德法則而發用之「情」者，即是「性離」，此謂之曰「人心」，謂之為

〔註71〕見《讀四書大全說》，第1086頁。

〔註72〕見《讀四書大全說》，第1112頁。

〔註73〕見《讀四書大全說》卷十〈孟子‧告子上篇〉，第1066頁。

〔註74〕見《讀四書大全說》卷八〈孟子‧公孫丑上〉，第946頁。

〔註75〕見《讀四書大全說》卷八〈孟子‧滕文公上〉，第946頁。

「情」。換言之，船山視「性離」之「情」爲「人心」，「性在」之「情」爲「道心」，其實只是在說一心之發用的二種方向，是否依著自身純粹的道德理性而行。只是「情」是「心」之發用，而「心」又是「性」之所生而受到「性」的軌約。於此，筆者所欲追問的是，何以「性」之所生，而爲「性」所軌約之「心」，會有不依著自身的理性而行的狀況產生？此實是船山學所需面對與回應的問題！因爲，若以「天道」爲宇宙萬有及萬有存在之歷程之運動變化的律則，則「人」亦不能自外於「天道」之軌範，而有違「天道」的可能性，如此「心」能「離性」便與以「天道」爲萬有的律則有著不可解的衝突！〔註76〕若欲使「心」之能「離性」之說成爲可解，則需先預設「主體性」或「自由意志」的概念，只是如此人的「主體性」是否仍受「天道」的軌約則成爲問題。因爲若「主體性」或「自由意志」受「天道」的軌約，則便形成矛盾，而一被決定的「自由意志」或「主體性」更是怪異而不可解；若「自由意志」、「主體性」不受「天道」的軌範，則又與「天道」爲萬有的總律則之理論預設有所矛盾。復又，當「自由意志」或「主體性」不受天道之軌約時，是否另有天道之外的因素與條件在影響著「主體性」與「自由意志」？此皆是船山所需面對的。

第五節 「感官知覺之心」與「道德理性之心」

關於「心」之所以於現實存有的活動中，有實現理或不實現理等二個活動的方向，能不依天理之軌約而行，在程朱學看來，此乃因爲「氣稟」對於「心」有所限制，且「氣強而理弱」而「理管不住氣」；而陸王學則認爲「心」之所以能不實現理，實乃因爲人之不能「立其大者」，不能「致良知」。至於船山學的回答則是「心，幾也。幾者誠之幾，而迨其爲幾，誠固藏焉。斯心統性之說也。然在誠則無不善，在幾則善惡歧出；故周子曰：幾善惡。是以心也者，不可曰以有善無惡之名。」船山認爲就純粹的天道理性處言之，固然是純粹的善而無惡，然而一旦落在具體的作用層處時，則此純粹的道德理

〔註76〕勞思光先生說：「但『人』之『心』何以能不『守其本位』？何以由『天』生出卻又可離開天命之『性』而活動，方是眞正問題所在。……既以『心』爲『天』之所生，則『心』之一切『良能』皆不應有背乎天之理之可能。否則，『天』依其『理』而生一『背理』者，豈可通乎？……但何以在『天之道』下竟有一能不合天道或天理之『人心』？則其說全承濂溪以下之病，而毫無進展補救之處。」見勞思光先生《新編中國哲學史》三下，第714～715頁。

性便內藏於「心」，它不再只是一純理的而是落實在「氣幾」上，受到外在客觀的機緣條件之影響，此中所乘所遇之幾是不可測，故船山謂「在幾則善惡歧出」。換言之船山認為，「心」之所以會不如其自身之體性而發用，實乃因為在具體的作用層中，「心」只是能知覺者而純粹的道德理性是內藏於心而為靜態的法則義，因此「心」之發用便有如其性與不如其性的可能。在理論上，船山認為「心」並非只是一純理也非只是純粹能感之氣幾，「心」是合「性」與「知覺」兩者而為體者，故「心」有其超越面亦有其經驗作用層之向度，心既有此二向度，故「心」實不可謂之即理，船山說：

> 以本言之，則天以化生，而理以生心；以末言之，則人以承天，而心以具理。理以生心，故不可謂即心即理，諉人而獨任之天。心以具理，尤不可謂即心而即理，心苟非理，理亡而心尚寄于耳目口體之官以幸免于死也。〔註77〕

在船山看來「心」與「理」的關係，只可說「心具理」而不可謂「即心即理」，因為「心」是「理」之所生，若從本末的觀點來論「理」與「心」的關係，「性」、「理」是「體」是「本」，而「心」是「末」是「用」；就存有的實況而言雖是體用相涵互攝而不離，然而就存有的發生先後之邏輯與秩序而言之，卻是「本」先於「末」，「本」與「末」畢竟有別而不能無分，所以不能說「即心即理」。〔註78〕船山認為，若說「即心即理」，即是將一切推歸於天而放棄於人事上所該盡之責任，且與佛教唯心之說無異，船山說：

> 如其云「心——理」矣，則心外無理而理外無心也。以云「心外無理」，猶之可也，然而固與釋氏唯心之說同矣。父慈子孝，理也；假令有人焉，未嘗有子，則雖無以牿亡其慈之理，而慈之理終不生于心，其可據此心之未嘗有慈，而遂謂天下無慈理乎？夫謂未嘗有子而慈之理固存于性，則得矣；如其言未嘗有子而慈之理具有于心，

〔註77〕見《讀四書大全說》，第 721 頁。
〔註78〕陳來先生說：「從天道來說，心的產生是氣化過程的必然產物，因而也可以說是氣化之理所決定的，在這個意義上說『理以生心』，即氣化之理導致了心的產生。而在氣化中人與天是連續的，人生即有心，心涵具理，這涵具的理也就是所凝的氣化之理。因此，心即理說的不能成立，一方面是由於心具理不等于心即理，另一方面，『理以生心』表示心是理的產物，在這裏理是先在的，所以心不能即是理。船山還認為，天之氣化的理先在於人心，所以如果把人心等同於理，意味著把人的心歸結為天之理，這就抹殺了人的責任和作用。」見陳來《詮釋與重建——王船山的哲學精神》，第 208 頁。

則豈可哉！故唯釋氏之認理皆幻，而後可以其認心爲空者言心外無
理也。〔註79〕

由於「理」內存於「心」而爲「心」之「體」，「心」則爲此「理」之「用」，
在體必有用而用必有體之體用不二而不離的架構之下，故可說「心外無理」；
只是，「心外無理」之說在船山看來實近於佛教萬法唯心之說。〔註80〕由於「理」
是超越的實存，是存在之所以然，是「心」所實現者；而「心」則是能實現
彰著者。由概念的內容意義上來說，能實現者與所實現者此二者實可分別說
之，吾人不可因「心」之未實現便謂「理」不存在，只能說「心」不具「理」。
因爲，「心」之「具」是作用的「具」，「心」不能實現「理」即是不「具」理。
因此，船山於理論上不僅反對「心」外無理之說，同時也反對「即心即理」
的說法。〔註81〕船山認爲唯有「良心」、「仁義之心」才能說「即心即理」，因
爲就概念的內容義來說，「心」與「良心」、「仁義之心」是有所不同。若只說
「心」時，則只是具眾理而能感能應萬事者，言「心」則只是一靈明覺知，
故其感其應之發用並無所謂的善與惡，「心」需能於作用時受到性之主導才能
使仁義不失而能爲善，船山曰：

> 必須說個仁義之心，方是良心。蓋但言心，則不過此靈明物事，必
> 其仁義而後爲良也。心之爲德，只是虛靈不昧，所以具眾理應萬事
> 者，大端只是無惡而能與善相應。然未能必其善也。須養其性以爲
> 心之所存，方使仁義之理不失。〔註82〕

〔註79〕見《讀四書大全說》，第 721 頁。

〔註80〕陳來先生說：「"心 —— 理"就是心即理，主張這個觀點就意味著承認心外
　　　　無理，理外無心。心外無理的說法與釋氏相同，但不能成立。一個人在還沒
　　　　有兒子的時候，其性中有慈之理，但不會有慈父之心。如果按心外無理說，
　　　　沒有心就沒有理；但顯然不能因爲此人沒有慈父之心，就認爲天下沒有慈之
　　　　理，也不能因爲天下有慈之理，就認爲沒有兒子的人也具有慈父之心。船山
　　　　認爲，只有認爲理幻心空的人才會認爲心外無理。」見陳來《詮釋與重建——
　　　　——王船山的哲學精神》，第 209 頁。

〔註81〕船山說：「新安意，以心既是神明，則不當復能具夫眾理；唯其虛而爲舍，故
　　　　可具理。此與老子『當其無有車器之用』一種臆測無實之說同。夫神明者豈
　　　　實爲一物，堅凝窒塞而不容理之得入者哉？以心與理相擬而言，則理又爲實，
　　　　心又爲虛，故雖有體而自能涵理也。這個將作一物比擬不得。」見《讀四書
　　　　大全說》，第 713 頁。船山又曰：「張子曰：『合性與知覺，之名』。性者道心
　　　　也，知覺者人心也。人心道心合而爲心，其不得謂之『心一理也』又審矣。」
　　　　見《讀四書大全說》，第 722 頁。

〔註82〕見《讀四書大全說》，第 686 頁。

言「心」與言「良心」之不同，乃在於「良心」是道德價值判斷之心，其發用乃是依著內在道德的律則，而以此法則爲主宰；而說「心」則是指靈明知覺之心，此專就「心」之知覺而言之，知覺之心只是應物，〔註 83〕並無所謂的善惡可言。〔註 84〕虛靈不昧之「心」欲能必然地依著自身的道德理性而應物。能依著自身的道德理性之心即是「仁義之心」，此「仁義之心」才能謂之即是理。船山認爲惟有正確地認識到「心」不可即謂之理，才能有恰當而正確的道德實踐工夫，也唯有明瞭「心」未即是理，才能知「心」之發用有二種不同的方向。而欲心能必然地如其體性的發用，則需通過「治心」與「存心」和「養性」的道德實踐工夫，〔註 85〕以將「心」上提至超越的道德心才有可能。也惟有在道德心之發用時才能視「情」爲「性」之作用的彰顯，視道德情感爲道德理性之法則的實現。

第六節　小　結

　　總結前文之分析，我們可得出以下幾點結論，一、船山「心統性情」之命題所呈現出的「心」、「性」、「情」三者的關係是，「性」爲「心」之體，而「情」爲「心」之「用」。所謂的「統」字義是「兼」，而「兼」並不是指「心」同時兼具「性」與「情」，「性」與「情」對於「心」而言，是有存有發生的先後之序。二、由於船山的「心統性情」論是在「性」爲「心」之「體」，而「情」爲「心」之「用」，故船山並不同意「心主性情」，而主張「性自是心之主」，而「心但爲情之主」，這就與程朱學有所不同。程朱學是「心性而二」，而「心主性情」；船山學則是「心爲性之用而性爲心之體」而「性爲心之主」。三、在作用層中，「心」不可謂即是「理」，因爲「心」之發用有二種向度，於發用中是以「性」爲主宰而受「性」之軌約的「道德心」才可謂即是「理」。

〔註83〕船山說：「蓋心原以應事。」見《讀四書大全說》，第 491 頁。

〔註84〕陳來先生說：「船山在這裏的意思是說，如果僅僅說心的功能，那麼心是指靈明知覺；心字前面加良，表示道德之心。心的一般功能就是虛靈不昧、能夠具萬理應萬事。心的知覺的功能無善無惡，而能認識善；但其自身不能永遠爲善。只有通過養性的工夫，在性的主導作用下才能保持心爲善。」見陳來《詮釋與重建——王船山的哲學精神》，第 207 頁。

〔註85〕船山曰：「明夫心之未即理，而奉性以治心，心乃可盡其才以養性。棄性而任心，則愈求盡之，而愈將放蕩無涯，以失其當盡之職矣。」見《讀四書大全說》，第 722 頁。

這樣的理論實又與陸王學之「心即理」說有所不同。其不同處則在於陸王學「心、性、情」三者通而爲一；而船山學則認爲「心」有「知覺之心」與「道德之心」，故船山反對言「心即是理」而主張「道德心」才即是「理」，「心、性、情」雖可通而爲一，但需在「道德心」之下才能成立，「知覺之心」不能即言是「理」，其發用之「情」未必是「性」之呈顯，故於「知覺之心」處，未必能說「心、性、情」通而爲一。四、船山區別「知覺之心」與「道德之心」，並指出惟有「道德之心」才能視之爲「理」，強調惟有「性」、「理」作爲「心」之主宰時，「心」之發用之「情」才能視之爲「性」之呈顯，而欲「性」爲「心」之發用的主宰，則需通過存心養性的道德實踐工夫。這就說明了道德實踐的工夫，何以需著重在「心」與「性」而不得偏廢之；同時也挽救了王學末流偏於「心」而流於情識，程朱學末流偏於「性」而蕩之虛懸之弊端。

第七章 「理」與「欲」：存在的「理性」與「欲求」

　　「理」和「欲」是宋明儒學人性論的核心概念，同時也是修養實踐工夫論所關注的範疇。這一組對比性的概念，最早出現於《禮記・樂記》，在《禮記》那裏，「理」是指「天理」，其意謂著生而本具的天性，而「欲」則是指感性的欲望，《禮記・樂記》說：「人生而靜，天之性也，感於物而動，性之欲也。物至知知，然後好惡形焉，好惡無節於內，知誘於外，不能反躬，天理滅矣。夫物之感人無窮，而人之好惡無節，則是物至而人化物也。人化物也者，滅天理而窮人欲者也。」很顯然的在《禮記》這裏，「天理」是生而具有之性，而「欲」是「性之欲」，也是生而具有之性。「理」和「欲」並非是對立的概念，與「理」對立的是「好惡無節」之欲。所反對的是窮人欲以至於無節，而非反對「欲」，因為「欲」是「天之性」，是無法滅除的。

第一節　宋明儒者對於「理」與「欲」的看法

　　周濂溪主張「主靜無欲」，他認為君子之道乃必懲忿窒欲，濂溪說：「君子乾乾不息於誠，然必懲忿窒欲、遷善改過而後至。」〔註 1〕又說：「聖可學乎？曰：可。曰：有要乎？曰：有。請問焉。曰：一為要。一者，無欲也。無欲則靜虛動直。靜虛則明，明則通；動直則公，公則溥。明通公溥，庶矣乎？」〔註 2〕又說：「蓋寡焉以至於無，無則誠立明通。誠立，賢也；明通，

〔註 1〕見《周敦頤集》卷二《通書・乾損益動第三十一》，第 186 頁。
〔註 2〕見《周敦頤集・通書・聖學第二十》，第 165 頁。

聖也。是聖賢非性生，必養心而至之。」〔註3〕橫渠亦非主張滅人欲，反對人自然的感性需求，他所反對的是「窮人欲」，橫渠說：「順性命之理，則得性命之正，滅理窮欲，人爲之招也。」〔註4〕至於二程子，雖然主張「天理」爲「道心」而「人欲」爲「人心」，但二程子認爲所謂的「天理」是「公心」，而所謂的「人欲」則是「私心」。如此「天理」與「人欲」之別，即是「公私之分」，二程子並非反對自然的生理感性需求，他們所反對的是違反道德理性與社會群體共同利益的「私欲」，二程子說：「雖公天下之事，若用私意爲之，便是私。」〔註5〕又說：「滅私欲則天理明矣。」〔註6〕

　　胡五峰則認爲「理」與「欲」是「同體而異用」、「同行而異情」，「理」和「欲」皆是本然之具，「理」存在於「欲」，而「欲」有其「理」以爲發用之軌約。「理」即是「欲」之「理」，而「欲」是「理」之「欲」，「理」和「欲」是辯證性的統一於人性，故而可說「同體異用」、「同行異情」。「欲」之合其「理」，即是「禮」即是「義」，而「欲」之不合禮者即是「淫欲」，五峰說：「夫婦之道，人醜之者，以淫欲爲事也。聖人安之者，以保合爲義也。接而知有禮焉，交而知有道焉。」〔註7〕又說：「天理人欲同體而異用，同行而異情。」〔註8〕雖然朱子認爲五峰「同體而異用」的說法，是「天理人欲，混爲一區」，〔註9〕但朱子卻不否認「理」與「欲」是「同行而異情」。朱子認爲「性」與「欲」一皆是「心」的發用，朱子說：「心如水，性猶水之靜，情則水之流，欲則水之波瀾。」〔註10〕然而朱子又說：「人欲也未便是不好，謂之危者，危險欲墮未墮之間，若無道心以御之，則一向入於邪惡，又不止

〔註3〕　見《周敦頤集》卷三〈雜著・文・養心亭說〉，第334頁。陳來先生認爲周子的「無欲」並非要人禁絕一切感性欲望，而是指在特定修養過程中達到意識虛靜狀態的必要條件。周子強調寡欲可以使人心得到一種養護。見陳來《宋明理學》，第54～55頁。其實在周子學那裏，無欲不僅只是工夫義，同時也是境界義，「無欲」即是「靜」的境界。且周子已明言，「蓋寡焉以至於無」，又說「懲忿窒欲」，在無欲即是靜的脈絡之下，很顯然的周子學的目標是無欲之靜，而「寡欲」只是達成「無欲」的方法。
〔註4〕　見《正蒙・誠明第六》，第240頁。
〔註5〕　見《二程遺書》卷五〈二先生語〉，第66頁。
〔註6〕　見《二程遺書》卷二十四〈伊川先生語〉，第243頁。
〔註7〕　見《知言》，第18頁。
〔註8〕　見《知言》，第103頁。
〔註9〕　見《知言疑義》，第104頁。
〔註10〕　見《朱子語類》卷五，第93頁。

於危也。」〔註11〕又說：「人欲便也是天理裏面做出來，雖是人欲，人欲中自有天理。」〔註12〕這就表示在朱子學那裏，「天理」和「人欲」，也是辯證性的統一於性，「理」存於「欲」，而「欲」中有「理」，因此不可能「無欲」，所謂「饑而欲食，渴而欲飲，則此欲亦豈能無？但亦是合當如此者。」〔註13〕朱子認爲「飲食者天理也，要求美味，人欲也。」〔註14〕朱子又說：「口鼻耳目四肢之欲，雖人之所不能無，然多而無節，未有不失其本心者。」〔註15〕這也就是說在朱子學那裏，他所謂的「人欲」是失去理之調節利導之「欲」，而非人存自然感性需求。因此，朱子並不反對「欲」，他反對的是失理放縱之「欲」，此欲即是「私欲」、「人欲」，朱子說：「然天理人欲，同行異情，循理而公於天下者，聖人之所以盡其性也；縱欲而私於一己者，眾人之所以滅其天也。二者之間，不能以髮，而其是非得失之歸，相去遠矣。」（《孟子集注》卷二）對於「理」與「欲」的問題，朱子認爲當是「公」與「私」的問題，只要是「公」則「欲」即是「理」，只要是「私」，則是「人欲」。君子修養工夫所要排除的對象即是「私欲」。

象山則明確的反對天理人欲的說法，他說：「天理人欲之言，亦自不是至論。」（《象山全集》卷三十四）又說：「天理人欲之分，論極有病。」（《象山全集》卷三十五）因爲「若天是理，人是欲，則是天人不同矣。」（《象山全集》卷三十四）然而他亦同意私欲會蒙蔽良知而害事，應當消除的是私意之欲——「私欲」，象山說：「私意與公理，利欲與道義，其勢不兩立，從其大體與其小體亦在小耳。」（《象山全集》卷三十四〈與包敏道〉）又說：「此心之良，人所均有，自耳目之官不思而蔽於物，流浪展轉，戕賊陷溺之端，不可勝窮，最大害事。……其實乃物欲之大者。」（《象山全集》卷五〈與徐子直〉）。陽明認爲所謂的「人欲」乃是意之不正之私心，因此要明天理便得去不正之意與私心——「人欲」。陽明說：「去得人欲，便識天理。」（《傳習錄上》）又說：「須是平時好色好利好名等項一應私心，掃除蕩滌，無復纖毫留滯，而此心全體廓然，純是天理。」（《傳習錄上》）

而劉蕺山則認爲人性的內容即含著生理需求與道德的要求，此中道德的

〔註11〕見《朱子語類》卷五，第94頁。
〔註12〕見《朱子語類》卷十三，第224頁。
〔註13〕見《朱子語類》卷九十四，第2414頁。
〔註14〕見《朱子語類》卷十三，第224頁。
〔註15〕見《孟子集注》卷七，第31頁。

律則即是生理需求自身的軌約性法則。「理」和「欲」是性之兩種質性之分說，「理」是「欲」之「理」而不外於「欲」；「欲」是「理」之「欲」，「欲」必有其「理」。「理」與「欲」是「理」外無「欲」，而「欲」外無「理」，「理」與「欲」是辯證的統一於「性」。他所反對的不是「欲」，而是「欲」之「縱」，因為縱欲會導致「過」與「惡」，蕺山說：「生機之自然而不容已者，欲也；欲而縱，過也；甚焉，惡也。而無過不及者，理也。」(《劉子全書》卷七《原旨·原心》)

由上文之簡述吾人可知，在宋明儒者那裏，「天理」與「人欲」的對揚，先儒們並非是反對人的自然感性的需求；相反的，在宋明儒者那裏，「欲」大多是被肯定為「人性」的內容，是無法被排除的。同時，「天理」正是透過「欲」之有其調節而被揭示，「理」與「欲」是不離的，「欲」之合其「理」，亦是天理之自然。因此，宋明先儒們所反對的是：失去「理」之節制而流於放縱之「私欲」、「淫欲」。此種毫無節制的過分之欲，宋明儒者們稱之為「人欲」。這也就表示，在道德實踐工夫上，「理」和「欲」的視域不在於去「欲」，而是在於去「私欲」、「淫欲」，先儒們所言的去「人欲」，正是在此意義下而立論與開展其道德修養實踐工夫。

第二節　人性的兩種內容

在船山學那裏，「理」和「欲」都是存在本具之內容，飲食男女之欲亦可視之為性，[註16] 船山說：「反天理，則與天同其神化；徇人欲，則其違禽獸不遠矣。」[註17] 由於船山並不反對以食色為性，故他反對「氣質之性」與「天地之性」二分的格局，而將此「理」與「欲」統攝於「人性」，將之視為「人性」的內容，「理」與「欲」二者，在「人性」中是既相互關係而又相互作用相互影響。[註18] 在相與為體的脈絡之下，「欲」是作為端體之體，而「理」

[註16] 船山說：「飲食男女，人之大欲共焉者也。」《詩廣傳》卷二〈豳風〉，第383頁。又說：「飲食男女之欲，人之大共也。」《詩廣傳》卷二〈陳風〉，第375頁。

[註17] 見《張子正蒙注》卷三，第121頁。

[註18] 張立文先生認為船山並不否認理欲有層次上、觀念上以至性形上的差異。人欲屬於感性欲望，天理屬於理性原則，這種人體性形的差異，亦為現實的存在。然而感性欲望可以轉化為理性道德原則。見張立文《王船山哲學思想——正學與開新》，第391頁。筆者，在船山學那裏，「理」和「欲」同屬於「性」，

是作爲「主宰之體」。「理」需通過「欲」才能使「理」的大用落實；而「欲」亦需有「理」之軌範才不會爽失，船山說：

（1）理與欲皆自然而非由人爲。〔註19〕

（2）天以其陰陽五行之氣生人，理即寓焉而凝之爲性。故有聲色臭味以厚其生，有仁義禮智以正其德，莫非理之所宜。聲色臭味順其道則與仁義禮智不相悖害，合兩者而互爲體也。〔註20〕

（3）仁義禮知之理，下愚所不能無；而聲色臭味之欲，上智所不能廢，謂之爲性。〔註21〕

（4）禮雖純爲天理之節文，而必寓於人欲以見（自注：飲食變之用，男女合之用）。唯然，故終不離人而別有天，終不離欲而別有理也。〔註22〕

（5）天理充周，原不與人欲相爲對壘。理至處，則欲無非理。欲盡處，理尚不得流行，如鑿池而無水，其不足以畜魚者與無池同。〔註23〕

上文所引船山之語，於第（1）、（2）、（3）等三則，說明了人之性具備了「理」與「欲」兩種質性，此中「理」以「欲」爲「體」；而「欲」以「理」爲「體」，故船山謂「合兩者而互爲體也」。所謂「理以欲爲體」是指「理」需通過「欲」以實現其自己，而「欲以理爲體」，則指「欲」是以「理」爲主宰之體，並依「理」體的軌約方能得其宜，故船山謂「奉理以治欲」。〔註24〕「理」以「欲」爲「體」，「欲」是「理」之「體」，此「體」是「顯體」義之「端體」，故可關聯著（4）則而說「必寓於欲而見……終不離欲而別有理也」；「欲」以「理」爲「體」，「理」是「欲」之「體」，此「體」是「主宰之體義」。〔註25〕換言

是「性」之兩端分說，並無層次上的差別。「理」和「欲」是辯證的統一在「性」概念之上。至於「理」和「欲」可說是「性」的「感性原則」與「理性原則」，這點則筆者無異議。

〔註19〕見《張子正蒙注》卷三〈誠明篇〉，第128頁。
〔註20〕見《張子正蒙注》，第86頁。
〔註21〕見《張子正蒙注》，第91頁。
〔註22〕見《讀四書大全說》卷八，第911頁。
〔註23〕見《讀四書大全說》卷六，第799頁。
〔註24〕見《春秋家說》卷上〈桓公〉，第120頁。
〔註25〕林安梧師說：「生則包括『理、欲』兩端，這是兩端『互爲體』。所謂『互爲體』是『理以欲爲體』、『欲以理爲體』。『理以欲爲體』，則理爲用，理通過欲而表現其自己，此時，欲之爲體是『端體之體』，而理之用則是『大用之用』。『欲以理爲體』，則欲爲用，欲須得理體之規範而使其用毫不爽失，此時理之

之，船山所謂的「理」與「欲」互體之義，其意旨是「理」為「欲」的「主宰之體」，而「欲」為顯「理」之「端體」。〔註26〕若合著（5）則來說，「欲」以「理」為主宰而依「理」而行之，則「人欲」即可視之為「天理」，船山認為聖人不能無「欲」，只是聖人之欲與凡夫之欲最大的不同之處，乃在於聖人之欲合於天理之欲。〔註27〕而這也就表示：在船山看來，「欲」亦非不善，所謂的「理」只是「欲」之發用如其自身之「理」，而所謂的「人欲」則只是「欲」之失其「理」，不能如其「理」而行之。〔註28〕「天理」與「人欲」之區別，只是「性」之發用時不同之狀態，「性」之如其自己者，即是「天理」；「性」之發用之不如其自己者，即是「人欲」，並非「天理」自是「天理」，而「欲」則自是「欲」，將「理」與「欲」打成橛，〔註29〕故船山說：「然而天理人欲同行異情。異情者異以變化之幾，同行者同於形色之實，則非彼所能知也。」〔註30〕從「理」與「欲」之同行而異情之說來看，「理」與「欲」可說是人之

為體是就『主宰之理』，具有規範作用而說的體，欲之用則是依循主宰之理的規範而行之無違的用。用孟子『大體、小體』的區分來說，仁義禮智之理是『大體之體』，而聲色臭味之欲是『小體之體』。『大體』必得通過『小體』才能使此『大體之用』落實，『小體』必得承『大體』之規範，如此『小體之用』才不會爽失。」見林安梧《人性史哲學的核心論題》，第107頁。

〔註26〕關於此一看法，林安梧師說：「所謂『互為體』是『理以欲為體』、『欲以理為體』。『理以欲為體』，則理為用，理通過欲而表現其自己，此時，欲之為體是『端體之體』，而理之用則是『大用之用』。『欲以理為體』，則欲為用，欲須得理體之規範而使其用毫不爽失，此時理之為體是就『主宰之理』，具有規範作用而說的體，欲之用則是依循主宰之理的規範而行之無違的用。」見林安梧〈重返王船山：以「理欲合一論」為核心的展開〉收錄於《王船山學術研討會論文集》，第157～158頁。

〔註27〕船山說：「若聖人，則欲即理也。」見《讀四書大全說》，第637頁。又說：「聖人有欲，其欲即天之理。天無欲，其理即人之欲。學者有理有欲，理盡則合人之欲，欲推即合天之理。於此可見，人欲之各得，即天理之大同；天理之大同，無人欲之或異。」見《船山全書》第六冊《讀四書大全說》卷四〈論語‧里仁篇〉，第639頁。

〔註28〕船山曾有個有趣而生動例子，那就是孔子是一個有大欲者。船山說：「孔子曰：『吾其為東周乎』，抑豈不有大欲存焉？」又說：「若志欲如此，則從此做去以底於成功，聖賢亦不廢也。」見《船山全書》第六冊，《讀四書大全說》，第898頁。

〔註29〕張立文先生說：「他把人的飲食男女的生理欲望的普遍需求作為欲的內涵，這種大欲是人們共同的、一般的欲望，而不是個別的人或小人的欲求。既然是人人的共同的欲求，就具有自的合理性，因此，欲並不就是非理。」見張立文《正學與開新》，第386頁。

〔註30〕見《周易外傳》卷一〈屯〉，第837頁。船山此說實亦可謂為「同體而異用，

「性」的兩端分說，說其同行是指「理」與「欲」皆是「性」之發用；說其異情則指「天理」乃「性」之作用如其自己，而「人欲」即是性之作用不如其自己。茲以圖示於下

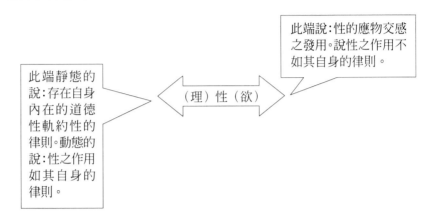

此端靜態的說:存在自身內在的道德性軌約性的律則。動態的說:性之作用如其自身的律則。

（理）性（欲）

此端說:性的應物交感之發用。說性之作用不如其自身的律則。

船山以「欲」之得其「理」的調節利導，而能恰如其分各得其所，欲求之有其條理，即是「天理」的在場方式，是道德法則於時空經驗界中的呈現。〔註31〕筆者認為，這就有別於康德的道德哲學。在康德學那裏，定然律令（道德原則、實踐法則）不能從人性底特殊屬性、性癖、性好、經驗而被推演出，感性的特殊的生理需求，不能從道德法則或是道德法則自身的呈顯。這也就是說，康德認為凡是涉及經驗的事物者，皆必須被排除；因為如果單獨理性以其自身決定行為，則它必須必然地先驗地如此決定之。〔註32〕若以康德學

〔註31〕同行而異情」的「理欲」觀。

〔註31〕「理」需通過「欲」以實現的觀點，若借用舍勒的說法:「較高級的存在和價值範疇天生就是孱弱的，它只能通過低級的存在形式來實現自己。」見舍勒《人在宇宙中的位置》，第 51 頁。抽象性的法則概念，其自身無法提供實現的具體與料。然而舍勒與船山不同之處則在於，在舍勒那裏抽象理性的概念有著較高級的位置，而存在形式則是處於較低級的位置，而在船山那裏卻是「抽象的概念」和具體實現的與料，是辯證的統一於「存在形式」。此二者，並非高級與低級之別，而是同一層級的兩端分說。

〔註32〕康德說:「我們必不允許我們自己去想從人性底特殊屬性中推演出這原則底真實性。因為義務須是行動底一種實踐的、無條件的必然性；因此它必須在一切理性存有上皆能成立皆有效（這一切理性存有是一律令所能應用於他們身上者），而亦只為此故，它始亦能對一切人類意志而為一法則。反之，凡是從人類之特殊的自然的特徵中繹出來的，從某種情感和性癖中繹出來的，不，如其可能，甚至從適當於人類理性的任何特殊傾向，而這特殊傾向不必然在每一理性存有底意志上皆有效，從此中繹出來的，這雖誠可供給我們

和船山學相較，康德學凸顯了理性與道德法則的莊嚴性與絕對的純粹性，船山學則隱含著對人自然的生理感性欲求的自我療癒，此自我療癒的可能性即來自於人性是「理」與「欲」辯證的綜合。〔註33〕

第三節　欲求的「公共性」與「個殊性」

　　植基於前文之論述，可知，在船山學那裏存在之「性」，具備「理」與「欲」兩端，此中「理」以「欲」爲「體」；而「欲」以「理」爲「體」，故船山謂「合兩者而互爲體也」。所謂「理以欲爲體」是指「理」需通過「欲」以實現其自己，而「欲以理爲體」，則指「欲」需有「理」的軌約方能得其宜。「理」以「欲」爲「體」，「欲」是「理」之「體」，此「體」是「顯體」義之「端體」；而「欲」以「理」爲「體」，「理」是「欲」之「體」，此「體」是「主宰之體」義。「理」和「欲」是對比辯證的統一於「性」概念之上。在此脈絡之下「理」與「欲」可說是「合一」的，「理」不能離「欲」而獨存，而「欲」亦不能不有其「理」。進一步的說，「理」是「欲」之「理」，而「欲」是「理」之「欲」，故而可謂之爲「同體而異用」，「同行而異情」。在「自然生理感官之需求」與「道德法則」統一的思維之下，道實踐修養工夫要對治的對象便不再是「欲」，而是流於一己之私的欲求與失理之節制、利導之「私欲」、「淫欲」。〔註34〕如此，「理」和「欲」的視域便在於「欲」之「公」和「私」之上，而不再是自然生理的感官需求如何排除的問題，〔註35〕船山說：

　　　　以格準，但卻不能供給我們以法則；可供給我們以主觀原則，依此主觀原則，我們可以隨一性癖和性好以行，但卻不能供給後以客觀原則。」見康德著，牟宗三譯註《康德的道德哲學‧道德底形上學之基本原則》，第60～61頁。

〔註33〕船山說：「而氣之受成於理，爲順爲逆，爲舒爲促，爲有可變救，爲無可變救，直似明醫人又曾自療過己身此病來，及看人此病，斷不浪憂浪喜，而所以施之藥石者，一無妄投。」見《船山全書》第六冊，第550頁。船山又說：「奉此大公無私之天理以自治，則私己之心，淨盡無餘，亦可見矣。夫子於此，直從天理人欲，輕重、淺深、內外、標本上，揀著此兩項，以驗顏子克己之功至密至熟，發現不差者而稱之。」見《讀四書大全說》，第669頁。

〔註34〕林安梧師：「船山警惕到宋明儒一直爭辯不休的『天理』、『人欲』的問題。應一變而爲『公理』、『私欲』的問題，蓋『天理』不與『人欲』相對，惟『公理』和『私欲』才是相對。」見見林安梧〈重返王船山：以「理欲合一論」爲核心的展開〉，收錄於《王船山學術研討會論文集》，第162頁。

〔註35〕船山認爲窒欲與減欲乃是衰世處變的作法，並非常道健康的作法，船山說：「損者，衰世之卦也。處其變矣，而後懲窒之事起焉。」見《船山全書》第一冊，

（1）夫在物者天理也，在己者私欲也。於其因於己而亦順於天理之公，則克己之功，固蔑以加矣。〔註36〕

（2）謂私欲曰己，須是自己心意上發出不好底來。瞥然視，泛然聽，率爾一言，偶爾一動，此豈先有不正之心以必爲此哉？然因視聽而引吾耳目，因言動而失吾樞機，則己私遂因以成，而爲禮之蠹矣。〔註37〕

（3）然此耳目口體之或與非禮相取者，亦終非其心之所不欲，則以私欲離乎心君而因緣於形氣者，雖無根而猶爲浮動。夫苟爲形氣之所類附，則亦不可不謂之己矣。〔註38〕

（4）人欲者，爲耳目體所蔽，而窒其天理者也。耳困於聲，目困於色，口困於味，體困於安，心之靈且從之而困於一物，得則見美，失則見惡，是非之准，吉凶之感，在眉睫而不知；此物大而我小，下愚之所以陷溺也。〔註39〕

上文所引船山之語，第（1）、（2）、（3）、（4）等四則指出，所謂的「私欲」是指在己者，而所謂的「在己」者並非是指人所具的自然生理欲求，而是己意之不好者。而所謂不好的判斷標準則在於「天理」。這也就是說，不合於天理規約之窒其天理的欲求，即是「私欲」，而「私欲」即是有限特殊性而非普遍的欲求。如此一來，很顯然的是，在船山學那裏，「欲」有普遍性與特殊有限性，其並非如康德般視所有的經驗都是特殊有限的，因之凡是經驗的都不能提供必然性或定然性，因之凡時空經驗下的任何感性傾向，皆不能成爲道德的定然律令，不能供給我們客觀的法則性。然而從船山之說看來，船山並非認爲我們可從特殊而無普遍性的生理欲求中，尋繹出天理。船山認爲具有普遍性、公共性之「欲」，我們才能從其中尋繹出道德的法則性。〔註

第 925 頁。又說：「地絕天而柔制剛，虧減之歸，人道以息。」見《船山全書》第一冊，第 924 頁。船山認爲窒欲與滅欲終將使人的主體性精神摧毀，使得天地人我各自孤立而斷裂。

〔註36〕見《讀四書大全說》卷五，第 668 頁。

〔註37〕見《讀四書大全說》卷六，第 771 頁。

〔註38〕見《讀四書大全說》卷六，第 771 頁。

〔註39〕見《張子正蒙注》卷四〈大心篇〉，第 152 頁。

〔註40〕陳贇說：「由於在王船山裏兼攝性情意知，所以，心的同然性就可以是情的公共性、意的公共性、欲的同然性等等，而知情意的活動始終伴隨著欲求的因素，這樣，天理就不再與欲求對立，而欲求之公共者本身就是天理在場的形

40〕因爲特殊有限的「私欲」是離於天君而緣於形氣者，是不如天理者，因此當然無法從其中得見道德理性。然而具有公共性的欲求，在理欲辯證性的統一結構之下，「理」與「欲」彼此是一整體，是相互關係相互作用而又相互影響，故能說「公欲」即「天理」，而能將之視爲道德法則之自己與實現，故船山說：

（1）天下之公欲，即理也；人人之獨得，即公也。道本可達，大人體道，故無所不可達之於天下。〔註41〕

（2）天理原不捨人欲而別爲體，則當其始而遽爲禁抑，則且絕人情而未得天理之正，必有非所止而強止之患。〔註42〕

（3）嗜欲之所興，即天理之所自出。〔註43〕

（4）隨處見人欲，即隨處見天理。〔註44〕

（5）聲色、臭味、父子、君臣、賓主、賢愚，皆天理之所顯現而流行，非空之而別有天地也。〔註45〕

（6）人欲之大公，即天理之至正矣。〔註46〕

可見在船山學那裏，眞正的道德理性是不能與感性割裂。道德理性與感性欲求是存在的眞實內容。更進一步的說，沒有感性的欲求，則道德理性並不能存在，因爲感性欲求實是出於「天理」，「天理」亦非捨感性欲求而獨立自存。康德學與船山學對於繫屬於經驗存在之「欲」的態度之所以會有如此的不同，實乃因康德學中的「理」和「欲」是對立的二概念，道德定然律令只能是純粹先驗理性的，凡屬於時空經驗之個人特殊嗜欲，皆無法爲道德提供定然性法則。而在船山學那裏，「理」和「欲」是辯證性的結構，道德理性是一在時空經驗場中的在場存在，其具體的作用即是「欲」。「天理」雖是在場的存在者，但由於自身的原初狀態是隱微未出席的，「天理」只能在自身的作用中出場，而「天理」自身的作用即是「欲」。故如其自身之理的「欲」求，實即是「天理」之自己，實即是在場之道德法則律令的實現出場。〔註47〕「欲」之

態。」見陳贇《回歸眞實的存在》，第342頁。

〔註41〕見《船山全書》第十二冊《張子正蒙注》卷四〈中正篇〉，第191頁。

〔註42〕見《船山全書》第一冊，第413～414頁。

〔註43〕見《船山全書》第十二冊，第366頁。

〔註44〕見《船山全書》第六冊，第912頁。

〔註45〕見《船山全書》第十二冊，第369頁。

〔註46〕見《船山全書》第七冊，第137頁。

〔註47〕船山說：「凡諸聲色臭味，皆理之所顯。非理，則何以知其或公或私，或得或

合其自身的律則者即是「天理」，「欲」之具公共性、普遍性者即是「公欲」，「欲」之無節制而失其理者即是「私欲」、「人欲」。如此「理」和「欲」的視域，便從「存天理」去「人欲」轉向公私誠偽之辨，〔註48〕與欲求的調節與遏制，〔註49〕船山說：

（1）有先遏欲以存理者，則不爲惡色好言所蔽，乃可進而思明與聰。
　　　其先存理以遏欲者則惟思明而明，思聰而聰，而後惡色奸言不得
　　　而欺蔽之。〔註50〕

（2）遏欲之功在辨，存理之功在思，遠惡色，拒奸言，辨之事也，非
　　　思也。〔註51〕

（3）去蔽者，遏欲者也，辨之明也。主一者，存理者也，思之慎也。
　　　　〔註52〕

第（1）則認爲，道德的實踐進路有「遏欲以存理」，和「存理以遏欲」兩條進路。所謂的「遏欲以存理」之進路，是指去除感性的欲求對於道德理性的蒙蔽，故（3）則說「去蔽」即是「遏欲」。人能去除物欲之蒙蔽理性心，則智心便能爲之澄明，這是通過去蔽的實踐進路以得其心智的明聰，可說是「以

失？故夫子曰：『爲國以禮。』禮者，天理之節文也。識得此禮，則兵農禮樂無非天理流行處。故曰：『子路若達，卻便是者氣象。』倘須淨人欲，而後天理流行，則但帶兵農禮樂一切功利事，便於天理窒礙。」見《讀四書大全說》卷六，第763頁。

〔註48〕船山說：「天理、人欲，只爭公私誠偽。如兵農禮樂，亦可天理，亦可人欲，春風沂水，亦可天理，亦可人欲。才落機處即偽，夫人何樂乎爲偽，則亦爲己私計而已矣。」見《讀四書大全說》卷六〈論語·先進篇〉，第763頁。又說：「天理一味流行，人欲永無侵染。此邪正之分，誠偽之界，恒與無恒之所自別。」見《讀四書大全說》卷六，第770頁。

〔註49〕陳贇說：「在這裡，人欲這種表達已經獲得了其狹義的規定，這就是私己性的欲求。私己的欲求不同於個體的欲求，『個體的』欲求仍然可以是公共的，但也可以是私己的，因此，個體的欲求是一個斷定，一個包含著態度、主張等的判定。一種虛假的存在狀態（偽）只能是私己的，偽是私的客觀化實體形態，私則是偽的靈魂。當在偽之外的欲求（偽的目的）以偽的形式出現時，這一點已經表明，處在偽中的主體，從內心已經知道他所用來達到的目的不是公共性的東西，因此，是自己私人的欲求，必爲他人所不允許。」見陳贇《回歸真實的存在》，第348～349頁。

〔註50〕見《船山全書》第六冊，《讀四書大全說》卷七，〈論語·季氏篇〉，第853頁。

〔註51〕見《讀四書大全說》卷七，第853頁。

〔註52〕船山說：「勝欲者，理也，非勢之能也。……奉理以治欲，而不動於惡。」見《船山全書》第六冊，《讀四書大全說》卷七，〈論語·季氏篇〉，第854頁。

欲從理」的實踐方式；而「存理以遏欲」則是以智心去除障蔽，這是通過心智明聰的觀照以去蔽的實踐進路，是「以理化欲」的實踐方式。以智心的觀照使惡色奸言不能遮，故著重在智心之明聰；以去蔽而得其智心的澄明，故其著重分辨能造成障蔽之因。〔註53〕因此可關聯著（2）則而說「遏欲之功」在「辨」，而「存理之功」在「思」。在船山看來，對治人欲的方式，「思」與「辨」，「存理」與「遏欲」是不可偏廢。〔註54〕而這同時也說明，所謂的「遏欲」並非禁欲，而是排除「欲」對人理性所產生的遮障。吾人不可因著船山說「遏欲」，便誤認爲船山主張「禁欲」或「去欲」。

第四節　小　結

　　由於人是由「氣」所形構的，而「氣」是「理氣」對比辯證性的統一體，人秉此「理氣合一」之「氣」而得成爲具體而眞實的存在。人此一存在在船山那裏，是「理欲」對比辯證性的統一體，人一方面具「理」，一方面具「欲」，「理」與「欲」是不可分的。「理」是就人的存身內在的道德律則而言之，「欲」則就存在面對生活世界時所產生的感性希求。「理」通過「欲」而得其具體的內容與眞實性，而「欲」有「理」以爲軌約方能得其貞定。「理」是「欲」之「理」；「欲」是「理」之「欲」，「理與欲」是辯證性的統一，「理」與「欲」是不二的。〔註55〕因此，船山認爲健康的道德實踐修養工夫，不應當是去「欲」而當是存「理」，因爲「欲」不可去，「理」必存於「欲」，「理與欲」是合一而不二。所謂的「存天理」即並非是「去欲」，而是去「私欲」，「私欲」的排

〔註53〕張立文先生認爲「遏欲以存理」是先制止欲而達存理的進路，這種進路不會爲惡色奸言所蒙蔽，就可進而存理。而「存理以遏欲」則是先存理而後制止私欲的進路，這種進路就思明思聰而明聰，達到明明德，也不會受惡色奸言的欺騙蒙蔽。見張立文《正學與開新》，第389頁。

〔註54〕陳贇說：「在船山那裏，以欲從理和以理化欲代表了兩種相互關聯但又不同的實踐方式，這就是『遏欲』和『存理』，兩者之間并非彼此隔絕，而是相互共存、相互支持。」見陳贇《回歸眞實的存在》，第354頁。

〔註55〕林安梧師說：「人一方面可諦知『理』爲何物，一方面亦可憑藉其官能——『欲』而開展此『理』。『理、欲』二者是不可分的，『理』偏在恒常不變之原則說上說，『欲』則偏在變動不居之應機而顯的功能上說，『理』必得經由『欲』才得開顯，欲必得理之指導方不致失所歸矣！就『欲』之所以能開展『理』而言，乃因『欲』即『理氣』之所產，『欲』具有開展之能力，即此開展即隱含有『理』。值得注意的是，『理、欲』二端辯證的相涵，但實又以『理』爲主軸。」見《王船山人性史哲學之研究》，第130頁。

除才是聖學存天理之道。〔註56〕

　　船山認爲天理與人欲是一不是二，天理流行處即是人欲流行處，並不需去除人欲才是天理，而是去除私己之欲即是天理，能知此中之差異才眞是「深有所得於天理人欲之大辨」，〔註57〕故船山曰：「只理便謂之天，只欲便謂之人。饑則食、寒則衣，天也。食各有所甘，衣亦各有所好，人也。」〔註58〕很顯然的在船山學那裏「理」與「欲」的問題，其視域是在「公」「私」之辨，而所謂的「公」是指具普遍性，具有公共性的；而「私」則是「過」「淫」而無節者，這是沒有普遍性的，只具有個體性的特殊需求。船山視具有普遍性或公共性之「欲」爲「公欲」而即是「天理」之具體實現，視特殊而又失去理之節制與軌約之「欲」爲「私欲」，只此「私欲」才是道德修養工夫所欲排除的對象。船山在「理」與「欲」是辯證性綜合的統一於「性」的架構之下，故能肯定具普遍性之自然的感性經驗之需求，能如其理之調節適當即是「公欲」即是「天理」。如此一來，「理」與「欲」在自身的同一性的基礎之上，「欲」不僅不是對治的對象，而且有其根本的無法去除性；同時，「理」亦非僅是一純粹抽象的法則性，是具體存在於時空經驗中的在場者，其對於「欲」的軌約，並非是靜態的法則約束動態的意念作用之型態，而若借用禪宗的概念它是「作用是性」的型態，可說是存在（作用）即合理的型態，作用者與軌約者是自身的同一，「理」與「欲」實是相互詮釋而又相互創造。「欲」之如其自身之理，實即是「欲」創造的詮釋「理」；而「理」之軌約「欲」即是「理」對於「欲」的創造與詮釋。〔註59〕

〔註56〕船山說：「注言『無私欲而有其德』，究在『有其德』三字上顯出聖學。……
　　　　孔顏之學，見於《六經》、《四書》者，大要在存天理。何曾只把這人欲做蛇
　　　　蝎來治，必要與他一刀兩斷，千死方休。」見《船山全書》第六冊，第 673
　　　　頁。
〔註57〕見《四書訓義》卷十〈論語・雍也篇〉，第442頁。
〔註58〕見《讀四書大全說》卷四〈論語・里仁篇〉，第639頁。
〔註59〕唐君毅先生說：「欲在船山，亦非不善。天生人而有欲，欲暢遂其生。飲食男
　　　　女之欲，皆所以暢遂其生。故天之生人而使人有欲之理，即天之生人生物之
　　　　理，乃天之善之流行。天所以使人有欲之理，善也。聖人之所以推其欲，以
　　　　遂人之欲，即所以盡其所受於天之此理，以定現此理，而盡天之理，亦善也。
　　　　聖人之所以自節其欲，而推其欲，乃所以自盡其理而爲善。自盡其理之事，
　　　　即在遂人之欲上。知人之有欲，則由其自己之有欲；而其有欲之根據，則在
　　　　天之理之善上。故理欲似相反而寔相成。故自天而觀，人之所以有欲之根據
　　　　爲善，人之有欲，即不得爲不善。自人而觀，則有欲而能推欲而盡理。盡理

　　而這就顯示出，船山學視人之存在，並不單僅是理性的存在，同時也是感性的存在；而且是「理性與感性」之辯證性的綜合存在。人作為一個在場的存在（此在），不只是一主體性的存在，同時也是本體性的存在，是即本體即主體，即主體即本體之辯證的綜合。在此思維之下「個體性」與「公共性」，是彼此關聯而又交互作用相互影響，「個體性」在「公共性」的軌約下得以圓足，而「公共性」也唯有在「個體性」得到圓足的保障，才能得其存在的真實性。換言之，「公共利益」與「個人利益」便再也不是相互對立相互矛盾衝突的。相反的，「個人的利益」在「公共利益」軌範之下便得以保障地圓足；而「公共利益」亦在「個人的利益」被保障地圓足之下，才能得其具體的真實性。〔註60〕

　　也由「理」和「欲」的視域，便從「存天理」去「人欲」轉向公私誠偽之辨，與欲求的調節與遏制，因此道德實踐的工夫便不再是去人欲而是「存理」與「遏欲」。此中「存理」是著重在以道德理性的關照以除蔽；而「遏欲」則著重在先除蔽以恢復智心的明聰。

以得善，則欲固可合理而顯性、而為善，則欲之本身無所謂不善。然欲亦可不合理、不顯性而不善，故亦不可謂欲上即有善也。」見《中國哲學原論・原教篇》，第 575 頁。

〔註60〕林安梧師說：「我們可以發現船山的『理欲合一論』，頗不同於宋明理學家如程、朱、陸、王等的論點。他所著重的不是一超越的形式性原則，亦不是道德主體的能動性，也不是自然的氣欲所成的材質性原則。他將超越的形式性原則的『理』與自然氣欲的才質性原則的『欲』綰合成一個整體，這樣的整體可以說是在長遠的歷史發展過程中形成的，是在複雜的社會總體中養成的，是在活潑潑的生活世界中長養而成的。換言之，船山雖然重視人，但人之為人並不是一道德理性的理體般的存在，而是一『活生生的實存而有』，是一有血有肉的，有情感、情緒，有思想，有意志的一個存在，這樣的存在其核心雖亦可名之曰『心』，但這樣的『心』是與『身』關聯成一個整體的『心』，而不是只從『先驗義』去說的『道德本心』。『理』之為『理』，不是用來管束『欲』的規範，而是使得『欲』能夠暢達乎道的引導性原則。『欲』之為『欲』亦不是被動的為理所管束的存在，而是做為理之為理得以落實下來的發生性的力量。船山特別指出的『理』、『欲』之分不是一般的、空泛的說的『天理』與『人欲』的區別，而是『公理』與『私欲』的分別。這樣的分辨意味著船山以意識道『公共領域』或者說『社會總體』與『理、欲』這一對概念有密切的關聯。」見林安梧〈重返王船山：以「理欲合一論」為核心的展開〉，收錄於《王船山學術研討會論文集》，第 163〜164 頁。

第八章 「理」與「勢」：存在的 「規律性」與「可變異性」

　　在船山學那裏，「理」是「事」之「理」，而「事」是「理」之「事」，「理」與「事」的結構，實是辯證性的綜合結構，故船山謂：「理者，物之固然，事之所以然也。」〔註 1〕又謂：「萬物皆有固然之用，萬事皆有當然之則，所謂理也。」。〔註 2〕由於「理」是「事」之「理」，「理」與「事」不可分，「理」不可見而「事」可見。因此，船山主張「理則在事與物矣」，欲知「理」則需「即事以窮理」。〔註 3〕由於「事」之所積即能發展而成為一種趨「勢」，如此「理」與「事」不二的關係，實即可開展為「理」與「勢」不二的關係。

第一節　天的自然創造性與人的詮釋創造性

　　關於「理」與「勢」的問題，在船山看來所謂的「勢」是就事物發展狀態之強弱而言，而「理」則是指「勢」之所以然與所發展的方向。故船山說：「強弱之分者，勢也；勢之順以趨者，理也。」〔註 4〕船山認為「理」與「勢」是不可割裂為二，船山說：「理勢不可以兩截溝分。」〔註 5〕因為在船山看

〔註 1〕見《張子正蒙注》卷五〈至當篇〉，第 194 頁。「理」是「事」之所以然的根據。

〔註 2〕見《四書訓義》卷八〈論語・里仁第四〉，第 377 頁。

〔註 3〕見《續春秋左氏傳博議》卷下〈士文伯論日食〉，第 586 頁。

〔註 4〕見《尚書引義》卷五〈立政周官〉，第 397 頁。

〔註 5〕見《讀四書大全說》卷九〈孟子・離婁上〉，第 992 頁。

來，「理」與「勢」是辯證性的綜合結構，「理」是「勢」之「理」，而「勢」是「理」之「勢」，故船山說：「言理勢者，猶言理之勢也。」〔註6〕又說：「理之所必有，勢之所必致也。」〔註7〕林安梧師說：「所說的『言理勢者，猶言理之勢也』實含有兩層意思，一是對列的說，一是統屬的說；對列的說，理與勢是辯證的兩端，而統屬的說，勢必辯證的歸結於貞一之理。貞一之理是辯證兩端的起點，同時是辯證兩端的終點。」〔註8〕由於船山認爲「理」與「勢」是辯證性的兩端，是既對比而又統一，故船山說：「總將理勢作一合說」，〔註9〕又說：「勢字精微，理字廣大，合而名之曰天。」〔註10〕於此欲說明的是，所謂「理」與「勢」合名之爲「天」，其意義乃在於「天」是「理」與「勢」辯證性的統一體；而「理」與「勢」是「天」之兩端分說。此中「天」是就存有根源處上立說，而「理」與「勢」則就指存有的根源之作用處上立說。這也就是說，「天」是通過「理」與「勢」而開顯其自己，在「天」的運動變化之中顯出運行的創造變化有條理亦有其定然之方向。此中「理」是指「天」運行時有其內在之律則（貞一之理），而「勢」則是指「天」之運行之有其條理而顯出其有特定之趨向，〔註11〕故船山說：

（1）理當然而然，則成乎勢矣。〔註12〕

〔註6〕見《讀四書大全說》卷九〈孟子·離婁上〉，第992頁。

〔註7〕見《宋論》卷十〈高宗〉，第252頁。

〔註8〕見林安梧《王船山人性史哲學之研究》，第121頁。

〔註9〕見《讀四書大全說》卷九〈孟子·離婁上〉，第993頁。

〔註10〕見《讀四書大全說》卷九〈孟子·離婁上〉，第993頁。

〔註11〕不過林安梧師卻認爲「理」是「貞一理」，而「勢」則是「相乘之機」，林安梧師說：「換言之，天以『理勢』而開顯其自己，而『理』『勢』二者又與『貞一之理』『相乘之幾』二者相應，因所謂的『理』即是貞一之理，即是貞定爲一永恒不變之至理，所謂的『勢』即是相乘之幾，即是此貞一之理之開顯的過程。顯然的，順著船山『兩端而一致』的思維模式，可知『貞一之理』是就統整的『主宰』言，它說明了此理是貞定不變的，是永恒如一的；……大體來說，船山於此分兩層說，一是就天之在其自己（Heaven in Himself）說，此時是『貞一之理』，而若就『天』之開展來說，則『貞一之理』隨『相乘之機』而各依其勢，各如其理。換言之，『相乘之幾』乃是天道開展的動力，天道必得開展，由其開展之幾而起一『相乘』之作用，所謂『相乘』指的是『因此而彼，因彼而此』的意思，此即所謂『辯證的兩端』，由此辯證的兩端而開啓了『理與勢』。換言之，開展於人間世『理勢』的兩端，此『兩端』辯證的綜合爲『一致』，此『一致』即是『貞一之理』。」見《王船山人性史哲學之研究》，第120～121頁。

〔註12〕見《讀四書大全說》卷九〈孟子·離婁上〉，第990頁。

（2）《集注》云「理勢之當然」，勢之當然者，又豈非理哉！〔註13〕

（3）勢，既然而不得不然，則即此爲理矣。〔註14〕

（4）理與氣不相離，而勢因理成。〔註15〕

（5）惟因理以得勢。〔註16〕

（6）迨已得理，則自然成勢。〔註17〕

（1）則指出「理」當然而然，則成乎「勢」矣。所謂的「勢」是「當然而然」之所成，其意指「勢」是「理」從「應然」而成爲「實」，這就意味著「勢」是「理」之具體實現，陳贇曾指出說：「歷史之理是一個與行動密切關係在一起的實踐哲學範疇。……在歷史現實踐程之外，並沒有必然的歷史之理，歷史本身的秩序與必然性並不能在歷史現實性之外被發現，它始終不能游離於實際的歷史進程——歷史之勢。換言之，政治歷史秩序是理勢合一或者說理勢相互作用的結果。」〔註18〕又說：「從另一個方面說，勢並非某種源於主體的預定觀念，抽象理論的實施或具體化，也不是具種邏輯性的東西的展形形式。所以，作爲歷史現實性的『勢』就是歷史本身的客觀性的表現。」〔註19〕「勢」是「理」之具體實現，這就表示著凡成爲「勢」的皆有其合理性。〔註20〕換言之，天道的運行在船山看來可說是自然的而有條理的。由於「理」是「勢」之「理」，而「勢」是「理」之「勢」，故知「理」與「勢」是辯證的綜合而不可分，故可關

〔註13〕見《讀四書大全說》卷九〈孟子・離婁上〉，第 990 頁。

〔註14〕見《讀四書大全說》卷九〈孟子・離婁上〉，第 990 頁。故而可說：「因勢以成衡理。」見《宋論》卷十〈高宗〉，第 228 頁。又說：「只在勢之必然處見理。」見《讀四書大全說》卷九〈孟子・離婁上〉，第 992 頁。

〔註15〕見《讀四書大全說》卷九〈孟子・離婁上〉，第 992 頁。故船山說：「理外無勢也。」見《尚書引義》卷四〈武成〉，第 336 頁。

〔註16〕見《尚書引義》卷四〈武成〉，第 336 頁。

〔註17〕見《讀四書大全說》卷九〈孟子・離婁上〉，第 992 頁。

〔註18〕見陳贇《回歸眞實的存在》，第 449 頁。

〔註19〕見陳贇《回歸眞實的存在》，第 448 頁。

〔註20〕關於存在有其合理性，林安梧師認爲此需經由「歷史的理解」方能確知，林安梧師說：「故雖『無道』仍『有理』，此即所謂『無道之理』，此即『凡是存在的都是合理的』，而筆者以爲此必得經由一『歷史的理解』方能諦知此眞象。前者（有道之理）顯道德實踐的莊嚴，而後者則顯歷史辯證的詭譎。這種歷史辯證的詭譎，頗似 Hegel 所謂的「Cunning of Reason」。船山論秦始皇之廢封建行郡縣，正是天假其私以行其大公」，而此正如 Hegel 之認爲凱撒之英雄式的情欲生命正爲絕對精神（理性）的開展服務了。」見林安梧《王船山人性史哲學之研究》，第 123 頁。

聯著（2）與（3）則而說「勢」之當然者即是「理」，因為「勢」是由依因於「理」，凡「勢」皆有其「理」所謂「因理以得勢」。是以（4）則與（5）則和（6）認為「勢」因「理」成，已得理，則勢自成。在「勢」由「理」成而「理」與「勢」不二的思維脈絡之下，是故船山有「理之順即勢之便也。」〔註21〕「勢之順者，即理之當然者已。」〔註22〕更進一步的以「理」之「順」、「逆」說「勢」之「順」、「逆」，船山說：

（1）勢者事之所因，事者勢之所就，故離事無理，離理無勢。勢之難易，理之順逆為之也。理順斯勢順矣，理逆斯勢逆矣。〔註23〕

（2）順逆者，理也，理所制者，道也；可否者，事也，事所成者，勢也。以其順成其可，以其逆成其否，理成勢者也。循其可則順，用其否則逆，勢成理者也。故善取者慮民，通乎理矣；其慮國，通乎勢矣。〔註24〕

上文所引之第（1）則，說明了「勢」之難易，是「理」之「順逆」所為之也。「理」「順」斯「勢」「順」矣，「理」「逆」斯「勢」「逆」矣。以「理」之「順」和「理」之「逆」說「勢」，這就表示「勢」是「理」之「勢」，而「理」是「勢」之「理」，因此而可說「離理無勢」，由於「理」是「事」物的所以然之則，而「事」是「理」之事，「事」是「理」具體存在處。那麼從語言的邏輯分析來看，當說「勢」是「理」之「勢」，則亦可說「勢」是「事」的所以然之因；而「事」同時即是「勢」之具體實現處。如此便可說「勢」者事之所因，而「事」者「勢」之所就。

於（2）則中所言「理所制者，道也」，此即表示「理」根源於「道」。而「可否者，事也」，這句話說明了「理」之「順」或「逆」表現在「事」上。「事所成者，勢也」，此語表示通過「事」而形成了「勢」。此中「理」與「勢」的關係，船山又將之區分為「理成勢」和「勢成理」等二種關係。〔註25〕在「理事不二」的狀態之中，所謂的「理成勢者」乃是指「勢」的

〔註21〕見《尚書引義》卷四〈武成〉，第335頁。
〔註22〕見《讀四書大全說》卷九·〈孟子·離婁上〉，第991頁。
〔註23〕見《尚書引義》卷四〈武成〉，第335頁。船山舉例說：「大德大賢宜為小德小賢之主，理所當尊，尊無歉也。小德小賢宜聽大德大賢之所役，理所當卑，卑斯安也。而因以成乎天子治方伯、方伯治諸侯、諸侯治卿大夫之勢，勢無不順也。」見《讀四書大全說》卷九〈孟子·離婁上〉，第990頁。
〔註24〕見《詩廣傳》卷三〈小雅〉，第421頁。
〔註25〕林安梧師說：「船山一方面說理之成勢，另方面則又說勢之成理，『理之成勢』

產生實即是「理」所展現，歷史的發展是依照著「理」之順逆以顯事之可否而成其爲「勢」。而所謂的「勢成理」則是指依照著事物的發展狀態，而「循」之「理」，「用」之「理」，此即是「知時以審勢，因勢而求合於理」、〔註26〕「因勢以成衡理」。〔註27〕

很顯然的，船山所說的「勢成理」是從人處在歷史之中，人該扮演何種角色而言之。這是強調了在「理與勢」的關係中，人此一存在面對存在的歷程及其所遇的事件中，人具有其主體的自由，能依著「勢」的不同而選擇適當之「理」以實踐之。而船山所說的「理成勢」則是從「勢」所以生發的根源處上立說，這是強調「理」與「勢」不二，凡存在的或凡發生的必有其「理」。換言之，「理成勢」說明了歷史事件必有其發生的合理性，這也就是說「道」必然具體實踐的創造歷史；而「勢成理」則強調了人具有面對歷史甚至導引歷史走向的可能性能力，這也就是說人能具有參贊歷史、詮釋歷史、創造歷史的能身。〔註28〕也就是說「理成勢」此一命題，是從「天」處說「天之分」；而「勢成理」此一命題，則是從「人」處說「人之分」。在船山看來，人在面

說明了道必得依理而開展於人間世事上，而勢則是道在人間世事上的軌跡，此軌跡自有理在。由『勢之成理』說明了惟有經由人間世事上的軌跡方得尋得其理，進而方得諦知其道。前者是就人之參贊道而造就了歷史來說，後者則就人通過了歷史的理解而得參贊乎道。顯然地，船山雖極有歷史意識但卻不是一平面的歷史主義者，他是一立體通達乎道的歷史人性論者。他一方面照顧到『相乘之機』，但同時也回溯到『貞一之理』。」見林安梧《明清之際：從「主體性」、「意向性」到「歷史性」的一個過程》，第24頁。

〔註26〕見《宋論》卷四〈仁宗〉，第142頁。

〔註27〕見《宋論》卷十〈高宗〉，第228頁。陳贇說：「也即歷史之理並不處於勢之外，只有在勢呈現出來的必然性上面才能獲得理的概念。」見陳贇《回歸真實的存在》，第448頁。

〔註28〕林安梧師曾深具洞見的指出：「道之開展必得經由事而開展……，事有可否，事之所積則成乎『勢』。換言之，講『理』就是道之開展而言其固然如此、如彼的意思，講『勢』是就事之所積而言其趨勢如此如彼的意思，但理勢雖爲二面但卻是一體。就『理之順』而成就『事之可』，就『理之逆』而斷定『事之否』，這是就理往下說，此之謂『理成勢』。如果就『勢之可』而『循之則順』，就『勢之否』而『斷知其逆』，此之謂『勢成理』。由『理之成勢』說明了道必得依理而開展於人間世事上，而勢則是道在人間世事上的軌跡，此軌跡自有理在。由『勢之成理』說明了惟有經由人間世事的軌跡方得尋得其理，進而方得諦知其道。前者是就人之參贊道而造就了歷史來說，後者則就人通過了歷史之理解而得參贊乎道。換言之，理與勢二者乃是辯證的相成關係而其辯證的核心則是人。」見林安梧《王船山人性史哲學之研究》，第124頁。

對天人之關係，居處於歷史發生演進的歷程中，人所應有的態度則當是「順理」，而所謂的「順理」即是「善因乎天」，而「善因乎天」則是因理之自然。故船山說：「順必然之勢者，理也；理之自然者，天也。君子順乎理而善因乎天。」〔註29〕又說：「是故大智者，以理爲勢，以勢從理。」〔註30〕

第二節　歷史理性的詭譎與機巧

　　船山認爲人能通過主體自由去「順理」、「順勢」，「人所有事於天之化，非徒任諸天也」，〔註31〕人具有主體能動性而能溝通「天」與「人」，將「天」與「人」兩端縮合辯證的統一起來，這就有別於維柯（Giambattista Vico，1668～1744）在《新科學》一書中僅視歷史的過程爲天道實踐的一部分，而人卻沒有也不必要天道之實踐有意識，維柯說：「天意監護著人類的歷史，並且通過人類的活動實現自己的目的，而人自己對此卻沒有也不必要擁有清晰的意識。」〔註32〕而較近於黑格爾所說的「理性的機巧」（The Cunning of Reason），〔註33〕黑格爾說：「理性是有機巧的，同時也是有威力的。理性的機巧，一般講來，表現在一種利用工具的活動裏。這種理性的活動一方面讓事物按照它們自己的本性，彼此互相影響，互相削弱，而它自己並不直接干預其過程，但同時卻正好實現了它自己的目的。在這種意義下，天意對於世界和世界過程可以說是具有絕對的機巧。上帝放縱人們縱其特殊情欲，謀其個別利益，但所達到的結果，不是完成他們的意圖，而是完成他的目的，而他的目的與他所利用的人們原來想努力追尋的目的，是大不相同的。」〔註34〕又說：「這一大堆的欲望、興趣和活動，便是『世界精神』爲完成他的目的——使這目的具有意識，並且實現這目的——所用的工具和手段」。〔註35〕觀船山所舉之

〔註29〕見《宋論・哲宗》，第 177 頁。
〔註30〕見《春秋家說》卷上〈桓公〉，第 120 頁。
〔註31〕見《尚書引義》卷四〈洪範〉，第 350 頁。
〔註32〕見維柯《新科學》，第 609 頁。
〔註33〕黑格爾曾說：「那作爲支配機械和化學過程的力量的主觀目的，在這些過程裏讓客觀事物彼此互相消耗，互相揚棄，而它卻超脫其自身於它們之外，但同時又保存其自於它自之內。這就是理性的機巧（Die List der Vernunft）。」見黑格爾《小邏輯》，第 394 頁。
〔註34〕見黑格爾《小邏輯》，第 394～395 頁。
〔註35〕見黑格爾《歷史哲學》，第 26 頁。

秦皇、漢武、唐肅宗之例可知，船山說：

（1）秦以私天下之心而罷侯置守，而天假其私以行其大公，存乎神者之不測，有如是夫。〔註36〕

（2）武帝之始，聞善馬而遠求。騫以此而逢其欲，亦未念及牂柯之可辟在內地也。然因是而貴筑、昆明垂及於今而為冠帶之國，此豈武帝、張騫之意計所及哉？故曰：天牖之也……天之所啟，人為效之，非人之能也。〔註37〕

（3）肅宗亟立，天下乃定歸於一，西收涼隴，北撫朔夏，以身當賊而功不分於他人，諸王諸帥無可挾之功名，以嗣起為亂。天為厭唐，啟裴杜之心，使因私以濟公，未嘗不為唐幸也。〔註38〕

（1）則認為秦始皇之一統六國，乃是出於個人「主觀」的私心，而「客觀」的「天道」則是利用秦始皇主觀的私心，結束了諸侯紛立的局面，建立起廢封建行郡縣的統一大業的「大公」。（2）則指出了，漢武帝派張騫出使西域，本是為了求寶馬，無意間卻促進了東西方的交流。〔註39〕（3）則指出了，唐肅宗自立，是私心，然而上天假其私心而保住大唐社稷。從歷史發展的整體及其影響來看，歷史事件往往不只是歷史事件自身，其自身所帶來的後果及其效應，往往超出了歷史事件本身和人物自己的意圖。在「理」與「事」不二的思維之下，「理」是根源於「天道」，故船山得出了，歷史實即是天假人之手來成就歷史事件，實現天道自身的目的，故船山說：「此天也，非人之所可強也。天欲開之，聖人成之；聖人不作，則假手於時君及智力之士以啟其漸。以一時之利害言之，則病天下；通古今而計之，則利大而聖道以弘。」〔註40〕從「無道」之事有其「道」的目的性來看，實頗顯示出歷史理性的詭譎性及機巧性，故而說船山學對於「天道」與「人」兩端交互作用、相互影響所開展的歷史，船山的觀點實頗似於黑格爾所說的歷史理性的機巧，故賀麟先生曾於〈王船山的歷史哲學〉中指出說：「黑格爾的這一種看法，在王船山的歷史哲學裏，我們只消將黑格爾的理性或上帝換成王船山的天或

〔註36〕見《讀通鑑論》卷一，第68頁。
〔註37〕見《讀通鑑論》卷三，第138頁。
〔註38〕見《讀通鑑論》卷二十三。
〔註39〕雖然在這裏，船山對於張騫求馬的事，與史實有所出入。但這並不礙其對於歷史觀點及其意義的表述。
〔註40〕見《讀通鑑論》卷一，第138頁。

理，便不惟得到印證默契，而且得到解釋和發揮。」〔註41〕

　　不過筆者認爲，這僅能視船山的歷史學頗似於黑格爾的歷史觀點。我們並不可以視船山的歷史學等同於黑格爾的歷史學，因爲很顯然的黑格爾與船山存在著根本的不同。雖然在船山學那裏，世界及其歷史往往因爲歷史理性的機巧，人物與事件往往是天假以行其大公，此看似猶如黑格爾學那般人往往是天道自我實現的工具和手段，但畢竟船山還是認爲：「天不能違乎人，而存亡之理遂因是以立」〔註42〕又說：「人不能違天，而天亦何嘗困人乎？」〔註43〕以及「天亦豈必以我爲匪人之餌，飽彼而使之勿脫於鉤哉？」。〔註44〕很顯然的，船山並不將人視爲天的工具與手段，歷史的理性並不是以人爲自我實現與開展的工具。船山之所以既說天假人之私以行其大公，卻又說人並非是天的工具與手段，這是因爲，在船山學中「天」與「人」乃是一個整體，並非割裂而對立的二端。然而在黑格爾那裏，人雖然能創造歷史，但人的主體性並非是主而是歷史的工具，是絕對精神活動與創造歷史的工具。同時，世界及歷史是絕對精神展現其自身的場域，理性統治著世界與存在的歷史；而在船山學那裏生活世界及其歷史所展現的「理」與「勢」，實即是「道」的自我實現，世界及其歷史實即是「天道」自身的開展。同時，船山在「理」與「事」和「勢」三者的關係結構中，所表示的是「凡存在必有其理」，必有其理並不等同於有目的性、合目的性；而在黑格爾那裏世界及歷史是自然的合目的性，而目的則是根源於上帝或絕對精神、絕對理念、絕對理性。〔註45〕

第三節　古今視域的融合

　　由於船山認爲歷史事件的深刻意義和歷史人物的歷史功績，往往遠超出了歷史事件本身和人物自己的意圖。因此，船山認爲面對歷史的最好態度，

〔註41〕見賀麟《文化與人生》，第267頁。
〔註42〕見《船山全書》第六冊，第909頁。
〔註43〕見《船山全書》第八冊，第431頁。
〔註44〕見《船山全書》第五冊，第618頁。
〔註45〕陳贇說：「一言以蔽之，歷史與人的關係本質上是一種天（理勢合一之謂天）人之辨，在黑格爾那裏，人只是天的載體或體現者，天人關係是單向度的，但是在王船山那裏，天人之間則是一種交互性的關係，天成了人走向眞實存在的「大視域」（great horizon），它並不是對於人而言的異己的力量與存在，而是一種視域。」見陳贇《回歸眞實的存在》，第462頁。

乃是從歷史整體的流變歷程來看待歷史，因爲惟有如此才能「利大而聖道弘」。〔註46〕而這即是船山所謂的「通古成而計之」〔註47〕的大視域，船山說：

（1）天者，合往古來今而成純者也。〔註48〕

（2）今夫天，徹乎古今而一也，周乎六合而一也，通乎畫夜而一也。〔註49〕

關聯著（1）則與（2）則來看，所謂的「合」即是辯證性的融合、交融，這是指歷史視域的交融，也就是船山所說的「通古今而計之」與「徹乎古今而一也」。此種歷史視域之所以是一種辯證性的交融，實是因爲這是一種讀者自身的視域與它者的視域的辯證性綜合，同時也是一種現在的視域與古時的視域的交融與綜合。這樣的視域，在伽達默爾那裏，稱之爲「大視域」，而且是「唯一的大視域」。因爲在伽達默爾看來，所謂「現在」的視域，並非是斬斷過去歷史之積累的孤絕的視域。相反的，「現在的視域」乃是包含著過去歷史的沉積，今天在場而出場者，其背後定然隱蔽著昨天的出場者；同時昨天出場者的背後早已隱蔽著尚未出場的後來事。換言之，「今」隱蔽著「古」，而「古」也隱蔽著「今」。

在此種存有的連續性與整體性的思維脈絡之下，絕對無孤立的視立，只有古今融合的大視域，伽達默爾將稱之爲「唯一的大視域」，伽達默爾說：「當我們的歷史意識置身於各種歷史視域中，這並不意味著走進了一個與我們自身世界毫無關係的異己世界，而是說這些視域共同地形成了自內而運動的大視域，這個大視域超出了現在的界限而包容著我們自我意識的歷史深度。事實上，這也是一種唯一的視域，這個視域包括了所有那些在歷意識中所包含的東西。我們的歷史意識所指向的我們自己的和異己的過去一起構成了這個運動著的視域。」〔註50〕此種「通古今而計之」與「徹乎古今而一也」以及「合古今往來而成純」的大視域，實即是將「古──今」、「有──無」、「死──生」、「先──後」等對比兩端縮合而統一起，是對比兩端之不同視域的交融，故船山說：「以實言之，徹乎今古，通乎死生，貫乎有無，有所謂先後

〔註46〕見《讀通鑑論》卷三，第138頁。
〔註47〕見《讀通鑑論》卷三，第138頁。
〔註48〕見《讀通鑑論》卷三，第138頁。
〔註49〕見《船山全書》第二冊，第330頁。
〔註50〕見〔德〕伽達默爾著，洪漢鼎譯《眞理與方法》，第391頁。

者哉？無先後者天也，先後者人之識力所據也。在我爲先者，在物爲後；在今日爲後者，在他日爲先。」〔註51〕

　　所謂的徹乎古今，通乎死生、貫乎有無，實即是強調人有參與到歷史的傳統之中，強調今人要參與到古人中，這也就是中國哲學傳統所說的「內在的體驗」。此一「內在的體驗」在船山學中，它既是設身處地之參與，同時也是上逐於「道」之「驗之於體」，以及向下具體落實以踐履之的「以體驗之」，船山說：

（1）設身於古之時勢，爲己之所躬逢。研慮於古之謀爲，爲己之所身任。取故人宗社之安危，代爲之憂患，而己之去以即安者在矣。取古昔民情之利病，代爲之斟酌，而今之興利以除害者在矣。得可資，失亦可資也，同可資，異亦可資也。故治之所資，唯在一心，而史特其鑒也。〔註52〕

（2）乃數千年以內，見聞可及者，天運之變，物理之不齊，升降污隆治亂之數，質文風尚之殊，自當參其變而知其常，以立一成純之局而酌所以自處者，歷乎無窮之險阻而皆不喪其所依，則不爲世所顛到而可與立矣。使我而生乎三代，將何如？使我而生乎漢、唐、宋之盛，將何如？使我而生乎秦、隋，將何如？使我而生乎南北朝、五代，將何如？使我而生乎秦、隋，將何如？使我而生乎南北朝、五化，將何如？使我而生乎契丹、金、元之世，將何如？則我生乎今日而將何如，豈在彼遂可沉與俱沉，浮與俱浮耶？參之而成純一之審矣。極吾一生數十年內，使我而爲王侯卿相，將何如？使我而飢寒不能免，將何如？使我而蹈乎刀鋸鼎鑊之下，將何如？使我而名滿天下，功蓋當世，將何如？〔註53〕

此中（1）則所說的設身於古之時勢，爲己之所躬逢。研慮於古之謀爲，爲己之所身任者，此即是設身處地與古人同患難，以今之己參與到古，這就是伽達默爾所說的要使現在內在於過去，與過去同在之參與和自身的置入。由於此種設身處地的自身的置入之參與是「設身於古之時，爲己之所恭逢」，故知

〔註51〕見《周易外傳》。
〔註52〕見《讀通鑑論》，第1182頁。
〔註53〕見《船山全書》第十二冊，第485～486頁。

它不是要詮釋參與者處於和現今隔絕的、孤立的、異己的「過去視域」或「古代的語境」，而是要求一種同情的了解，不是要把「古之時勢」視之為孤立的、封閉的與後世的割裂斷絕的視域。此種設身處地的自身的置入，乃是超克「古」、「今」時空的限制，進而能將「古」與「今」的視域交融辯證的綜合成為一個統一體，使之成為一「大視域」，伽達默爾曾說所謂的「自身置入」；「既不是一個個性移入另一個個性中，也不是使另一個人受制於我們自己的標準，而總是意味著向一個更高的普遍性提升，這種普遍性不僅克服了我們自己的個別性，而且也克服了那個他人的個別性。」〔註54〕

　　第（2）則指出了所謂的設身處地，乃是指「自當參其變而知其常，以立一成純之局而酌所以自處者，歷乎無窮之險阻而皆不喪其所依，則不為世所顛倒而可與立矣。」此中「參其變而知其常」是指歷史的理解與詮釋，當同情的理解歷史中所發生的人事物皆有其「相乘之幾」與「貞一之理」如此才是「知言者」，〔註55〕才能「因古人之言，見古人之心」，〔註56〕才能「尚論古人之世，分析古人精意之歸」。〔註57〕此即是上遂於「道」之「由跡末以求根本」之「驗之於體」，而「立一成純之局而酌所以自處者，歷乎無窮之險阻而皆不喪其所依，則不為世所顛倒而可與立矣」，則是指由「由本而貫末」的「以體驗之」，依著「道」為標準而具體落實於行為事物之中以檢證之，如此才能，「詳說群言之異同，而會其統宗；深造微言之委曲，而審其旨趣。」〔註58〕

　　至此，吾人可知，船山所謂的「設身處地」之同情的理解，並非只是一單純的移情作用，同時也不是將「現在」與「過去」分別割裂與孤立。它要求著通過內在的體驗方法，將「古」與「今」兩端的視域交融辯證的統一起。此一視域的交融，在「驗之於體」和「以體驗之」的交互辯證統會之下，故能將純粹個人的主觀性排除，進而超越了「主觀性」與「客觀性」的藩籬；同時，又能落實於具體的生活世界，使得「詮釋」的同時即是「創造」，人的「歷史詮釋」即是「天道」自身的開展。如此，「天——人」、「古——今」、「理——事」、「理——勢」、「詮釋——實踐」，都以「人」為核心而依著「道」辯證的開展。

〔註54〕見伽達默爾《真理與方法》，第391頁。
〔註55〕見《宋論》卷六，第121頁。
〔註56〕見《宋論》卷六，第121頁。
〔註57〕見《宋論》卷六，第121頁。
〔註58〕見《宋論》卷六，第121頁。

第四節　小　結

　　關於船山學中，「理」與「勢」此一命題的理論意義，唐君毅先生曾指出，船山因重歷史故而重「時」，因著重「時」故而重「事」在歷史中的「特殊性」，唐君毅先生說：「故船山之論史重勢，主由勢以觀理，即重由氣與理俱運處，以觀理也。至於時者，氣顯一一之理，而成一一之事之形式也。時者，一一之事所居，任一事之所以異其他事，而成一特殊之事者也。重一史事之所在之時，亦即重觀一事之異於他事之特殊性。重觀時以觀史事，即重觀一史事在歷史中之特殊性之謂也。故船山之重觀一史事之時勢，即原於船山之重氣。船山重觀一史事之時勢，亦必重觀史事之特殊之理，而必求於一一史事，各得其一一之特殊之理，而重觀時異而勢異，勢異而理亦易。」〔註 59〕

　　筆者認為，在船山看來，「理」必有其「事」，而「事」則成「勢」。「理」不可見，是以可在「在勢之必然處見理。」〔註 60〕雖然「勢」可說由「理」成，然而「理」與「勢」於具體的生活世界中，彼此的發生與實現亦可以是「勢成理」。這也就是說「理」能成「勢」，而「勢」亦能成「理」。此中「理」能成「勢」是就「勢」的發生根源處上說，這是就「天」的創造性實現而說，指出天道必然開展為人存在的歷史；而「勢」能成「理」，則是就「人」的主體自由性而說，指出「人」具有參贊天道歷史與詮釋天道歷史的能力。

　　然而不論是天道必然的展開為人存在的歷史或人能參贊天道所開展的歷史，此二者乃以「人」為核心而被統攝連結起來。換句話說，不論是「理成勢」或「勢成理」，乃是以「人」此一存在為核心而展開的兩端分說之論述，此中「理成勢」是指「人」所生活所面對的生活世界的諸存有的外在客觀之情境狀態與局勢；而「勢成理」則意指著「人」在面對生命存在的諸境域，人所具有的主體自由，是能參贊甚至而導引著歷史的發生與演進的方向，這即是「人」此一存在對於天道歷史的參贊。通過人主體自由的實踐，「客觀」與「主觀」之兩橛便被綰合辯證的統一起來，而不是分立割裂無關的兩端。故林安梧說：「理勢合一論是船山人性史哲學的核心論題，是船山經由人性史世界的通觀而尋得的一個歷史的法則，此法則並不是孤立的，它根本上是船山『兩端而一致』的對比辯證思維模式更進一步的落實；但值得注意的是這並不是說船山先發明了一套兩端而一致的對比辯證思維模式，然後再將這模式運用於歷史之上，毋寧是

〔註 59〕見唐君毅《中國哲學原論‧原教篇》，第 657 頁。
〔註 60〕見《讀四書大全說》卷九〈孟子‧離婁上〉，第 992 頁。

船山對於人性史之考察而諦觀得知此『兩端而一致』的對比辯證思維模式。換言之，兩端而一致的對比辯證思維模式與船山人性史哲學中所談的『理勢合一論』是結合爲一的。」〔註61〕船山認爲人能通過主體自由去「順理」、「順勢」，以溝通「天」與「人」，將「天」與「人」兩端縮合辯證的統一起來，這就有別於維柯（Giambattista Vico，1668～1744）在《新科學》一書中僅視歷史的過程爲天道實踐的一部分，而人卻沒有也不必要天道之實踐有意識，維柯說：「天意監護著人類的歷史，並且通過人類的活動實現自己的目的，而人自己對此卻沒有也不必要擁有清晰的意識。」〔註62〕而較近於黑格爾所說的「理性的機巧」（The Cunning of Reason）。〔註63〕

雖然賀麟先生曾於《王船山的歷史哲學》中指出說可將黑格爾的理性或上帝換成王船山的天或理，便能得到印證默契，而且得到解釋和發揮。但我們並不可以視船山的歷史學等同於黑格爾的歷史學，因爲很顯然的黑格爾與船山存在著根本的不同。雖然在船山學那裏，世界及其歷史往往因爲歷史理性的機巧，人物與事件往往只是天假以行其大公的工具，猶如黑格爾學那般只是天道自我實現的工具和手段。然而在黑格爾那裏，世界及歷史是絕對精神展現其自身的場域，理性統治著世界與存在的歷史；而在船山學那裏生活世界及其歷史所展現的「理」與「勢」，實是「道」的自我實現，世界及其歷史實即是「天道」自身的開展。同時，船山在「理」與「事」和「勢」三者的關係結構中，所表示的是「凡存在必有其理」，必有其理並不等同於有目的性、合目的性；而在黑格爾那裏世界及其歷史是自然的合目的性，而目的則是根源於上帝或絕對精神、絕對理念、絕對理性。

由於船山學是建立在氣的感通與天人相通的基礎之上，因此船山認爲人雖存在於歷史發展的流變中，但人同時也具有主體能動性而能參贊詮釋歷史，進而創造歷史；此中，人之參贊詮釋歷史，即是人之創造歷史。人處於歷史而能參贊詮釋的創造歷史，其參贊詮釋與創造的方式乃是「內在的體驗」。而此「內在的體驗」不僅僅只是「設身處地」與「同情的理解」，它同

〔註61〕見林安梧《王船山人性史哲學之研究》，第 97 頁。
〔註62〕見維柯《新科學》，第 609 頁。
〔註63〕黑格爾曾說：「那作爲支配機械和化學過程的力量的主觀目的，在這些過程裏讓客觀事物彼此互相消耗，互相揚棄，而它卻超脫其自身於它們之外，但同時又保存其自身於它自之內。這就是理性的機巧（Die List der Vernunft）。」見黑格爾《小邏輯》，第 394 頁。

時也是「驗之於體」和「以體驗之」，所謂的「驗之於體」，乃是指上遂於「道」之「由跡末以求根本」之方；而所謂的「以體驗之」，乃指上遂於「道」之後，由「由本而貫末」，以「道」爲準則向下落實於具體行爲事物之中以檢證之。在「驗之於體」與「以體驗之」的交互作用與調適中，一方面人通過主體實踐的詮釋，揭示了歷史演進中所隱藏的「道」；同時，另一方面，「道」亦在此交互作用中展開其自我的實現——歷史。〔註64〕

〔註64〕林安梧師說：「傳統所謂的『體驗』一詞指的是『親知』，而船山這裏強調的『體驗』則是一『驗之於體』及『以體驗之』的活動。它不只是單純的移情作用，也不只是簡單的設身處地而已，重要的是它指向一種『存有論的洞觀』（ontological vision）。『驗之於體』是『由跡末求根本』，而『以體驗之』則是『由本而貫末』。以船山而言，所謂的『體』即是道，『驗之於體』即是因而通之以上遂於道。『以體驗之』則是由道而觀之，以斷其事；而不論『驗之於體』或『以體驗之』，其周旋轉環之樞紐則在於『心』。『心』具有理解詮釋道的能力，從而揭發道，使道之創造力彰顯出來。再者，體驗更須得驗之於行，躬身實踐。如此一來，所謂的『體驗』乃是人道之際，知行之統會。它不但涉及於詮釋，更而及於實踐，而所謂的詮釋與實踐都得落實於歷史之場中，展開其辯證，一面是人揭發道（參贊道）的歷程，另一面則是道開顯於人的歷程。」見林安梧《中國近現代思想觀念史論》，第83頁。

第九章　「知」與「行」：存在的「認知」與「實踐」

　　宋明儒者於處理人與自然、主體和客體的關係時，是將「實踐理性」與「知性理性」、「認識論」與「價值論」統一的。故在說明人的自我實現時，往往關聯著認識論說，而帶有認識結構與邏輯分析的成分。但因著儒學終究是一道德實踐哲學，其雖開展出思辨的體系結構，但終究得通過道德實踐，才能得其具體的實現。〔註1〕在宋明儒學中，雖有偏重「知」者，亦有強調「行」者，然而大多有著知行不可分離的思維。如伊川雖然認為知是根本，然而伊川亦認為「知之深則行之必至，無有知而不能行者」，「知而不能行，只是知得淺」。朱子雖也說「知先行後」，然而仍然認為知行不可分離，朱子說：「知行常相須，如目無足不行，足無目不見。論先後，知為先；論輕重，行為重。」這就表示「知行」雖有輕重先後之別，然而「知行」實不可分離。於《朱子語類》卷十五中曾說：「致知乃本心之知，如一面鏡子本體通明，只被昏翳了；而今逐旋磨去，使四邊皆照見，其明無所不到。」又說：「天地萬物莫不有理，手有手之理，足有足之理。手足若不舉行，安能盡其理？格物者，欲究其物之理，使無不盡，

〔註1〕 蒙培元先生曾指出：「理學家固然講『物理』，講『格物』、『窮理』，但這些都是為其『性理』之學服務的，是認識和實踐道德理性的方法，并沒有把認識客觀自然界作為自己的主要任務，也沒有把認識理性作為人性的重要內容，因而不可能發展出獨立的認識論學說，更沒有促進實證科學的發展。在理學家看來，如何認識人之所以為人以及如何作人，如何實現人性的自覺，達到理想境界，實現和自然的和諧統一，這才是最重要的，認識論之所以必要，也正因為它是實現這個基本任務的途徑和方法。正是在這一點上，理學把認識論和人性論統一起來了。」見蒙培元《理學範疇系統》，第319頁。

然後我之知無所不盡。物理即道理,天下初無二理。」致知是致本心之知,而盡理則需通過道德實踐方能盡,知無所不盡需建立在窮理。

如此即知,在朱子學中,知與行的問題,實即是知識與道德實踐的關係。由於知識是道德的知識,而實踐即是道德的實踐。故知,致知即是道德實踐,而道德實踐即是致知,知識論與道德實踐的關係即是一辯證的關係,林安梧師說:「在朱子的系統裏,我們卻看到知識與道德充滿著辯證性的相涵相攝。因爲就朱子而言,知識的滿是通往終極而超越的性理,道德之目的亦然。知識的獲得原衹是此性理的展開,道德之實踐亦衹是此性理的流行(此性理駕馭於氣上而流行)。換言之,朱子的本體論、認識論及實踐工夫論是結合成一體的。而知識(認識論)與道德(實踐工夫論)的辯證都歸向本體論的建立。」〔註2〕至於王陽明則直接明確的提出了「知行合一」的命題,陽明認爲「知」與「行」是一件事的兩個向度,陽明說:「知是行的主意,行是知的工夫。知是行之始,行是知之成。若會得時,只說一個知,已自有行在;只說一個行,已自有知在。」因此陽明認爲知行實不可分離,「一念發動處便是行」(《傳習錄》),又說:「凡謂之行者,只是著實去做這件事,若著實做學問思辨工夫,則學問思辨亦便是行矣。」(《傳習錄》)又說:「知之眞切篤實處即是行,行之明確精察處即是知,知行工夫本不可離。」(〈答顧東橋書〉)〔註3〕

第一節　道德的「知識」與「實踐」

在船山學那裏「知」與「行」的問題,並非陽明學式的視「知」與「行」是一事的兩個向度的分說,視「知」是「良知」之「知」,而「良知」之發動處即是「行」了。在陽明學那裏,「知」與「行」是統一於「良知」之中。船山亦非如朱子學那樣認爲從先後處立說,肯定「知」爲先;從輕重立說,則肯定「行」爲重。朱子所說的「知」與「行」之不可分,是就彼此之相須相成而說,是從彼此間所相互提供之效益對功用處立說,並非從發生學上說。這也就是說,在朱子學那裏,「知」與「行」並非是一物。「知」與「行」雖

〔註2〕 見《現代儒學論衡》,第 160 頁。

〔註3〕 於此欲補充說明的是,陽明之「知行合一」命題實可表示爲「念頭即行爲」,念頭上的善惡即是道德的善惡。故陽明說:「我今說個知行合一,正要人曉得一念發動處便即是行了,發動處有不善就將這不善的念克倒了,需要徹根徹底,不使那一念不善潛伏在胸中,此是我立言宗旨。」(《傳習錄》)。

是二物，但卻彼此有著相輔相成的功效。船山認爲「知」是通過「格物」而來的，通過「格物」便能「致知」，船山說：

（1）蓋格物者，即物以窮理，惟質測爲得之。若邵廉節、蔡西山則立一理以窮物，非格物也。（自注：按近傳泰西物理、化學，正是此理。）〔註4〕

（2）大抵格物之功，心官與耳目均用，學問爲主，而思辨輔之，所思所辨者皆其所學問之事。〔註5〕

（3）致知之功則惟在心官，思辨爲主，而學問輔之，所學問者乃以決其思辨之疑。〔註6〕

（4）格物者非記誦詞章區區於名物象數之迹，窮年不殫，亦身所有事之物必格之也。日知其所未知，析理益精，知之至也。〔註7〕

（5）規矩者物也，可格者也；巧者非物也，知也，不可格者也。巧固在規矩之中，故曰「致知在格物」；規矩之中無巧，則格物、致知亦自爲二，而不可偏廢矣。〔註8〕

（6）博取之象數，遠證之古今，以求盡乎理，所謂格物也。虛以生明，思以窮其隱，所謂致知也。非致知，則物無所裁而玩物以喪志；非格物，則知非所用而蕩智以入邪。二者相濟，則不容不各致焉。〔註9〕

（7）朱子說「格物、致知只是一事，非今日格物，明日又致知」，此是就著兩條目發出大端道理，非竟混致知、格物爲一也。〔註10〕

（8）借格物以推致其理，使無纖毫之疑似，而後可用其誠。此則格致

〔註4〕見《搔首問》，第637頁。

〔註5〕見《讀四書大全說》卷一，第404頁。

〔註6〕見《讀四書大全說》卷一〈大學〉，第404頁。船山認爲「學」與「思」是不可偏廢的，「學」能輔「思」，這是符應於孔子所言的「學而不思則惘，思而不學則殆矣」的精神。

〔註7〕見《禮記章句》卷三十一〈中庸〉，第1303頁。

〔註8〕見《讀四書大全說》卷一〈大學〉，第403～404頁。

〔註9〕見《尚書引義》卷三〈說命中二〉，第312～313頁。在船山學那裏，「格物」與「致知」所測重的內容各有不同。「格物」所側重的是從具體的現象事物中，求其內在的法則、原則；「致知」則側重於將隱藏於具體事物背後的所以然根據揭示之。若專言「格物」而廢致知，則易流於「玩物喪志」，失去其目標性與理想性；若只講「致知」而廢棄「格物」，則亦流於邪知邪見。

〔註10〕見《讀四書大全說》卷一〈大學〉，第402頁。

　　　　相因，而致知在格物者，但謂此也。〔註11〕

　（9）知格物之爲大始，則詳於求格者，知至善之必於此而備也。〔註12〕

　（10）物之既格，吾之所以處夫萬物者，皆一因於理；而如是則善，不
　　　　如是則不善，知無不至矣。〔註13〕

　（11）夫致知，則意知所誠，心知所正，身知所修矣。〔註14〕

（1）則所謂的質測之學，是指明萬曆年間傳入中國的近代科學，如農、醫、
算、化學、物理等學問。在明末清初時期，方以智便因研究質測之學而爲人
所稱著。雖然方以智研究質測之學，但仍認爲質測之學有其片面性而拙於「通
幾」。因此主張將「以通幾護質測」，將科學與生命的學問綰合而爲一，使質
測之學能破除其局限性。船山認爲所謂的格物，所謂的即物以窮理，只有質
測之學才是眞正的格物窮理。很顯然的，此處船山所說的格物窮理乃是指客
觀知識論，是認識論的意義。這就有別於陽明學中的「格物」義，在陽明學
那裏所謂的「格物」是指格除心中不良善之意念。（2）則指出「格物」的方
法是「學問」和「思辨」。由於「格物」是認知義，是依賴於耳目感官與心思
的綜合性作用。此綜合性作用是在「主──客」關係結構下，以「主體」去
認識對象，是以感性經驗之對象化的知性理性的認知爲主，而以思辨的理性
之綜合作用爲輔，故可說「格物」是以「學問」爲主，而「思辨」爲輔，這
就更能清楚的明白此處船山所謂的「格物」是認識論、知識論意義。而（3）
則之意指是，因著「致知」則是植基於「格物」而得到的，這也就是說，「致
知」是須要通過心官對於感性經驗的與料，進行邏輯性的思辨性的綜合判斷
才能得到。只是思辨性的綜合性的判斷，亦需要有客觀學問知識以爲判斷的
輔助。如此，故說「致知」是以「思辨」爲主，而「學問」輔之。

〔註11〕見《讀四書大全說》卷一〈大學〉，第 403 頁。

〔註12〕見《四書訓義》卷一〈大學〉，第 48 頁。張立文先生說：「之所以以格物爲體
　　　　知邏輯之始，是因爲『理』寓於物中，理是客體對象之理。主體必須先接觸
　　　　事物，然後才能主觀地握理，理作爲事物自身固有的法則、原理，非人爲所
　　　　加。同時感性學問是理性思辨的基礎和出發點，若離格物之學，便不能獲得
　　　　致知。從這個意義上說『致知在格物』，格物是因，致知是果。」見張立文《正
　　　　學與開新》，第 267 頁。

〔註13〕見《四書訓義》卷一〈大學〉，第 48～49 頁。

〔註14〕見《四書訓義》卷一，第 48 頁。所謂的「知」有「意知」、「心知」、「身知」
　　　　等三重涵義，此中「意知」是指誠意，「心知」是正心，而「身知」是「修身」，
　　　　如此所謂的致知乃是道德的實踐，而非知識論的認知義。

　　雖然「格物」具有知識論的認知義，但「格物」卻不僅是認知義，它同時亦可以是道德工夫修養義，故（4）則說「格物」不僅只是記誦詞章名物象數，它同時也指向「身所有事之物」。所謂身之物即是陽明學中的意念，換言之所謂的「物」可以是客觀的存在，亦可以是主觀的存在。（5）則說「規矩」是「物」是可格，而「知」非物，不可格，故知可格者物也，不可格者「知」也。因此船山得出「格物」「致知」是二不是一。雖然「格物」與「致知」是二不是一，但不可偏廢。〔註15〕此中不可格者之「巧」，存在於可格之「物」中，而「巧」是「知」，如此便可說「致知在格物」，而可關聯著（8）則與（9）則說「格致相因，而致知在格物」與「詳於求格者，知至善之必於此而備也」。若關聯著（4）則而言之，「物」既有客觀存在之物，亦有主觀存在之意念。那麼格物所得之知，便有「見聞之知」與「德行之知」。格客觀存在之物，所得之知即是「見聞之知」；而格主觀存在之意念，所得之知即是「德行之知」，故可以何以（10）則與（11）則所說的「物之既格」會與「善」不「善」、「誠

〔註15〕而「格物」與「致知」之所以分立爲二，此乃因在船山學那裏「格物」是「因」，而「致知」是「果」，這也就表示船山相較於陽明學，船山更能重視客觀的知識論認知義於道德行爲實踐中的價值。關於這一點，筆者認爲曾昭旭先生與方克立先生，可說是最能欣賞船山在這方面的貢獻，曾昭旭先生說：「船山於中國究心內聖之學之傳統之下，固尚未能發展出成熟之知識論，然其貢獻，則在予知識動以一合理的位置也。……。復次，船山對格物之知之客觀性與抽象性，亦已有原則上之了解，而能辨其異於誠意之爲主觀與具體的活動矣。」見曾昭旭《王船山哲學》，第 478 頁。又說：「當然，此一套工夫 —— 即今所謂知識論者 —— 於船山之時，尚未能成熟地建立，然船山已爲此一套工夫確立其合理之位置（即必以欲脩欲正欲誠之學爲之本，而不能是人生之最高指導原則），亦已點出其特質（即：知識是客觀地居於一非存在之概念界者，故可豫可儲，可爲人心之對象，待人心之擇用，而不必與實存世界之絪縕太和相犯），則其貢獻已極可貴矣。」見曾昭旭《王船山哲學》，第 483 頁。方克立先生也曾說：「王夫之在認識論方面的貢獻，不僅在於對主觀和客觀、感性認識和理性認識的關係問題作出了比較正確的回答，而且在知行關係問題上，系統地清算了宋明道學的各種唯心主義的歪曲，既批判了程朱學派的客觀唯心主義的『知先行後』說，又狠狠打擊了王陽明的主觀唯心主義的『知行合一』說，指出一切唯心主義知行觀『皆先知後行，劃然離行以爲知者也。』（《尚書引義・說命中二》），即都是以知和行、認識和實踐相脫離爲特徵的；他在這一理論鬥爭中建立的『行先知後』、『行可兼知』、『知行相資以爲用』、『知行並進而有功』的唯物主義知行統一學說，也達到了我國古典哲學中的樸素唯物主義知行觀的最高峰。」見方克立《中國哲學史上的知行觀》，第 250 頁。排除方先生所說的唯物主義的觀點之外，方先生確實指出了船山學中「知」與「行」理論上的意義。

意」、「正心」、「修身」有關。很顯然的，在這裏所說的致知，是指「德行之知」，既格之物則是指「身所有事之物」。故船山說：「知之既至，吾之所以擇夫善惡者，皆明辨其幾，而無疑於善，無疑於不善，意無不誠矣。意之既誠，吾之動乎幾微者皆一如其志而純一於善，不搖於不善，心無不正矣。心之既正，吾之所以發爲言動者，皆根心以行，而爲之有本，持之有主，身無不修矣。」〔註 16〕很顯然的，通過「格物」以「致知」的歷程，實即可說是一上遂於道的歷程，是「驗之於體」的歷程。〔註 17〕

第二節　通過交互辯證的昇進以達成知行的統一

由以上的論述我們可知，在船山學那裏的「致知」，有二重意義，其一是道德論之「德行之知」，其二是知識論認知義的「見聞之知」，船山認爲僅以耳目感官知覺所得到的見聞之知，是不足盡聖賢的道的。因爲聖賢之道皆是具體可行具有可被實踐性，然而見聞之知並不具必然的可實踐性。在船山看來，沒有經過實踐檢驗的知，有可能是錯誤的，有可能非眞知。惟有通過實踐的檢驗的知，才是眞知。船山認爲所謂眞知或親知，是需經過「體驗」才能得到。所謂的「體驗」並非僅只是設身處地的或移情作用的，而可說是「由跡末求根本」並「由本而貫末」之存有的視域（notological vision）。此中「由跡末求根本」是因而通之以上遂於「道」，這是「驗之於體」；「由本而貫末」則是以道觀之，以斷其事，這是「以體驗之」。「體驗」不僅只是詮釋，同時也是實踐。〔註 18〕由於見聞之知不具實踐的必然性，不僅不必然能的能驗之

〔註 16〕見《四書訓義》卷一，第 49 頁。

〔註 17〕林安梧師說「所謂的『體驗』，一方面指是『驗之於體』——人經由外在器物乃至經典及歷史而上極於道，揭發道的活動，一方面指的是『以體驗之』——道開顯於人及器物乃至經典及歷史的活動。體驗之所涉不只是詮釋而更及於實踐，而值得一提的是，當我們強調所謂『體驗』乃是『驗之於體』，又是『以體驗之』時，我們實已指出這乃是一種『兩端而一致』的對比辯證之思維模式，這樣的思維模式幾乎貫通船山所有的著作之中，可堪稱爲船山思考的基本方式。」見林安梧《中國近現代思想觀念史論》，第 83 頁。

〔註 18〕林安梧師說：「不論『驗之於體』或『以體驗之』，其周旋轉環之樞紐則在於『心』。『心』具有理解詮釋道的能力，從而揭發道，使道之創造力彰顯出來。再者，體驗更須得驗之於行，躬身實踐。如此一來，所謂的「體驗」乃是人道之際，知行之統會。它不但涉及於詮釋，更而及於實踐，而所謂的詮釋與實踐都得落實於歷史之場中，展開其辯證，一面是人揭發道（參贊道）的歷程；另一面則是道開顯於人的歷程。」見林安梧《中國近現代思想觀念史論》，

於體，同時也不必然的能以體驗之，因此耳目心知等緣見聞而生之知，不能視之為眞知，故船山說：

（1）耳目心知不足以盡性道，而徒累之使疑爾。心知者，緣見聞而生，其知非眞知也。〔註19〕

（2）明非但知之謂也。或問兼安行言之，為盡其義。如《大學》之言「明德」，該盡緝熙敬上、恂慄威儀、具眾理、應萬事者，統以一明；與致知之知，偏全迴別。〔註20〕

（3）知及之則行必逮之，蓋所知者以誠而明，自不獨知而已爾。〔註21〕

（4）要以志學與立，聖學固有事於心，而皆著於事；不惑以後，雖不離事以為道，而凝德唯心；斯可名為聖德之進，而不可名為學矣。在學則知行分，在德則誠明合。〔註22〕

（5）乃聖人既立以後，其知也，非待於致也，豁然貫通之余，全體明而大用行也；其行也，非待於力也，其所立者條理不爽，而循由之則因乎事物之至也。故既立以後，誠則明矣。明誠合一，則其知焉者即行矣，行焉者咸知矣，顏子之「欲從末由」者在此，而豈可以「知行并進」言哉？〔註23〕

（1）、（2）、（3）、（4）等四則指出見聞之知所以不是眞知，乃是因為見聞之知不具必然的可實踐性。惟有能驗之於體，且又能以體驗之於事物者才是眞知。在船山看來眞正的「知」是「明」。「明」是「知」但不僅只是「知」，因為其「知」是具必然的可實踐性，是「行必逮之」。此「明」乃是「知」通過眞實的實踐，是「所知者以誠」所得之「明」，當然可說「不獨知而已爾」。此中所說的「所知者以誠」乃是指以所知之眾理，去應萬事。這樣的「知」（「明」）與致知之知相較之下，致知之知是「偏」；而以所知之理，去應萬事（誠）之「明」則是「全」，如此當然可說「偏全迴別」而「明」「不獨知而已而」。

易言之，船山認為眞實之知是「知行」合一的，然而所謂的知行合一是指「明誠合一」，是行為實踐與所知之理的統一，是理與事交互體驗之辯證的

第 83 頁。

〔註19〕見《船山全書》第七冊，第 147 頁。

〔註20〕見《船山全書》第六冊，第 571 頁。

〔註21〕見《船山全書》第十二冊，第 183 頁。

〔註22〕見《船山全書》第六冊，第 599 頁。

〔註23〕見《船山全書》第六冊，第 598 頁。

關係。這也就是說，所知之眾理必然地能具體的落實於生活世界之中。由於「行」是「知」之「行」，故其「行」能清清楚楚，明明白白，這是「驗之於體」；〔註 24〕「知」是「行」之「知」，故其「知」是必然的能開展在天地人我、社會群體、人已物我中，這是「以體驗之」。〔註 25〕在此交互辯證的思維之下，船山當然可說「其知焉者即行矣，行焉者咸知矣」，而謂：「知之盡，則實踐之而已。實踐之，乃心所素知，行焉皆順，故樂莫大焉」。〔註 26〕很顯然的，我們可知船山所說的知行合一是通過「知」與「行」交互辯證的昇進歷程所達成的，這與陽明學中的「知行合一」是不同的。其不同處即在於陽明學的「知行合一」可以是就純粹的意識作用狀態而說，而船山的「知行合一」則需通過以體驗之和驗之以體的交互辯證昇進的實踐才能達到。也就是說，在船山學那裏，是既肯認「知」與「行」有別，並通過「以體驗之」和「驗之於體」之交互辯證昇進，以超克「知」與「行」為二的結構，故船山說：「在學則知行分，在德則誠明合」，進而達至「知行相資以為用」之意義的「知行合一」，故船山說：

（1）知行之分有從大段分界限者，則如講求義理為知，應事接物為行是也。乃講求之中，力其講求之事，則亦有行矣。應接之際，不廢審慮之功，則亦有知。是則知行始終不相分離。存在亦有知行，致知亦有知行，而不可分一事以為知而非行、行而非知。〔註 27〕

（2）知行相資以為用，唯其各有致功而亦各有其效，故相資以互用，則於其相互，蓋知其必分矣。同者不相為用，資於異者乃和同而起功，此定理也。〔註 28〕

（3）蓋云知行者，致知力行之謂也。唯其為致知、力行，故功可得而

〔註 24〕船山說：「要以所行者聽乎知，而其知也愈廣大愈精微，則行之合轍者，愈高明愈博厚矣。」見《船山全書》第六冊，第 598 頁。船山又說：「夫人知之，而後能行之；行者，皆行其所知者也……喻之深，察之廣，由是而行，行必安焉。」見《船山全書》第七冊，第 889 頁。

〔註 25〕陳贇說：「王船山認為，主體的潛能必須通過誠明的方式才能獲得最大限度的釋放，從而并行不悖地走在它們各自的道路上。當然，對於王船山而言，這裏的誠明主體決不限於個體的人，還當包括精神的實體化了的形態。王船山認為，所有的社會生活的形式只有以德進的方式為基礎，一種真正的各正性命的生活世界的秩序才能得以建立。」見陳贇《回歸真實的存在》，第 393 頁。

〔註 26〕見《船山全書》第十二冊，第 199 頁。

〔註 27〕見《船山全書》第六冊，第 562～563 頁。

〔註 28〕見《船山全書》第四冊，第 1256 頁。

　　分，則可立先後之序，而先後又互相爲成，則由知而知所行，由

　　行而行則知之，亦可云并進而由功。〔註29〕

引文（1）則所說的「知行始終不相分離」的意義乃是指講求之中，力其講求之事，此即是「知」中有「行」；而應接之際，不廢審慮之功，此即是「行」中有「知」之義。故而可關聯著（2）則與（3）則而說知行相資以爲用、互相爲成。此中「知」是「知」所「行」；而「行」則是「行」所「知」，「知不徹者不可以行，行不愼者不可以知。」。〔註30〕如此我們便可清楚的知道，船山的「知行合一」，是指「知」與「行」相與爲用而又相輔相成。這樣知行不可分，實即預取了「知」與「行」的分立，建立在「知」與「行」各有其功，通過「知」與「行」的關係猶如車之雙軌，「知」能使「行」得以如其理，「行」能使「知」得以因具體的落實而得其驗證，所謂「知雖可以爲行之資，而行乃以爲知之實。」〔註31〕在「知」與「行」兩端間相互辯證的成全，進而達成既肯定「知」與「行」各自不同而又統一的「知行合一」。

　　船山這種肯認「知」與「行」不同卻又能成爲辯證性之綜合體的「知行合一」，並不同於陽明學中「知」與「行」是純粹而無差別型態的「知行合一」。易言之，船山學的「知行合一」是建立在肯認「知」與「行」的差異性，故需通過「知」與「行」交與爲用之辯證的歷程昇進下才能達成；而陽明的知行合一則是建立在「同一性」之一物的兩種質性的分別說，故陽明所言的「知行合一」並不需要辯證性之昇進歷程。若借用黑格爾與謝林來比喻，則船山學的「知行合一」是黑格爾型態的，而陽明的知行合一則是謝林的型態。因爲，在黑格爾那裏所說的統一是建立在矛盾對立之差異性的統一，而謝林所達成的統一，其實是建立在「同一性」的基礎上之無差別的統一。〔註32〕

〔註29〕見《船山全書》第六冊，第598頁。

〔註30〕見《船山全書》第一冊，第1052頁。

〔註31〕見《船山全書》第七冊，第118頁。

〔註32〕需說明的是，筆者於此並無意而且也不認爲船山學的辯證法等同於黑格爾學，因爲筆者於前文早已指出，船山學與黑格爾學雖然都是通過辯證法而成其體系相或體系，但此二人學說所植基的土壤是不同的，船山是人在道中而能上遂於道，天人物我是可通而爲一的基礎下說「辯證法」；而黑格爾是在「主——客」兩分對立性的關係結構中講辯證。因此船山學是不排除物質性的，而黑格爾是排除物質性的；故船山學所呈顯的是辯證理性，而黑格爾所呈顯的是純粹的思辨理性。於此之所以黑格爾說船山，以謝林說陽明，用意只在於突顯，船山與陽明「知行合一」論最大的不同乃在於，船山的合一是通過對比之二物之包孕而達成的合一，而陽明學的合一則是同一物的不同分說，

第三節　實踐具有優先性

　　雖然在船山學中亦強調「知行合一」，但由於船山認為真理隱蔽於具體存在之中，理之揭示須通過主體於行為中的道德實踐，船山認為「且夫道何隱乎？隱於不能行、不能知者耳。……不能知不能行之杳芒而無可親，知之行之者歷然而可據者也。」〔註33〕「道」因著主體不能自覺地從事道德實踐而為之障蔽，植基於此，船山強調了實踐的優先性，船山說：

　　（1）行可兼知，而知不可兼行。〔註34〕

　　（2）知有不統行，而行必統知也。〔註35〕

　　（3）凡知者或未能行，而行者則無不知。〔註36〕

　　（4）今夫飲食之有味，即在飲食之中也。知其味而後安於飲食。飲之食之，而味乃知。〔註37〕

　　（5）蓋天下之事，固因豫立，而亦無先知完了方才去行之理。使爾，無論事到身上由你從容去致知不得；盡由暇日揣摩得十餘年，及至用時，不相應者多矣。是故致知之功，非抹下行之之功于不識，而姑儲其知以為誠正知用，是知中亦由行也。〔註38〕

　　（6）知者固以行為功也。行也者，不以知為功者也。〔註39〕

　　（7）其力行也，得不以為歆，失不以為恤，志壹動氣，惟無審慮卻顧，而後德可據，是行不以知為功也。〔註40〕

　　（1）則與（2）則說「行」可兼「知」統「知」；而「知」不能兼「行」統「行」。而之所以說「知」未必能「行」，而「行」必兼統「知」，關聯著（3）與（4）二則來看則吾人可以明白，船山所謂的「知」或未能「行」則無不「知」，這是從「主體的覺知」與「主體的行為實踐」的角度來說「知」與「行」的關係。船山認為，主體的行為實踐，必然能使主體自身產生覺知；而「主體的

　　　故船山學的「知行合一論」是涵攝著差異性，而陽明學的「知行合一論」是
　　　建立在生成與作用有著本質的同一性之上。
〔註33〕見《禮記章句》，第665頁。
〔註34〕見《船山全書》第二冊，第314頁。
〔註35〕見《船山全書》第六冊，第815頁。
〔註36〕見《船山全書》第六冊，第815頁。
〔註37〕見《船山全書》第七冊，第114頁。
〔註38〕見《船山全書》第七冊，第114頁。
〔註39〕見《船山全書》第二冊，第314頁。
〔註40〕見《船山全書》第二冊，第314頁。

覺知」亦需通過主體實踐的檢驗才能得其「知」的眞實性，故可關聯著（5）則而說：「行焉可以得知也，知焉未可以收行之效也。」〔註41〕主體的行爲實踐能使主體得以有效的認識，而主體的認知需要通過實踐的檢證，才能得其眞實性的保證，〔註42〕所謂「知者非眞知也，力行而後知之眞也。」〔註43〕故（6）則與（7）則說「知者固以行爲功也。行也者，不以知爲功者也。」強調在「知」與「行」的關係中實踐的首出性，故船山說：「君子之學，未嘗離行以爲知也必矣。」〔註44〕由於船山強調在「知行」的關係中，「行」的優先性、首出性，故船山不僅反對「知先行後說」；同時也反對，陸王一派以「知爲行」之說，船山說：

（1）若夫陸子靜、楊慈湖、王伯安之爲言也，吾知之矣。彼非謂知之
可後也，其所謂知者非知，而行者非行也。知者非知，然而猶有
其知也，亦惝然若有所見也。行者非行，則確乎其非行，而以其
所知爲行也。以知爲行，則以不行爲行，而人之倫、物之理，若
或見之，不以身心嘗試焉。〔註45〕

（2）宋諸先儒欲折陸、楊「知行合一，知不先，行不後」之說，而曰：
「知先行後」，立一劃然之次序，以因學於知見之中，且將蕩然以
失據，則已異於聖人之道矣。〔註46〕

（1）則指出陸王學「以知爲行」是「以不行爲行」。此處船山所謂的「以知爲行」，實即是陽明所言之「一念發動處即是行」。〔註47〕以念之發動爲行，則「知」是道德意義之知、道德理性之知，而非知識論或認知論之知性理性之知；「行」是指「知」的發動，「行」是「知」之「行」，「行」並非就具體

〔註41〕見《船山全書》第二冊，第314頁。
〔註42〕陳贇說：「認識只有在同時作爲一種實踐時才可能成爲有效的認識，而這種有效認識的結果才能向主體呈現。」見陳贇《回歸眞實的存在》，第385頁。
〔註43〕見《船山全書》第七冊，第575頁。
〔註44〕見《船山全書》第二冊，第314頁。
〔註45〕見《船山全書》第二冊，第312頁。陳贇說：「知行合一之說最終消解了感性實踐的意義，它弱化主體對於他人以及外部實在的關係的承擔，從而也瓦解了從不可見通往可見的意義。」見陳贇《回歸眞實的存在》，第380頁。
〔註46〕見《船山全書》第二冊，第311頁。
〔註47〕陽明說：「今之學問只因知行分作兩件，故有一念發動處雖是不善，然卻未曾行，便不去禁止。我今說個知行合一，正要人曉得一念發動處，便即是行了。發動處有不善，就將這不善的念克倒，須要徹底徹根，不使那一念不善潛伏胸中，此是我立言宗旨。」見《傳習錄下》，頁75頁。

的行爲而言之。易言之，在船山看來，陸王學的「知行論」是屬於「道德學」而非「知識論」。在船山看來，在陸王學那裏，「知」與「行」的關係，是以「知」爲「行」這就將「行」向內緊收爲意識的作用，而將行所具有的「有成跡」〔註48〕之特徵取消了。「行」只能是內在的發用，而不是指具體的行爲實踐。〔註49〕方克立先生認爲王陽明此種知行合一觀，實是混淆了「知」與「行」，並銷行以歸知，〔註50〕然而筆者認爲，其實陽明的「知行合一」說其重點只是爲了強調了「知行」不可分，「知行合一」其實是一件事的兩種向度的分說，礦「明確精察」而言謂之「知」，就「眞切篤實」而言謂之「行」，就事之始而言是「知」，就事之成而言是「行」。〔註51〕（2）則指出宋儒的「知先行後」說的流弊即是「困學者於知見」。換言之，船山認爲宋諸先儒爲了超克陸、楊「知先行後」之說，而提出的「知先行後」的「知」，是屬於知識論的而非道德學的。不過因爲「知先行後」是認識論的，船山認爲這樣的「知」不必能「行」，往往因爲「困於知見」，〔註52〕而妨礙了「行」，故船山說：「朱

<hr/>

〔註48〕見《船山全書》第九冊，第 133 頁。

〔註49〕陳贇說：「知行合一觀念的主要特徵是以知爲行，既然一念發動就已經是行，那麼，行就可以在內在意識狀態中加以理解了。行所具有的『有成跡』特徵被瓦解了。脫離了與外部自然、人類社會的關係，這種內在的『行』不再是主體權能的展現方式，因此它在實質上是『舍能而孤言知』，從而『但恃其空晶之體』、『但恃其虛靈之悟』，它沒有意識到，『知雖良而能不逮，猶之乎弗知』的道理。」見陳贇《回歸眞實的存在》，第 380 頁。

〔註50〕方克立先生說：「第一，他指出王陽明所說的『知』、『行』概念是通常意義下的認識和實踐。不是從行中得來的知，不反映客觀內容的知，純粹在主觀意識中自生的知，……第二，他指出王陽明知行合一說的實質是「銷行以歸知」，完全取消了行，把行「合」到知裏面去。它是一個以「知」爲起點和終點的，始終不超出主觀意識範圍的封閉的圈圈……第三，他指出王陽明的知行合一說本來也是一種「先知之說」，「本汲汲於先知以廢行也，而顧詘先知之說以塞君子之口而疑天下」，……這一揭露是具有重要意義的，使人們更易於看清「先知後行」乃是一切唯心主義知行觀的共同本質。」見方克立《中國哲學史上的知行觀》，第 257～258 頁。

〔註51〕張世英先生說：「對於王陽明的知行合一說有一種看法，或者說是一種批評，認爲王陽明混淆了知與行，搞得『知行不分』。我覺得這種看法和批評並不符合實際。王陽明的『知行合一』說是對前人知行合一的思想的發展，多少有點像西方哲學史上斯賓諾莎把笛卡兒的精神物質二元論發展成爲同一實體的兩個方面、兩種屬性的一元論的情況，我們總不能說斯賓諾莎把精神與物質、思維與廣延爲一談吧，同樣，我們也不能說王陽明混淆了知與行，『以知爲行』，『銷行歸知』。」見張世英《新哲學講演錄》，第 417 頁。

〔註52〕陳贇認爲：「知先行後的觀念把行的目的從它自身那裏抽離出來，而在行展開

門後學之失，與陸、楊之徒異尚而同歸。」〔註53〕

第四節　小　結

　　「知」與「行」的關係，可以是一個認識論的意義，亦可以是一個道德倫理的意義。在中國傳統的思想中，知行的問題通常是指涉著道德倫理這個面向；在西洋的思想傳統中則是以認識論的角度為主流，「知」與「行」的關係即是「認識與實踐」，「知」的意義是主體認識對象、客體，而「行」則是實踐所認識到的對象、客體來為主體服務。而在傳統的中國哲學中，「知」主要的是道德意義的「知」，而「行」主要的道德意義的「行」。〔註54〕在儒者看來，人生在世主要是作為道德義的存在與行為者。人之存在並非只是一單純的「認知主體」之「知者」，人之存在同時也是一個道德意義的交往者，「行者」。儒者認為此一交

　　之前的所知則成了行本身的目的。在這裏，行內在的包含著的自身就是目的的特徵已經被徹底排除，而成了某一具體所知的落實、具體化，相對於這種所知，它只具有承載的工具性意義，行完全成為第二性的東西。而知在此也不公自身為目的，而是為在它之尸的行為提供內容和目的。也就是說，在知先行後的觀念中，『行動』被『行為』所瓦解了。」見陳贇《回歸真實的存在》，第379頁。又說：「王船山在知先行後觀念中所看到的問題是，行動與行為已經被混淆，人們已經不能區分行動的力量和行為的力量，而把道德實踐放置在『行為』的意義上加以理解了。」筆者認為其說不確，因為船山所言是「知先行後」會困學者於「知見」，根本無關乎「行動」與「行為」之區別。何況其所謂「行動」被「行為」瓦解與混淆的說法，更無關乎「行動」與「行為」之區別。何況其所謂「行動」被「行為」瓦解與混淆的說法，更無關乎引文的內容意義。

〔註53〕見《船山全書》第二冊，第312頁。方克立先生曾說：「王夫之在認識論方面的貢獻，不僅在於對主觀和客觀、感性認識和理性認識的關係問題作出了比較正確的回答，而且在知行關係問題上，系統地清算了宋明道學的各種唯心主義的歪曲，既批判了程朱學派的客觀唯心主義的『知先行後』說，又狠狠打擊了王陽明的主觀唯心主義的『知行合一』說，指出一切唯心主義知行觀『皆先知後行，劃然離行以為知者也』（《尚書引義・說命中二》），即都是以知和行、認識和實踐相脫離為特徵的；他在這一理論鬥爭中建立的『行先知後』、『行可兼知』、『知行相資以為用』，『知行並進而有功』的唯物主義知行統一學，也達到了我國古典哲學中的樸素唯物主義知行觀的最高峰。」見方克立《中國哲學史上的知行觀》，第250頁。雖然筆者不認為這與唯物主義有何關聯，但船山確實反對程朱與陸王的「知行」觀。

〔註54〕筆者這樣的說法並非認為，在傳統中國哲學中的「知行論」，沒有認識論的意義。而是認為中國哲學中的「知行」問題，其主流大宗是道德倫理的意義。雖然在傳統中國的「知行」觀中也包含著認識論意義，如朱子。然而認識論意義的「知行論」，並不是傳統儒者論述「知行」問題時的主要核心意義。

往者（人）應當以「我與你」（人——人）的態度與人存在的生活世界的萬有相遇而交往，在參與和體驗或體證中與萬有通而為一，而不應當以「我與它」（人——物）的態度與生活世界的萬有交往。〔註55〕此中的參與交往體驗是「行」，而「態度」則是「知」，顯然的「知」與「行」的關係乃是在道德意義的脈絡下開展而達至「知行合一」的道德理境，在此理境之中「人」與「萬有」的關係不再是「主體——客體」或「我與它」的關係，而是能相通無礙之「民胞物與」的「我與你」的境界。〔註56〕

在知行問題上，船山既能肯認「知」與「行」的差異性而又能將「知」與「行」縮合起來。同時，船山的知行合一既有道德意義；也具有認識論意義的認識與實踐的思想，並認為知識與道德能相資為用而能縮合的統一。很顯然的在船山學中，認識論是道德學不可或缺，尤其是在道德的實踐上。船山認為人類知識的形成有待於耳目心思和客觀事物的接觸，人在接觸事物時有所感、有得於心這便是知的基礎和來源，而知識是有助於行為能如其「理」而行。也由於船山強調實踐的重要地位，因此，船山明確的反對程朱學的「知先行後說」，同時也反對陽明學的「知行合一說」。〔註57〕船山雖然反對陽明

〔註55〕此處所說的「我與你」和「我與它」乃是借用馬丁·布伯的用語，而「人——人」與「人——物」則是筆者的看法。所謂的「人——人」的結構乃是指稱人將萬有視為伙伴、同胞；其關係乃人與萬有彼此間是主體與主體的關係，主體間可相互參與交往與對談而能相通無礙。至於「人——物」的結構則是指稱以人為主體，此主體涵具著迫害的宰制性，人將一切萬有視為工具視為利用的對象，人與萬有的關係乃是主客對立彼此間隔無法相通之主從或甚主奴關係。

〔註56〕筆者之所以對於儒學有此種想法與看法，於文中所使用的概念雖是是源自於馬丁·布伯與哈伯馬斯，然而實是受林安梧師《儒學與中國傳統社會之哲學省察——以「血緣性縱貫軸」為核心的理解與詮釋》一書的啓發。讀者不妨參看該書之第六章與第九章，此中尤以第九章所言之「氣的感通」更具理論建構的意義，因為「氣的感通」實是主體與主體之所以能交往對話相通而無礙的可能根據，林安梧師此說實可彌補哈伯馬斯理論的缺憾而為其理論的基石。也就是，筆者認為哈伯馬斯的「交往倫理學」若真要能成立，主體與主體間要真能交往與對話，不能只是在建立在「理性」此一理想的狀態上，其理論的基礎實當植基於「氣之感通」，不然所謂的交談與對話將無可能，其理論亦將只是一形式想像虛懸的空想，猶如「想在沒有空氣中飛翔之鴿子」（康德語），因為主體與主體間若不能相通，則任何的對話實只能是「獨白」的變形，而非真正的對話。如此一來，所謂的交往與溝通將不可能。

〔註57〕張世英先生說：「他既有天人合一的思想，也有主客二分也就是他所謂『能所』的思想，所以在知行問題上，他既有道德意義的知行合一的思想，也有認識

學無分別，易流於缺乏具體行為實踐的「知行合一」說，但這並不意味著船山肯認程朱學中的「知先行後說」。因為，在船山看來，這與陸、楊之徒同樣有著一偏之失。而船山之所以會有既否認「知行合一」而又否認「知先行後」說，實乃因為船山認為「知」與「行」相資為用，通過辯證性實踐的昇進之「知行合一」才是「知」與「行」最恰當的關係結構。

於此需再次指出的是，筆者並無意而且也不認為船山學的辯證法等同於黑格爾學，因為筆者於前文早已指出，船山學與黑格爾學雖然都是通過辯證法而成其體系相或體系，但此二人學說所植基的土壤是不同的，船山是人在道中而能上遂於道，天人物我是可通而為一的基礎下說「辯證法」；而黑格爾是在「主──客」兩分對立性的關係結構中講辯證性。因此船山學是不排除物質性的，而黑格爾是排除物質性的；故船山學所呈顯的是辯證理性，而黑格爾所呈顯的是純粹的思辨理性。於此之所以黑格爾比擬船山，以謝林比擬陽明，其用意只在於突顯，船山與陽明「知行合一」論最大的不同乃在於，船山學的合一是通過對比之二物之包孕而達成的合一，而陽明學的合一物則是同一物的不同分說，故船山學的「知行合一論」是涵攝著差異性，而陽明學的「知行合一論」是建立在生成與作用有著本質的同一性之上。

論意義的認識與實踐的思想。而認識論在王船山哲學中所占有的比重比起在前人哲學中所占的比重要大得名，就如同主客二分思想在他那裏所占的比重比起在前人哲學中所占的比重要大得多一樣。王船山明確反對程朱的知先行後說和王陽明的知行合一說，而主張『知以行為功』，強調實踐的重要地位。」；見張世英《新哲學演講錄》，第 421 頁。

第十章　「離形」與「同源」：存在的「障隔」與「溝通」

　　在船山學中，「人」是天地之心，「人」是「道」之所創化，「道」之意義則是通過「人」被揭示。「人——道」形成了一「詮釋的循環」（hermeneutical circle），而且亦構成了一創造的循環（creative circle）。所謂的「人——道」的「詮釋的循環」之關係，其意指著「道」之創造「人」，此即是「道」之詮釋「人」，「人」道德實踐地揭示「道」，此即是「人」之詮釋「道」，故謂「道」與「人」有著相互性的創造關係。此種「人——道」相互創造的關係，在船山學中即是「化天之天為人之天」。此種天人相互創造性的詮釋是一種歷程與發展，此一歷程可說是「道之在其自己」到「道之對其自己」、「道之為其自己」而發展至「在其自己與對其自己」的統一。天與人的關係可說是「天人同源」與「天人離形異質」之辯證的統一——「天人一體而相通」。

　　在船山，天地人我雖離形而異質但卻又能相通，其理論的基礎乃是萬有同源而一體。在此基礎之下，人通過主體間性的交往——「恃物之天以待物」，「恃天之天以待天」，克服了存在之差異性所形成的障隔，人因此而超越了自身存在的有限性而與生活世界之萬有取得和諧的統一，「天之天」與「物之天」即是「人之天」，「人之天」同時也即是「天之天」與「物之天」。在此時，人之所以是天地之心是天地之靈，亦因此而得以證成。主體通過交往溝通的方式面對存在的差異性，而不以「主——客」的關係模式，不以主體收攝客體之宰制性的方式去面對存在的差異性，這是主體的覺知而非語言系統的認知建構。故能超越克服自身的有限性，進而超越的克服「主體——客體」之對

立，進而達至既不泯除差異性而又能和諧的「天地人我一體而相通」之「我──
──你」或「人──道」之主體間性之交往的和諧整體。

第一節　通過「此在」實踐的詮釋以揭示萬有的意義

　　馬丁・布伯（Martin Buber）曾依照人的生活態度將世界分爲二種，一是
「被使用的世界」（the world to be used），布伯將此稱之爲「我──它」（I─It）；
一是「我們與之相遇的世界」（the world to be met），布伯將此稱之爲「我──
──你」（I─Thou）。布伯所謂的「我──它」的關係實是指將世界萬有（包
括人在內）視之爲使用對象的處世態度，而所謂「我──你」的關係則是將
世界萬有視爲如同自己一樣，同樣具有獨立自由的主體性之處世態度。布伯
這樣的說法若依著傳統的中國哲學概念來說即是一種「萬物一體」和「民胞
物與」的態度，只不過在布伯那裏，「我──你」的關係是人與上帝之關係的
體現，而在傳統中國哲學思想中，「民胞物與」和天地人我通而爲一的觀點是
一不將他人他物視爲對象物，而是將異己之萬有視爲如同自己一般地，同樣
具有主體性。在此種存在的態度之下，儒者所說的人爲天地之心，是天地之
靈而爲創化之集大成者，是就人能珍天道創化之德而言之，而不是主宰義之
「人類中心主義論」。〔註1〕船山說：

　　（1）若其身之既有，則人之與天地，又其大成者也。〔註2〕
　　（2）自然者天地，主持者人；人者，天地之心。〔註3〕
　　（3）天地之大德者生也，珍其德之生者人也。〔註4〕
　　（4）今夫天穹然積氣於上，地隤然積形於下，判乎其不相與也；日星
　　　　雷雨、草木昆蟲，充塞其中，亦各爲形象而不相知也。不相與，
　　　　不相知，皆其迹也，則謂天地之無心可矣。及觀於人，而後知其

〔註1〕所謂的支配性意義之「人類中心主義」是指「Anthropocentrism」，此概念在西
　　　方哲學中意義是指以人爲中心，而人處於支配和統治的地位，自然物則處於
　　　被支配和被統治的地位，人與物的關係是不平等的關係。在西方哲學中，從
　　　笛卡爾到黑格爾的近代哲學的「主體性」（subjectivity）原則和主──客關係
　　　的思維方式所採取的立場便是支配性意義的人類中心主義。關於此部分，讀
　　　者可參見張世英《哲學導論・人類中心主義和民胞物與說》，第266～274頁。
〔註2〕見《船山全書》第一冊，第904頁。
〔註3〕見《船山全書》第一冊，第885頁。
〔註4〕見《船山全書》第一冊，第1034頁。

心在是已。天訢合乎地，地訢合乎天，以生萬匯；而訢合之際，感而情動，情動而性成。是其間斟之酌之，會之通之，與化相與，與理相知者，自有人而不迷於天、不迷於地；不迷乎天地之中，蕃變之大用兩間乃靈焉。然則天地之靈，以人而靈也。非然，則亦龐然有此法象於空虛而已矣。〔註5〕

（5）生之初，人未有權也，不能自取而自用也。惟天所授，則皆其純粹以精者矣。天用其化以與人，則固謂之命矣。生以後，人既有權也，能自取而自用也。〔註6〕

（6）天已授之人矣，則陰陽不任為法，而五行不任為師。〔註7〕

（7）形異質離，不可強合焉。所謂肖子者，安能父步亦步，父趨亦趨矣！〔註8〕

（1）、（2）、（3）等三則說明了「人」此一存在是天地之心，是能珍天地生化之德者，人與天地同為天道之創造的大成者，萬有中能主持分劑者乃是「人」。而（4）與（5）二則說了「人」此一存在與其它的萬有最大的不同是在於人既有其生，則能蕃用大變於兩間，天地之所以能顯其創造生化之靈妙，此創化之所以能有其意義乃因為「人」此一存在才能有其意義，乃是在於人有其主體實踐的詮釋能力，此一能力即是此在能「斟之、酌之、會之、通之、與化相與、與理相知」。因著人有此主體實踐的詮釋能力，故能揭示天地萬有存在的意義。（6）與（7）二則認為「人」雖根源於「天」，然而既已形化而為殊相之存在——「人」，「人」既與「天」離形異質，則「人」有其主體性不必強合於天，不必然師法於陰陽五行。

　　觀上述所引船山之語可知，在船山學中，「人」與「生活世界」的關係結構裏，所謂的「人」為主持者，「人」為天地之心，「人」為天地之大成者，其意義並非指「人」為萬有的中心而具有支配宰制萬有之能力與地位的「人類中心主義」，〔註9〕而是指「人」是生活世界的詮釋者。就人對於萬物而言，

〔註5〕見《船山全書》第十三冊，第693頁。
〔註6〕見《船山全書》第二冊，第300～301頁。
〔註7〕見《船山全書》第二冊，第270頁。
〔註8〕見《船山全書》第二冊，第270頁。
〔註9〕所謂的支配性意義之「人類中心主義」是指「Anthropocentrism」，此概念在西方哲學中意義是指以人為中心，而人處於支配和統治的地位，自然物則處於被支配和被統治的地位，人與物的關係是不平等的關係。在西方哲學中，從笛卡爾到黑格爾的近代哲學的「主體性」（subjectivity）原則和主——客關係

生活世界的萬有因人而獲得自身的意義；就萬物對人而言，人因著生活世界
的萬物而得其自身之內容。沒有人，則天地宇宙萬物是無意義的；同樣的，
沒有了宇宙萬物，人亦是空洞而無內容，〔註10〕船山說：

（1）天地之生，以人爲始……而顯天地之妙用，人實任之。〔註11〕

（2）以我爲人，而乃有物，則亦以我爲人而乃有天地。〔註12〕

（3）大荒之外，有天地焉；人所不至，禮所不行，則亦惡知其有天地！

〔註13〕

（4）以人爲依，則人極建而天地之位定也。〔註14〕

（5）天地之化、天地之德，本無垠鄂，唯人顯之。人知寒，乃以謂天
地有寒化；人知暑，乃以謂天地有暑化；人貴生，乃以謂「天地
之大德曰生」。人性仁義，乃以曰立天之道，陰與陽；立地之道，
柔與剛。〔註15〕

以上所引之五則，其表示著只有人極確立了，天地才成爲生活世界的天地，也
只有在人那裏才眞正存在著有意義世界，由此而可說人是世界的主持者，是世
界的靈魂，是世界的心。在船山看來，雖然天地人我萬物是息息相通是一整體，
然而天道創化之德能只有通過人的詮釋，需透過主體的參與才能得其意義；客
觀的、形式的天道之具體義與眞實義，只有通過人此一主體，其存在才能具體
的呈顯，其眞實意義才爲人所把握。也因「人」的詮釋與理解才能使得天地宇
宙萬物的意義與宇宙生化之日新呈顯出來，故船山謂「人極建而天地之位定」，

的思維方式所採取的立場便是支性意義的人類中心主義。

〔註10〕船山此種只有在人那裏，生活世界及其萬有才具有眞正的意義，實頗似於
海德格爾而較海德格爾早了近三百年。在海德格爾那裏，「此在」（Da-Sein）
不僅意味著人作爲「此在」而在「此世界之中」；同時也意味著，通過人的
存在，這個世界也得以「在此」。人與世界的關係是「人——世界」合一
而非割裂對立矛盾的關係。海德格爾的「此在——世界」的結構乃是表示
「人——世界」的合一關係，此一合一的關係並不是否定「主體與客體」
的分別，而是強調「人——世界」的合一關係是優於「主體與客體」的分
別，且「主體——客體」的結構乃是植基於「人——世界」的合一關係。
需説明的是，海德格爾「此在——世界」的合一關係，其指涉的意義是寬
泛的而無道德意義。

〔註11〕見《船山全書》第一冊，第 882 頁。

〔註12〕見《船山全書》第一冊，第 905 頁。

〔註13〕見《船山全書》第十三冊，第 693 頁。

〔註14〕見《船山全書》第一冊，第 852 頁。

〔註15〕見《船山全書》第六冊，第 705 頁。

換言之，在船山學中，只有人能理解詮釋萬有，客觀存在的自然之物則不然，它不能理解詮釋人，只有人能理解詮釋自然之物。由於自然物不能理解人，因而只能通過人對自然規律和必然性的認識和主動順從以進入人與自然愈益相通融、和諧相處的境地。〔註16〕如此「人」此一存在，除了是被創造的存在，人同時也是「能揭示存在之德能及其意義」的存在。通過人之實踐參與體驗之詮釋，便使天地之創造性的德能不再只是一形式的虛懸，而有其具體的真實義；同時人的主體性及其首出核心性，亦在揭示萬有存在之意義的同時得以證成。人是身處於道中的存在而能詮釋道，道因人之存在而得以揭示其自身的意義，而人因能詮釋道故而能人此一存在的真實內容而得謂之人，道與人兩者間便形成了詮釋循環（hermeneutical circle），〔註17〕同時也構成了「創造的循環」（Creative circle）。「人」之詮釋「道」即是「道」論釋「人」，〔註18〕「道」之創生「人」即是道的創造，「人」之參贊、詮釋、揭示「道」的內容及其意義即是「人」的創造。〔註19〕

〔註16〕哈伯馬斯說：「自然界不像在相互承認的基礎上，在對雙方都具有約束力的範疇中，一個主體去適應另一個主體的認識那樣，沒有絲毫反抗地同主體賴以把握自然界的諸範疇相適應。……客體化的自然界保留著兩種特性，即面對支配它的主體，它自身的獨立性和外在性。自然界的獨立性的表現是，只有當我們服從自然過程時，我們方能學會掌握自然過程：這種基本經驗存在於人自所說的我們必須服從的自然界的『諸種規律』中。……這種綜合形式一方面把自然的客觀性同主體性的客觀活動聯繫在一起，另一方面，又不取消自然界存在的獨立性。」見哈伯馬斯《認識與興趣》，第28頁。

〔註17〕林安梧師說：「從人這個面向來說，人透過事件進入歷史思想從而上極於歷史意義（歷史之道），人是歷史詮釋的起點。就歷史這個面向來說，歷史之道開顯而為歷史，人是歷史中的存有（historical being），人因得歷史之詮釋而為人。但歷史之道並不是一任天無為的天道，而是人經由歷史所詮釋的天道。在歷史與人兩者所構成的「詮釋的循環」（hermeneutical circle）中，又以人為核心。人取得了詮釋的首出性，由於取得了詮釋的首出性從而締造了歷史批判及歷史實踐的先機。」見林安梧《中國近現代思想觀念史論》，第76頁。

〔註18〕林安梧師說：「『詮釋的循環』旨在彰顯『人——道』有其相互的詮釋關係，人經由萬物而詮釋了道，同時人之所以為人亦因之而得其恰當而妥貼的詮釋；換言之，『人』之詮釋『道』即是『道』詮釋『人』。」見林安梧《中國近現代思想觀念史論》，第90頁。

〔註19〕林安梧師說：「所謂的『創造的循環』旨在彰顯『人——道』有其相互的創造關係，從道的觀點來說，人乃道之所造；從人的觀點來說，是人去詮釋道，並經由此詮釋更進一步的去參贊道、創造道、揭發道。道在人類文化歷程中不斷的被揭發、被創造、被參贊、被詮釋，人亦在此文化歷程中被道所造，人之被道所造的過程即是人揭發道的過程。」見林安梧《中國近代現代思想

　　從此觀點而言之，很顯然的是船山是從「主體」與「客體」對比而二分的說人與萬有的關係。只是，船山此種主客二分的說人與天地萬有的關係，並非傳統的西方哲學中的以主體收攝客體的認識論，也就是說船山學中的「主體——客體」的關係結構只是突顯人的主體性，此主體性並無強制宰制性，並非將人視爲認識的主體，將萬有視爲認識之對象——客體，並以主體來收攝客體，客體進入主體的意識，而主體則通過認識與思維來把握客體。船山此處的意指是，惟有「人」才能「顯天地之妙用」，也因爲「人」此一存有有其「主體性」才能對比的呈顯出天地萬有的意義，故謂「人極建而天地之位定也」。這樣的「主體性」並非是建立在「主客二分」的意義下所說的「主體性」，而是建立在「民吾同胞，物吾與也」之「萬有一體觀」下而說的「主體性」，此種「主體性」是就其有參贊詮釋以呈顯天地之神化的能力與自由而言之。易言之在船山學中，萬有一體而相通是理論的基礎是理論上的第一義，而「主——客」關係結構中的主體因著客體所對比而呈顯出的主體詮釋義則是第二義。

　　此種視人之存在乃身處道中而與天地萬有爲一存在的整體的處世態度、之存在的「在世結構」，筆者認爲此頗似於海德格之「此在——世界」的在世態度。〔註20〕此種在世的結構乃是王陽明所言之「我的靈明便是天地鬼神的主宰。……天地鬼神萬物離卻我的靈明，便沒有天地鬼神萬物了。我的靈明離卻天地鬼神萬物，亦沒有我的靈明。」或狄爾泰（Wilhelm Diltyey, 1833～1911）說：「我們的自我意識的根基乃是這樣的一個不變的事實，即沒有世界，我們就沒有這樣一種意識，而無此意識，就沒有爲我們而存在的世界。在這種接觸中所發生的是生活而不是一種理論的過程；它是我們叫作經驗的東西，即壓力與反壓力，向著可以反過來作回應的事物的擴張，一種在我們之內和圍繞著我們的生命力，此生命力是在苦和樂、恐懼和希望、對不可更易的重負的憂傷以及在對我們從外面接受的禮物的歡欣之中所經驗到的。所以對此我并不是坐在舞台之前的一個旁觀者，而是糾纏在作用與作用之中。」〔註21〕因此，可知「我——你」或「此在——世界」的在世的

　　　　　觀念史論》，第 90～91 頁。
〔註20〕此處所謂的在世結構乃張世英先的用語，此語乃緣自於探求「人生在世」，人生活於世界中，而以什麼態度和關係來和世界萬物關聯起來。張世英稱此種人與世界的關係乃是——「在世結構」。見張英世先生《新哲學演講錄》，第23～25 頁。
〔註21〕里克曼（H. P. Rickmann），《狄爾泰——人的研究的先驅》（*Dilthey—Pioneer of*

結構，實乃不同於以人爲主體，而世界萬有爲客體，主體與客體的關係是分離且又對立之主客關係。在「主——客」結構的關係之中，主體與客體因著分離與對立的關係，若欲求統一則需通過人的主體性對客體的認識或宰制性的主控而達成。然而在「我——你」或「此在——世界」的關係中，人與世界或人與萬有之所以能統一乃植基於人與萬物同樣根源於天而一體，也就是「本是同根生」，只是此根是指存在的根源，此一根源在船山看來即是「氣」。因此，萬有間雖然離形而異質卻能不同而相通，彼此間相互作用而相互影響，故不需通過橫攝的認識，以主體涵攝客體，泯除客體與主體間的差異性，或消除客體與客體間的差異性。在「我——你」或「此在——世界」的在世結構關係中，雖然生活世界的內容是多元而不同，然而存在者主體間所存在的差異性，卻能因著通過此在之實踐的「參與」、「體驗」之詮釋而達至統一。這樣的統一型態，我們稱之爲「多端而一體」的統一型態，此不僅不同於宰制性的泯除差異性以求統一的型態，同時亦有別於單純而無差別的同一型態。因爲所謂「多端而一體」的型態，其主要的意義乃在於，「多端」即意謂著差異性的存在，而「一體」則是指萬有乃是一個整體。

第二節 「主——客」關係結構的超越

就西方的理論傳統而言之，一說「主體性」則必然離不開「主客二分」此一架構，而不能說「天人合一」。然而就中國哲學的傳統或西方近代哲學而言，則談「主體性」亦可說「天人合一」、「天人統一」。〔註22〕此中的關鍵乃在於建立「主體性」的基礎是「天人相通」還是「主客二分」，「主體性」植

the Human Studies），第 113 頁，加利福尼亞大學出版社，1979。轉引自張英世《新哲學演講錄》，第 26 頁。
〔註22〕 如海德格即是。在海德格的思想中既有「主客二分」亦有「天人合一」之人融於世界的說法——「此在和世界的關係」是「在之中」，此在之中乃是人與世界萬有息息相通，融爲一體。只是需說明的是，在海德格的思想中的人與世界相通義的「天人合一」其並無道德意義，而較接近於道家的自然義的「天人合一」。然而這並不意味著海德格的思想即同於道家，因爲道家的天人合一並不是通過超越「主客二分」和肯定認識論而達至的。相反的，道家主張取消一切分別以達至「天地與我並生，而萬物與我爲一」。至於海德格的「天人合一」則是明確的肯認了「主客二分」之認識論的價值意義，且「主客二分」需以「天人相通」爲基礎，進而通過超越「主客二分」以達至「天人合一」。這是海德格「天人合一」觀，不同於中國儒、道二家之處。

基於「天人相通」者，其內涵分析的涵攝著「主客二分」而不停留在「主客二分」而能通過超越「主客二分」而上提至更高層次的「天人合一」；而「主體性」若建立在「主客二分」之上，主體面對客體始終有客體的限制著主體，主體終究不可能有真正的自由。且以「主客二分」為基礎而欲求統一「主客」，因其主客的關係總是具有「外在性」，因此統一主客的方式及其途徑，則然地導歸於認識。惟有通過認識才能達到主客的統一。這樣的主客統一，往往易導致宰制性。

　　然而船山所突顯的存在之「主體性」則是建立在「人物同受太和之氣以生，本一也。」〔註23〕在天地人我之本為一的基礎之上，而以人為天地萬有之靈，其所要表達的是「自有人而不迷於天，不迷於地；不迷乎天地之中，蕃變之大用兩間乃靈焉。」〔註24〕其所強調的是，雖然人此一存在根源於天地，然而人卻有其主體性，能在天地之間有所作為而不為天地之所限。這也就是說船山認為從存在的根源處上來看，人與天地萬有就存在的根源是相同的，本是同根之所生同源自於氣之絪縕之所創化，此相同之處正是人與萬物能溝通的基礎。只是船山並不因著人與天地萬物同樣根源於氣，便主張天地人我是無分別的；相反的，船山認為「此在」與生活世界的關係乃是一「主體——客體」的關係與結構，只是此種「主體——客體」的關係結構並非是以主攝客的認知關係，而是一種詮釋者與被詮釋者的關係，而詮釋者與被詮釋者則是一個整體。職此之故，此在能於生活世界中有著「斟酌之，會通之，與化相與，與理相知者」〔註25〕和「參與」和「交往」之同情的理解的能力與實踐的可能性。透過參與交往對話的互動，「此在」與「生活世界」的關係並不停留在「主體——客體」的結構而是被超越，此一超越是通過斟酌、會通、相與相知，故能尊重差異性而在「主體——客體」關係之結構中超越之，而上提至「我與你」或「我——我」、「主體——主體」的主體間性的關係，而非「主體——對象」的關係或「我——他」、或「我——它」、「我——物」之關係。

　　船山此種通過「參與」、「交往」以求詮釋者與被詮釋者之關係的和諧的統一，實與哈伯馬斯（Jurgen Habermas, 1929～）、利科（Paul Ricoeur, 1913～

〔註23〕見《張子正蒙注》卷五，第221頁。
〔註24〕見《船山全書》第十三冊，第693頁。
〔註25〕見《船山全書》第十三冊，第693頁。

2005）等人的理論有所相似之處，但亦有所不同。〔註 26〕在利科看來人與人相互理解、和諧相處的思想是與重視差異性的思維關聯在一起，利科認為人與人要和諧相處，首要的是尊重他人的相異性和獨特性，而不是消滅相異性，強求一致。用強求一致的辦法所得來的和諧相處，總是脆弱的，還不如通過承認他人的不同一性，承認他人的個性的權利，反而更能得到相互理解，更能得到穩定的和諧相處。因此，欲求和諧的統一不當是消滅不同意見或消滅差異性，而當通過「自由討論」和「保持協商」在尊重差異性中求其和諧，利科說：「一個民主的國家不是主張消滅衝突的國家，而是創造一種程序讓衝突得以表達並保持協商。……在這種形式的政體中統治者與臣民之間的間隙會不斷縮小。」〔註27〕

　　由於船山認為此在之詮釋生活世界及其內容的方式並非是否定或取消萬有間的差異性，而當是尊重存在者彼此間的差異性。雖然人能統合「天之天」與「人之天」與「物之天」而敦化之，然而人卻不可泯除天地人我彼此間的差異性，因為「以己入天而天己危，以己入物之天而物危。」〔註28〕故船山說：

> 人之所知，人之天也；物之所知，物之天也。若夫天之為天，肆應
> 無極，隨時無常，人以為人之天，物以為物之天，統人物之合以敦
> 化，各正性命而不可齊也。〔註 29〕

此處所謂的統人物之合以敦化，並非是消滅他者自身存在的律則，也就是說並非泯除存在者彼此的差異性，而是使存在者各如其所如，各是其所是之物各付物之各正性命之統合與敦化。只是於此所衍生出的問題是，既然承認萬有間的差異性是無法消除的，那麼因著存在者彼此間的差異性，所造成的衝突對立與矛盾又該如何消除？並進而形構出和諧之關係？關於此一困結，船山認為，就人與人之間而言此一困境，可通過對話以相互理解相互約束相互適應而加以超克；而人與物之間的障隔，因為物沒有心靈也沒有精神，物不

〔註 26〕就人對自然界所應採取的態度，船山與哈伯馬斯相同之處乃在於通迴參與、交往以求理解與詮釋，然而不同的是哈伯馬斯更多強調「一致性」（Consensus）。而船山與利科相同之處是尊重差異而在差異性中求和諧，不同的是利科的理論所關心的是人與人類社會的關聯，而船山的理論所涵括的層面與廣度則更擴大到人與人以外的人與自然的關係。

〔註 27〕參閱利科：*Form Text To Action, II,* pp.334~335, Northwestern University Press, 1991，轉引自張英世《新哲學演講錄》，第 401 頁。

〔註 28〕見《船山全書》第十三冊，第 387 頁。

〔註 29〕見《船山全書》第二冊，第 271 頁。

能理解人，因此物不能約束自己以適應人，故需由人此一主體之主動的參與其中以斟酌會通之，與化相與而與理相知，方能天地萬物取得和諧的關係。關於此點，哈伯馬斯的看法頗近於船山，哈伯馬斯說：「自然界不像在相互承認的基礎上那樣。社會主體同自然界之間，『在工業中』建立的統一性，不可能消滅自然界的自律性以及與自然界的實在性關係在一起的、殘留的不可能消除的異己性（Die Fremdheit）。作為社會勞動的相關者，客體化的自然界保留著兩種特性，即面對支配它的主體，它自身的獨立性和外在性。自然界的獨立性的表現是，只有當我們服從自然過程時，我們方能學會掌握自然過程。」又說：「社會勞動系統中正常的生產過程，是人和自然界的一種綜合形式。這種綜合形式一方面把自然的客觀性同主體的客觀活動聯繫在一起，另一方面，又不取消自然界存在的獨立性。」〔註30〕換言之，不論是船山或哈伯馬斯，皆認為欲建立主客間的統一或人與萬有間的統一，並不必要取消自然界自身存在的規律，而且也不可能消滅自然界的自律性與必然性。相反地，欲從主客差異中建構合一或統一，則人當服從和順應自然規律和必然性。人唯有服從和順應自然規律才能恰當的理解自然界的萬有而與生活世界的各種存在者和諧相處成為和諧的整體，也唯有如此，人才能超越形氣所給予限制，使出乎天者成入乎人者，將天之天轉化成為人所詮釋的天之天，進而能全而生之，全而歸之地使萬有各正性命，船山說：

> 人所有者，人之天，晶然之清，蟲然之虛，淪然之一，穹然之大，
> 人不得而用之也。雖然，果且有異乎哉？昔之為天之天者，今之為
> 人之天也；他日之為人之天者，今尚為天之天也。出王而及之，昊
> 天之明；游衍而及之，昊天之旦。入乎人者出乎天，天謂之往者人
> 謂之來。然則全而生之，全而歸之，日日而新之，念念而報之，氣
> 不足以為之悍，形不足以為之城，惡在其弗有事於昊天乎？〔註31〕

此種將天之天者轉化成為人之天者，即是將自在自為之物轉化成為我之物，而這樣的轉化實是超克了此在自身存在之限制。於此欲進一步指出的是，在船山學那裏，實踐的出場者，將未出場者帶出場，使之成為具體澄明的在場者，此一實踐的超越與轉化，並非是一成永成的活動，而是一種持續不斷盡其形壽之實踐的歷程。隨著此在實踐的揭示，這就將隱微不在場的自在自為之物，詮釋

〔註30〕見哈伯馬斯《認識與興趣》，第28頁。
〔註31〕見《船山全書》第三冊，第463頁。

地轉化成為我之物的在場者。由此，「自在自為」的「天之天」，也就成為「為我之物」的「人之天」，自然的世界也就不只是一自然意義的世界，同時也轉化成為人文的世界。〔註32〕需進一步說明的是，自然之天與物之天其存在的真實義，雖然是在「人」的實踐之詮釋才得其穩立與彰顯，然而「此在」的詮釋並非是「主體──客體」認識論之認知的詮釋，而是在「我與你」之「主體──主體」之主體間性的關係結構與「民胞物與」、「萬有一體」的脈絡之下。「此在」通過與異己之萬有的「參與」和「交往」而得其實踐的理解與詮釋，如此所得成的統一便是尊重差異性之和諧的統一，而非是泯除差異性之易於形成宰制性的統一體或在衝突矛盾中所形成的不穩定的統一體。此種尊重差異性所形構出的和諧統一體不是靜止的而是歷程的，因為建構此和諧的統一體是通過不斷的與天、物「參與」「交往」「對話」與同情的「順從」之方法而實現。而通過「參與」將「天之天」化為「人之天」，將不在場的天道經由人此一主體的實踐以超越的轉化成為在場的，人對於天的態度是「參贊」理解的覺知，人與天的關係是「我──你」的關係，而非「制天」之「主──客」對立之以主攝客的宰制性的認知，故「人」與「天」之關係才能是和諧而不衝突緊張。〔註33〕主體通過「參與」、「交往」與「對話」，而在「人」與「人」之間形成「我──你」的主體間性的交往，故人與人之間能因著理解覺知，以調整約束自己來適應彼此，進而形成和諧共存的統一。因著「人」與「物」是「我──你」的關係，故主體才能同情的「順從」，「此在」才能對異己卻無法對話交往商談的存在，取得會通的理解與和諧。在「我──你」的結構之下，天地人我之間雖然存在著差異性，卻能消除異性間所呈顯的對比張力（Contrast tension），而形成多元

〔註32〕筆者認為船山的「人之天」，實頗似於胡塞爾之「思想性的存在」（idealite being）。只是船山與胡塞爾二人仍有巨大的差異，在胡塞爾看來，「思想性的存在」，並不是「實體性的存在」，也不是現實的存在，其並不是實際的事實，而只能是代表一種「價值」（validity）。然而在船山學那裏，「人之天」則是人對於客觀「天道」的把握，同時也是人主體之主觀的詮釋與創造。它具客觀義同時也具有主觀義，它雖是通過對於客觀天道的把握，但此一把握理解的過程，實即是一「內在的」「精神性的」的詮釋與創造。故船山的「人之天」是「價值」與「事實」的統一。

〔註33〕在宰制性的思維之中，如在「人定勝天」之思維下，人通過破壞自然環境之建設以繁榮民生、經濟，卻形成水土保持與生態維持之「人與天」或「天與人」之緊張，如土石流、水災、旱荒等天人之際的衝突。而在「參與」、「交往性」而非「宰制性」的思維中，如「參與」、「交往」之思維下，人與自然能既發展而又和諧，既建設而又不破壞或甚能進一步的參贊天地造化，如「生態工法」。

而和諧的統一體。〔註34〕

第三節 「我——你」的主體間性的交往

　　在船山看來，雖然在天之天一旦透過人的詮釋，則「天道」便不再只是「天道」而已轉化爲「人道」，「天之天」便不再只是「天之天」的意義，而轉化成爲「人之天」的意義。然而並不表示天道與人道無別，相反的船山認爲天人有別，人不可以己去干涉外物，亦不可以自然存在的方式爲人存在的方式。人若以天道存在的方式爲自身存在的方式，此即是任天而廢棄人道，如此則人與禽獸將無差別。然而人若專以人之主體的意志去面對異己的萬有，則此在與異己之萬有的關係陷入危地。船山認爲唯有此在與萬有的關係能處在承認差異性並能尊重差異性，此在方能不傷物而物亦不能傷此在，船山說：

（1）《易》本天以治人，而不強天以從人。〔註35〕

（2）乃理自天出，在天者即爲理，非可執人之理以強使天從之也。
　　〔註36〕

（3）不濫於物之天，以別嫌也；不僭于天之天，以安土也。〔註37〕

（4）天道自天也，人道自人也。人有其道，聖者盡之，則踐形盡性而至於命矣。聖賢之教，下以別人爲物，而上不欲人之躐等於天。天則自然矣，物則自然矣。蜂蟻之義，相鼠之禮，不假修爲矣，任天故也。過持自然之說，欲以合天，恐名天而實物也，危矣哉！〔註38〕

（5）人之道，天之道也；人之道，人不可以之爲道者也。〔註39〕

（6）上士自敦其天，而不因天之天；中士靜息以尚其事，而不爽天之天。〔註40〕

〔註34〕曾昭旭先生說：「至於天道乾德，則只內在於人，而爲人所獨有之表現，此即人之心也。天地間唯人心有知，而此知則可分辨簡擇天地之知能而用之，而直涵蓋天地矣，此即前所云『天之天』，『物之天』亦可繫於『人之天』之下而言也。故知天、地、人三者，乃是互相涵攝，畢竟實爲一體者矣。」見曾昭旭《王船山哲學》，第384頁。
〔註35〕見《船山全書》第一冊，第1096頁。
〔註36〕見《船山全書》第十二冊，第438頁。
〔註37〕見《船山全書》第二冊，第271頁。
〔註38〕見《船山全書》第六冊，第1144頁。
〔註39〕見《船山全書》第五冊，第617頁。
〔註40〕見《船山全書》第三冊，第368頁。

（7）任天而無能爲，無以爲人。〔註41〕

（8）不體天於心以認之，而以天道爲眞知，正是異端窠臼。〔註42〕

（9）人之於天，無一間之離者也。心復其心，則其於天，如水之依土，影之於人，猶恃之以往而不憂其損。物之於天，抑未有一隙之或離也。則物恃物之天，我之待物亦恃其人，而固無損矣。……其攫之而損焉者，目樂以明顯，耳樂以聰顯，心樂以知顯，則以己入天而天已危，以己入物之天而物危。〔註43〕

（10）《易》、《春秋》之言天，俾人得以有事焉。知其無定，任之以無定，則廢人之天，……以其有定，定天之無定，則罔天之天。〔註44〕

（1）、（2）、（3）、（4）等四則所說的是反對人宰制支配客觀的自然，改變自然以符應人的需求，此者支配者與被支配者的關係並非是天人之間的恰當的關係。在船山看來，以人之主觀主體性去統治支配控制萬有以使自然之萬有爲人所用，乃是「濫」與「僭」之踰越天人分際不恰當的處世態度。因爲「天」、「物」、「人」各有不同的存在法則，僅以人存在的法則與方式去面對異己的對象，乃是一種不尊重差異性與踰越分際的宰制而又霸權式作爲。而（5）、（6）、（7）、（8）等四則指出了天地人我萬物個有其殊特的存在法則，此種相異的存有法則正是殊相之存在之所以是殊相之存在的原因，因此人不能任天因天無爲而當自敦其天。人若以天道存在的方式作爲人存在的方式，而放棄了主體的實踐，這就不是儒家面對存在課題的思維與態度而是道家面對存在的思維與態度。（9）與（10）則認爲不論是以天道存在的方式作爲人道存在的方式，或者是將人存在的法則視爲天道存在的法則，都不是此在在世的正確態度，前者失之於廢棄人事，而後者失之於罔視存在間的差異性，而使人與萬有的關係陷入緊張對立的困局。

在船山看來，人對待天地萬有最恰當的方式即是相互尊重，尊重而依著對象物自身之律則方能得其眞實。因此在此種「我」與「你」的關係中，「我」與「你」有著主體間的交流，此種通過相互交流所建立的關係，乃是主體間

〔註41〕見《船山全書》第五冊，第618頁。
〔註42〕見《船山全書》第十二冊，第647頁。
〔註43〕見《船山全書》第十三冊，第387頁。
〔註44〕見《船山全書》第五冊，第133頁。

性的交往，「我」與「你」雙方皆是獨立而自由自主的而有雙方的相互性回應。然而，人若只依著自身片面的主觀認知去面對天地萬物，在此種主觀的以主體攝客體之「我——它」的態度中，不僅不能得到萬有的實相，相反的還會破壞人與天地萬有的關係，因為此種「我——它」的態度只有「我」對「它」（人對於對象之物）所施加的主觀認知作用，「它」並沒有對「我」所施加的主觀認知產生回應，此種無交往而只有單一向度之外在的施加作用，實易導致宰制性的結果。換言之，船山反對的是放棄人之主體性但又反對以人之主觀性的態度與天地萬有相處，其所採取的態度是「主體」與「對象」之超越的統一，其超越的方法乃是揚棄主觀宰制性或支配統治性格的主體性，而採主體間的適應將「主體」與「對象」和諧的統一起來。

此中，人的主體性表現在人去適應天地萬有的律則而非改變自然法則。主體性之展現是「適應」而非「改變」，這就將「宰制性」、「支配性」、「統治性」給消融了。以「適應」取代「改變」，所展現的主體性，並不是無所做為之廢人事，因為主體的適應是一分析的命題，此內涵分析的具有人之主體性，而此主體性則是指人調整自己以使自己能符應於外在客觀的對象，而使主體間能相互感通而交往溝通。此猶如收音機與電波之關係，調整收音機自身之頻道以符應電波之波長，以使電波之存在及其內容，依因著收音機自身之調整而得到揭示。此種主體性及其自由不是被置於宰制義的脈絡下開展的，而是透過將不在場的帶出場之存在及其意義的揭示而得其主體性之自由，這是從此在具有參贊與貞定天地萬有存在之「能力義」的脈絡下所展現的主體自由。此種適應存在的態度，即是恃物之天以待物，而不以己之天入於物的處世態度，此種態度是尊重主體間的差異性，卻又能保留人存在的主體性，是不廢人道卻又不礙天道、物道而能將之縮合和合統一的存在之恰當方式與在世態度。

第四節　通過主體的道德實踐以溝通天人

由於「氣」是「理氣」之辯證性綜合的概念，此中「理」是「仁、義、禮、智」之道德法則，是天道之「元、亨、利、貞」等自然法則秩序，落在人性上說。「理」是自然之條理義軌約義，同時也是道德義、價值義。在「氣」是「理氣」辯證的綜合之思維下，道德實踐修養工夫的問題，便從「自然」與「人」之間相互溝通如何可能的問題，轉向「天」與「人」之間該如何溝

通？如何可能？此一問題所關心的是指溝通的可能性及其合法性基礎；而如何溝通？此一問題所關心的是實踐進路的抉擇與如何將之實踐的於事事物，使事事物能如其理。在船山看來，雖然「天道」是自在自爲的，並非人爲構造的，但此自在自爲的「天道」，因著「天與人以氣」和「天人之蘊，一氣而已」之故，實即內存於人而爲人存在的法則、律則，〔註45〕此一律則是道德義同時也即是天道之律則。如此「道德法則即是自然法則；自然法則即是道德法則」。職此之故，船山認爲「此在」通過將不在場之潛存的自在自爲之性，帶出場使之成爲澄明的在場者，才是溝通「天人之際」的進路，船山說：

(1) 太虛，一實者也。故曰「誠者天之道也。」用者，皆其體也。故曰「誠之者人之道也。」〔註46〕

(2) 誠者，合內外，包五德，渾然陰陽之實撰，固不自其一陰一陽、一之一之之化言矣。誠則能化，化理而誠天。〔註47〕

(3) 誠者，天之道也，天固然其無僞矣。然以實思之，天其可以無僞言乎？本無所謂僞，則不得言不僞；（自注：如天有日，其可言此日非僞日乎？）乃不得言不僞，而可言其道曰「誠」；本無所謂僞，則亦無有不僞；（自注：本無僞日，故此日更非不僞。）乃無有不僞，而必有其誠。則誠者非但無僞之謂，則固不可云「無僞者天之道」也。〔註48〕

(4) 二氣絪縕而健順章，誠也。〔註49〕

(5) 夫誠者，實有者也，前有所始，後有所終。〔註50〕

(6) 本有者，誠也。〔註51〕

(7) 誠也者實也；實有之，固有之也；無有弗然，而非他有耀也。〔註

〔註45〕船山說：「誠者，則天之道也。二氣之運行，健誠乎健，而順誠乎順；五行之變化，生誠乎生，而成誠乎成。終古而如一，誠以爲日新也；萬有而不窮，誠以爲富有也。惟天以誠爲道，故人得實有其道之體。」見《四書訓義》卷三〈中庸〉，第182頁。

〔註46〕見《思問錄・內篇》，第402頁。

〔註47〕見《讀四書大全說》卷十〈孟子・盡心上〉，第1111頁。

〔註48〕見《讀四書大全說》卷九〈孟子・離婁上〉，第995頁。

〔註49〕見《思問錄・內篇》，第420頁。

〔註50〕見《尚書引義》卷三〈說命上〉，第306頁。

〔註51〕見《尚書引義》卷五〈康誥〉，第369頁。

〔註52〕見《尚書引義》卷四〈洪範〉，第353頁。

52〕

（8）誠以言其實有爾，非有一象可之爲誠也。〔註53〕

（9）思無偽者人之道。〔註54〕

（10）誠則形，形乃著明，有成形於中，規模條理未有而有，然後可著
見而明示於天下。〔註55〕

（11）至誠者，實有之至也。目誠能明，耳誠能聰，思誠能睿，子誠能
孝，臣誠能忠，誠有是形則誠有是性。〔註56〕

（12）說到一個「誠」字，是極頂字，更無一字可以代釋，更無一語可
以反形，盡天下之善而皆有之謂也。……盡天地只是個誠，盡聖
賢學問只是個思誠。〔註57〕

（13）通天人曰誠。〔註58〕

（14）修道以存誠，而誠固天人之道也。〔註59〕

（1）、（2）、（3）、（4）等四則所指出「天道」即是「誠」，關聯著（5）、（6）、
（7）、（8）等四則來說，所謂的「誠」即是「實有」，此「實有」之義乃是「固
有」，此「固有」者的真實之義與內容。關聯著（2）則來說天道所固有的是「必
然的創造性」，因著天道有著「必然的創造性」，故成爲「創造性自己」。若將「固
有」關聯著第（11）則來說，人所固有的即是，能「明、聰、睿、孝、忠」之
道德理性──「仁、義、禮、智」，這是從「名詞義」說其內容是道德的法則。
就天而言謂之爲「天道」，就人而言謂之爲「人道」。而（9）、（10）、（11）、
（12）、（13）、（14）等六則指出，天人溝通之道即在於「誠」，唯有「誠」才
能將「天道」揭示出來，這是從「動詞義」說其修養工夫義，就天而言謂之爲
「人之道」。這也就是說船山認爲，實踐的工夫進路乃在於將自身存在的道德性
律則揭示的使之澄明。就天道而言，其從內容說天道之誠即是宇宙秩序──
「元、亨、利、貞」；從其實踐說即是天道之運行。由於「天道」是存有即活動
即實現，天道的活動是必然的，天道必然的實現自身之律則，故船山說誠者天

〔註53〕見《張子正蒙注》卷二〈天道〉，第74頁。
〔註54〕見《讀四書大全說》卷九〈孟子・離婁上〉，第995。
〔註55〕見《思問錄・內篇》，第422頁。
〔註56〕見《張子正蒙注》卷九〈可狀道〉，第360頁。
〔註57〕見《讀四書大全說》卷九〈孟子・離婁上〉，第995～996頁。
〔註58〕見《思問錄・內篇》，第402頁。
〔註59〕見《尚書引義》卷五〈康誥〉，第368頁。

之道，天道不可謂之「無偽」，便是爲了強調「天之道」的必然實現性而無所謂的不實現，故謂「盡天地只是個誠」，就人而言之，從其內容而說人道之誠即是人性──「仁、義、禮、智」；從其實踐而言，則是人的道德踐履。因此，船山說「誠之者人之道」、「盡聖賢學問只是個思誠」、「思無偽者人之道」，由於「天道」與「人道」的內容一皆是誠，宇宙秩序即是人內在的道德法則。而這也就建立起，通過此在自身的道德實踐以揭示天道，使處於遮蔽未出場隱微狀態的天道，成爲澄明之出場者，的合法性基礎。因之而可說通過「人之道」的實現即是「天之道」的實現，故船山說「通天人曰誠」，「誠固天人之道也」。〔註60〕在「天人同一」的基礎之下，主客分別對立下的「天──人」之關係，在實踐的歷程中，便從「主──客」二槪對立的關係，超越的轉化成爲「天人合一」、「天人不二」的關係。船山以「誠」言「氣」，以「誠」爲「氣」或「存在」的實踐工夫，這就表示雖然萬有雖是一物質性的存在，但此物質性存在，其所運動化之存在歷程有其神價值性的道德律則，爲其存在自身的軌約。「氣」雖作爲存在的首出性，而存在自的律則是精神的道德的而非只是物質性的物理。那麼我們在理解詮釋船山學，是否仍應堅持的將之視爲「唯物論」或是「唯物主義」下的「唯氣論」，便值得學人們的深思。

第五節 小 結

在船山看來人此一存在之所以是天地之心而爲萬物之靈，這是因爲現象界萬有其存在的眞實意義及內容，是依因著人的主體實踐而被揭示。筆者認爲船山這樣的思維實與陽明學「心外無物」之說有相似之處。因爲在陽明那裏「心外無物」，並非否認物的獨立存在，而是認爲天地萬物若離開人心，天地萬物之存在就沒有所謂的意義，而人之存在若沒有物的存在以對比而覺知，則亦無天地人我之別，故陽明於《傳習錄》上言人未看山中之花，則花與人同歸於寂，此寂實是指存在意義的遮蔽，也就是無意義。〔註61〕此即是

〔註60〕 林安梧師說：「『氣』乃是『對比於心物兩端而成的一個辯證性概念』（A dialectical concept in contrast with the dichotomy of mind and matter），它乃是作爲本體之體；而這樣的『體』，船山又賦子一倫理性或價値意味的詮釋。他以『誠』來詮釋作爲本體之體的『氣』，而指出其辯證開展的可能，並且綜合了自然史的世界及人性史的世界。」見林安梧《王船山人性史哲學之研究》，第3～4頁。

〔註61〕 《傳習錄》上記載：「先生游南鎭，一友指岩中花樹問曰：『天下無心外之物，如此花樹，在深山中，自開自落，於我心亦何相關？』先生云：『你未看此花

船山所言之人是主持分劑者，人極建而天地定之義。若借用海德格爾的話語來說，船山之意即是人是一去蔽者，事物因著人的揭示而顯示其自身存在的意義，是人使事物成其為該事物。

只是船山認為人做為生活世界萬有存在及其意義的揭示者，其去蔽以揭示的方法與態度並非以人之天入物之天，以己之天入天之天，而當是以「恃物之天以待物」、「恃天之天以待天」，筆者認為船山此種思維實與海德格爾有其相似之處。在海德格爾看來，人一出生便處於生活世界而參與生活世界，人對於世界的認知正是植基於此在參與了生活世界。人對於物的陳述一方面是人揭示著、顯示著世界，一方面也是人按照生活世界之所是的那樣陳述著世界的樣貌。這也就表示著，人雖揭示萬物之存在的意義，但同時亦受到生活世界的制約。在船山看來人既受此客觀存在物自身存在律則之制約，那麼人在此一制約之下面對萬有最好的方法是恃之以待之，也就依順著物之所是去面對生活世界。若以陽明所舉之花的顏色與人的關係來說，此花的顏色是透過人的參與而存在，而人亦只是依著花之顏色存在的樣子而揭示陳述之，此即是恃物之天以待物、恃天之天以待天之義。

復次，萬有之存在及其意義，雖是因著「人」此一存在，才因之對比而顯立；同時，也唯有通過人實踐的詮釋，萬有之存在才能得其真實意義。此種通過人主體實踐以彰顯詮釋天地萬有之價值意義，同時以穩立天地萬有存在之定位的思維，實是一種「生命實存的覺知」，這是一種通過生命聲息感通的內在理解所形成並穩立的覺知義的天地人我之倫理關係，此乃有別於通過「話語系統」以主體對象化之認知活動而建立的認知義的知識系統。因此，筆者認為此種以人為天地之心、萬物之靈，實不可視之為具有宰制性與支配性意義的「人類中心主義」，亦不可將船山所言之「恃物之天以待物」與「恃天之天以待天」的存在態度視之為道家的自然無為義。〔註62〕而當視船山學

時，此花與汝心同歸於寂，你來看此花時，則此花顏色一時明白起來，便知此花不在你的心外。」見《王陽明全集・卷三語錄三・傳習錄下》第107～108頁。所據版本為〔明〕王守仁著，吳光等編校：《王陽明全集》（上海：古籍出版社，1997年3月3日3版3刷），雖然馮友蘭先生認為陽明是主觀唯心論者，但很顯然的是，陽明並非否認物的獨立存在，而是認為天地萬物若離開人心，天地萬物之存在就沒有所謂的意義。因此陽明學實是著重天地人我交融通而為一，而非物與人之相互隔絕之同歸於寂之抽象之物，故吾人實不可視陽明學為主觀的唯心論者。

〔註62〕道家的順應自然是無道德意義，而船山的順應自然是有著道德的意義。

爲主體實踐的詮釋學，此種詮釋學乃是植基於萬有皆根源於道，萬有雖皆在道而人獨具詮釋道與萬有之能力。人是天之所創造而能揭示道者。人通過此在參與對象，並與對象交往、對話而將主體間際的差異性和諧的縮合起來，在尊重天地人我互爲主體中萬有相感互通而成爲和諧的整體。這是以尊重差異性成全差異性來超越差異性，在此超越的實踐中主體的自由得以呈顯綻出。同時，此在亦因此而超越了自身的有限性，從而能與萬異之存在相遇，進而能理解地將無限而普遍的不在場者帶出場成爲在場。此種通過參與交往以會之通之、與化相與、與理相知的實踐，使不在場成爲在場的而與在場者同一，此在天地中而參贊天地進而彰顯天地之意義，此即是主體實踐的詮釋。此主體的實踐以化「天之天」爲「人之天」之詮釋歷程，我們若借用黑格爾的說法來比擬，「天之天」可說是「道之在其自己」，理一之天道必然的開展爲萬殊，而有了「人之天」與「物之天」，則可說是「道之對其自己」或「爲其自己」，通過人此一主體實踐的詮釋進而將「天之天」與「物之天」超越的轉化爲「人之天」，則可說是「道之在其自己與對其自己的統一」。〔註 63〕其中關鍵性的因素則在於「天」或「道」與「人」乃是一「詮釋的循環」（Hermeneutical circle）與「創造的循環」（Creative circle），而此詮釋與創造之循環之所以可能，則是植基於「萬有在道」且「道在萬有」，故「天」與「人」雖離形異質

〔註 63〕 需補充說明的是，在黑格爾那裏「在其自己與對其自己的絕對統一」乃是指絕對精神，此絕對精神，是最高的客觀精神，同時也是世界萬物之最終的創造主。通過「思辯」，人類的精神才能與絕對精神合一。因此，絕對精神也是認識的最高目標。雖然黑格爾的絕對精神是主客統一，他也一再的強調普遍性包含特殊性，無限性包含有限性，但他終究是以無限的普遍性與絕對的主體也一再的強調普遍性包含特殊性，無限性包含有限性，但他終究是以無限的普遍性與絕對的主體性──絕對精神爲最高的發展。這就難以避免地走入了以主體吞噬客體的模式當中，而絕對精神的理境也只能在純思維中達到，這樣也就無可避免的排除了物質性而成爲純粹抽象的概念性存在。而船山則不然，「在其自己與對其自己的統一」乃是指「道」與「人」或「天」與「人」的合一。是「一」與「多」、「客觀」與「主觀」、「抽象」與「具體」、「精神」與「物質」、「理」與「事」、「無限普遍者」與「有限特殊者」的統一。由於此統一體是通過主體實踐的詮釋所達成的多端而一體之和諧的統一體，此種通過在場者將隱藏於在場者背後的不在場者，實踐地詮釋而帶出場，將其超越的形而上之無限普遍的意義揭示與綻出而說的統一，在理論上就預取著「天人不二」與「天地人我能通而爲一」，故能說人的實踐即道的揭示，主體的詮釋與實踐能融通殊異的萬有而達成和諧的統一。此種即有限而能無限，即特殊而能普遍，實踐即是道的呈顯，是船山與黑格爾最大的不同之處。

但又能相通；同時，「人之天」並不是「天之天」的一種特殊形態。「人之天」雖是具有客觀內容（天之天）的思想性之天；但這個所謂的「客觀內容」並非是物質世界的刺激、反射或反映的結果，而是理性主體的主觀建構（constitution）。雖然「人之天」是一個思想的意義的「天」，但卻可說是「主體與客體」、「思維與存在」的絕對統一，此是船山「化天之天爲人之天」的理論意義。

第十一章　結　論

　　本文認爲船山學的理論基礎及其方法論乃是以「兩端而一致」的方式，將體用本末通而爲一個辯證性的綜合性的整體。此一整體乃是一永恆性、動態性、辯證性與歷程性的整體。而對比兩端，「兩端」之所以能一致，就自然史而言，其合法性乃在於盈天地皆爲氣之絪縕所化，因著氣的感通，因此天地人我與萬有雖離形異質卻能相通；就人性史而言，「天──人」、「物──我」、「人──我」等對比的兩端，由於存在有其本質的同一性，是一個總體，存在乃是在道的存在，因此通過人之主體的道德實踐，才能將對比之天人、物我、人我之兩端辯證的絪合起來，而能統一而達至天人合一的理境。

　　需指出的是此種天地人我與萬有之通而爲一的關係乃是一「我與你」或「我與我」或「主與主」的關係，而非「我與他」或者「我與它」之以主體攝客體的關係。只是在船山學中「我與你」之天地人我通而爲一的理境乃是通過了將「主──客」關係架構與天地人我之根源的同一性之絪合而上提至更高層次的「天人合一」。此一更高層次的「天人合一」的形態，並非就存有的根源處而講的原初型態的「天人合一」，它並非是一種原始或原初之無差異性的天人同一，而是一種肯認「主體──客體」對比之存在狀態而又能超越而不停留在「主體──客體」關係結構之中所達至的上逐於道之辯證性綜合型態的「天人合一」。此中所謂的「超越」並非是指簡單的揚棄或拒斥「主體──客體」之關係結構，因爲它是「主客對比」與「主客同一」之絪合，此主客天人之合一有主客對比的因子而又不只是主客對比，亦不復是主客對比與主客之同一，而是一主客和諧的統一。此是船山學別開生面之處，因爲在傳統中國思想主流求「天人同一」而少有「主──客」對比之思維。

　　而船山通過超越「主──客」對比結構所達至的「天人合一」，其方法論乃在於船山所言之「兩端而一致」。此「兩端而一致」之所以可能，乃在於人與天地萬有雖然離形異質而成為「主──客」兩端之存有狀態，然而此一彼此異化之存有狀態，有其更根源性的同一，這就是存在皆根源於「氣」，萬有乃氣之流通所化。由於「氣」是辯證性的結構，對立的兩端因著交感而走向彼此，而彼此包孕地互涵互攝。離形異質之萬有間，亦因著「氣」的感通，故彼此能相感相應，天人、物我、人己是整體性、連續性的不可分的一體，故能達至「天人合一」。也由於有此根源的同一性，故船山能說「兩端而一致」，彼對比異化所形成之「主──客」對比而立的結構才能被超越與克服，而達至更高層次的「天人合一」。由於船山學中所說的「天人同一」，是縮合了離形異質之「兩端」所達到的「一致」，故船山所言的「天人同一」並非是無分別無差異性的同一，此一理境亦非《老子》所說如嬰孩般的無分別，此實踐的歷程亦非如道家般揚棄人我之別的歸復，船山的實踐乃是以超越人我之別的上提而非拒斥人我之別的歸復。由於船山所說的「天人合一」之理境，乃是通過且超越「主──客」對立之關係，因此，這樣的思維，於理論上正可避免陽明末流之誤以情識為天理和朱學末流蹈空之弊。

　　在船山學雖然是以「天人合一」為核心，然而比起他之前的哲學系統，船山學無疑的有系統的「主體──客體」二分的思想，而又能超越主客二分的侷限性而達到比原初無分別的純粹同一性之「天人合一」更高層次的「天人相通」的「天人統一」。也就是說，在承認天人離形而異質的脈絡下不侷限於天人之分，在氣之相感相通的基礎之中，能「存異以求同」地超越相對的差異性而上提至辯證性的統一體──「差異性的統一」，此種「差異性的統一」，乃是一能保留差異而能泯除衝突對立，所達成的和諧的統一。筆者認為此乃是船山為六經所開的生面，因為船山以前的思想家較少重視「主體──客體」二分的思想，而船山學正因為有著「主體──客體」所能二端的分立而又統一的思維，而又不停留於「主體──客體」二分的結構之中，因此，船山學實較其他的思想家更能因此而突顯出「主體──客體」二分的侷限性，從而突顯出「天人合一」的優越性。這也就說筆者認為，船山學可以說是既繼承而又發展了傳統中國哲學中的「天人合一」的思想，因為，船山將在中國思想史上處於非主流地位的「主體──客體」二端分說和主流核心思想之「天人合一」縮合起來，而這相較於傳統之無「主體──客體」二分之純粹

無差異性的「天人合一」與「主體──客體」對立而有分的理論而言，是達到了更高的層級。相較於船山學而言，程朱學的思想，是裂解「道」與「器」、「理」與「氣」、「形而上」與「形而下」爲二的思想，而陸王學的思想乃是「道器合一」、「理氣合一」、「形上形下合一」的思想。雖然程朱學有「主體──客體」之分卻不能超越而達至「主體──客體」的統一；而陸王學則又缺乏「主體──客體」二分的思想及認識論。而船山學則是既不否認且又提高「主體──客體」二分思想和認識論於思想中的重要性，因此船山學可說不僅繼承地而且又發展了「道器合一」、「理氣合一」、「形上形下合一」的思想。

　　相對於重理之程朱學，與重心的陸王學，船山學則是強調「氣」概念。船山主張萬有皆由氣之作用所創生形聚，故「氣」便被上提爲「創造性的本體」之高度，是存在的第一因。只是船山學中所言的「氣」的概念，並非是「自然主義」或「唯物主義」的「物質之氣」。船山之「氣」概念是兼及於「虛體」與「氣」而將兩者辯證的統一於「氣」概念之上。說「氣」是辯證性的統一體，其意指氣內涵「道德價值之理」與「物質性」等兩個向度。就此兩端的分別說：「氣」是用來說明「氣」的「物質性」，及其作用和存在的狀態，其指「氣」的「升──降」、「聚──散」、「動──靜」、「有──無」、「顯──隱」、「陰──陽」、「清──濁」等具體對比的作用；而「虛體」與「理」則指「氣」的神化清通之質性。就兩端綜合的說：「理」與「氣」是辯證的統一於「氣」。「理」是「氣」之「理」，「氣」是「理之氣」，「理與氣」只是一「氣」之兩端分說，「理」與「氣」實則是一不是二。

　　在此思維之下所說的「理在氣中」與於「氣上見理」，就異於將「理」視爲形而上者而「氣」只視爲形而下，「形而上」與「形而下」分裂爲二、兩層存有之程朱。因此，在「程朱」學那裏，雖然「理在氣中」需於「氣上見理」且「理氣不離」，但這只能就形而下處說，而且「理」與「氣」二者雖是不離但亦不雜，「理」是價值性的精神性的存在，而「氣」則只能是一物質性的存在，「理」與「氣」終究是二不是一。在形而上處，則只是「理」而不是「氣」。

　　由於船山以「氣」爲「創造性的本體」，而「氣」具形而上之「精神」與形而下之「物質」等兩個向度，「物質」與「道德」、「自然」與「人文」皆收歸於「氣」。「氣」的運動變化，及其存在的狀態，皆受自身「精神性」的道德律則所規約。在「精神」與「物質」二端辯證的統一，且以「道德律則」

軌約著「物質性」的思維之下，修養的實踐工夫便不存在著「精神」與「物質」二端是否能統一通而爲一的問題，而轉向於「存在」如何將此內在潛具的「道德律則」，實踐的揭示於存在的歷程中。生活世界中的典章制度與生活實踐，能如於人內在所具的道德法則？也就是說，船山所關注的焦點即在於將人內在的道德法則實踐於「歷史文化」、「社會政治經濟」、「宇宙天地人我」，使之「皆示我以此心之軌則」、「皆顯我以此心之條理」。因此相較於程朱陸王之學，船山學等重實存與客觀形色世界的肯定。由於「兩端而一致」的思維貫通著整個船山學的思維，對於自然世界所存在的「物質」與「精神」兩個向度，他通過《四書》與《易傳》的詮釋，揭示出這二個向度有著「兩端而一致」對比辯證性而統一的關係。筆者認爲，船山將「理」與「氣」兩端統一於「氣」，使得「氣」成「理」與「氣」辯證性的統一體。此一辯證性綜合的統一體，船山將之詮釋爲「誠」，這就賦與「氣」價值義與道德義，氣不再只是一自然義、物質義，而具有倫理義、價值義。如此，自然與道德等兩端，也就被縮合起來，自然世界的開展即是人文世界，人文世界也就是自然世界的開展，自然與人文是一不是二。

就「道器論」而言之，船山既明確而又詳細地論證了兩者的統一，既承認「器」的首出地位，同時也肯認了「道」，船山并不否認「無其道則無其器」，但他亦認爲「無其器則無其道」，「道者器之道，器者不可謂之道之器也」。因此船山反對「離器言道」、「道在器先」的觀點，而主張「道器的統一」，故船山有「道者，天地精粹之用，與天地并行而未有先後者也。使先天地以生，則有有道而無天地之日矣，彼何寓哉？」與「未有弓矢而無射道，未有車馬而無御道」之語。而船山之所以有「道」爲「器」之「道」的說法，其目的乃是爲了肯定「道德法則存有的眞實義」，以及爲了使超越的道德法則與具體的生活世界的應然之則連結起來以達至統一而有的說法。雖然船山學重「氣」，但我們並不能簡單的將船山視爲唯物的「氣」論者。因爲在船山學那裏，「氣」雖是首出的，然而卻以「理」、「道」爲氣之主宰，「理」與「氣」、「道」與「器」是對比辯證性之結構，船山言「氣」是「理氣」辯證性的綜合說，「理」與「氣」、「道」與「器」之分別立言，則超越的分解說；說「辯證的綜合」不可不預設一「超越的分解」，如無「超越的分解」即說「辯證的綜合」則將成爲大混漫，說「超越的分解」亦不能不有「辯證的綜合」，否則亦將造成存有的二元論。因此，船山學必然兩端的分說「道」與「器」而將之統一於「器」，此中「道器」兩端分說即是「超

越的分解」，而「道」與「器」統之於「器」，則是「辯證的綜合」。此種既講「超越的分解」而又說「辯證的綜合」的思維，即是船山學中所說的「兩端而一致」的思維方法。「兩端」是指經過超越的分解而顯其對比相的兩端，一致則是指經過辯證的綜合的統一體。或甚「兩端」與「一致」也是一概分解而辯證的綜合：「一致」是「兩端」的「一致」；「兩端」是「一致」的兩端。「道」是「器」之「道」，而「器」是「道」之「器」，「道」與「器」實爲具體存在的兩端分說其存在的兩種質性。

在船山看來，說「道」講「理」，不能光從超越面去講，若只是從超越面上說，則「道」與「理」並無眞實的內容，「道」或「理」只是「在其自己」的物自身，而只成爲一形式虛懸的話頭。而「道」與「理」亦不能只是從具體處上說，若只是從具體處說，則「道」與「理」將失去其超越的精神性。只從「形而上」講「道體」，則「道體」將因無具體眞實意義而易流於虛懸；只從「形而下」處講「道體」，則「道體」將因無超越義而易流於以情識爲天理，而此二端之弊正是船山所反對。船山認爲「道體」具體而眞實的意義需要通過具體存在的萬物、通過「器」、「氣」，才能具體的瞭解「道體」所以爲「創造性的原則」，所以爲存在的所以然之根據的實義。是以雖然船山言「道」必通過「氣」關聯著「氣」而言之，然而只宜將之視爲以「氣」爲入路，而不宜因其重言「氣」，而輕率的將之視爲「唯物主義」之「唯氣論」者。需知此是儒學重道德意識，重道德實踐所必有的發展，通過道德實踐以體證道德實踐所以然的根據，通過具體的萬有（存在之然），方能證知創造萬有之實體（存在之然的所以然），通過主觀性的原則（道德實踐）才能證知有一客觀性原則之存在（道德創造之體之存在）。

由於船山的「道器合一論」是辯證性的綜合，因此船山學不僅只是從現實層說形上之道與形下之器的合一不離，而是根本沒有一個「無形之上」的實體和超越的形上世界。「形而上」之「道體」，是指隱藏在具體事背後隱微未出場的在場者；而「形而下」之「形器」，則是出場者。出場者是未出場者的出場者，而未出場者則是出場者的未出場者。用船山自己的話來說，「道」是「器之道」，而「器」是「道之器」，「道」與「器」是一不是二，只是「道」爲「隱」，而「器」爲「顯」，故可分說「器」與「道」，因此船山於《周易外傳》卷五說：「形而上者，非無形之上謂。既謂有形矣，有形而後有形而上，無形之上，亙古今，通萬變，窮天窮地，窮人窮物皆所未有者也。」又說：「形

而上者，當其未形而隱然有不可踰之天則。天以之化而人以為心之作用，形之所自生，隱而未見者也。」換句話說，船山認為從認識的視域言之，形而下之器是首出的，欲認識「道」需通過「形器」，方能有「道」的概念；從存有學的視域言之，則「形上之道」是存在的根源，「道」必開顯為形器，是形器所以存在的根據。必有「形器」方有「道」，「器」可說是「道」的「形器化原則」或「道」的「個殊化原則」，而「道」則是「器」之存在的根源。「形器化的原則」是存有之根源的「形器化原則」，而「存有的根據」是「形器化原則」所以存在之根據，此分說之二者實是一而不是二。因此船山反對離「器」而論「道」，亦反對離「道」而言「器」，而主張以「合一而兼兩」、「兩端而一致」態度來面對存在及其存有的根據之間的關係，認為唯有如此存在才能調適而上遂於「道」，也唯有如此「道」才能體現於形器之間。

「器」是「道」之具體作用地呈顯，而「道」則是「器」所以存在的超越性根據，因此船山謂「器」與「道」「交與為體」，並非指「相互主體性」義，而是就存有的不同向度以分說「存有的根源」與「存有的呈顯」義。如此於理論上的效應，「道體」有其「器用」，則抽象普遍之「道體」自身存在的真實性與具體之內容便得到具體的實現，而不再只是抽象形式的普遍；同時，「器用」有其超越的根據「道體」，則「器用」也不再只是特殊有限的個體，有限的殊相存在中有其「超越的普遍性」，是以個體便有會通全體之可能性，便有超越的可能性。它能即有限而無限，即有限而超越。如此，談普遍的理想性，不妨礙個體獨立性，談個體性亦不妨礙普遍性與理想性。如此便將「普遍」與「特殊」之二律背反解消之，同時抽象的普遍性，便不再只是一抽象的普遍性，而是能保住個體殊特性之具體普遍性。筆者認為此是船山「道器」論通過「道器相與體」以證成「本體」的真實性之外的另一個涵藏的理論意義與價值之所在。

在船山看來萬有雖然離形異質是多元的，但卻皆是存在於整體之道中，一皆是整體之「道」的內容。萬有雖是「道」的內容，卻也同時全體之「道」自身真實的意義。如此「道」可說是差異性的統一，其意義乃是多元而一體之整體義，「萬有」是「多」，而「道」則是此多的統一體，由此而說的統一體，是不需消除差異性之和諧的統一體；相反的，「道」還需保留此多元而和諧的差異才能得成其全。也因此存有之根源的同一性之「一」與存在之殊異的離形異質之「多」，便達成統一。易言之，在船山這裏，「道」不再如伊川、

朱子學般，將「道」視爲一形而上超越而能獨立於物外的道德理體與道德實
體；同時「道」亦不如象山、陽明學之將「道」收攝於人之「心」之上，將
之視爲超越時空之純粹而普遍的道德理性；船山所言之「道」亦不同於黑格
爾的「絕對精神」之概念，因爲，在船山看來存在的全體即是「道」，「道」
是「精神」與「物質」的統一體，而在黑格爾處，「絕對精神」此一概念是排
除了「物質」的成份，是一純粹的精神實體。就天人的關係而言之，船山亦
不像伊川、朱子與象山、陽明那樣，視此存在的意義乃在於實踐天道與道德
的創造，亦不似黑格爾般將「歷史」是絕對精神的展現。

　　就「體」與「用」此一組概念而言，船山將「體」與「用」、「形而上」
和「形而下」視爲「隱」和「顯」、「幽」和「明」而統一於現象界具體之存
在。視「用」是「體之用」，而「體爲用之體」，「形而上」是隱藏於「形而下」
背後的未出場的「形而下」的所以然根據。「體」與「形而上」並非是脫離於
「用」和「形而下」的獨立而又超絕之實體。在此思維之下，宇宙從「無」
到「有」的創造性演化之歷程，實即是從遮蔽隱微的存在走向澄明具體存在
的歷程，同時也是無限普遍未具形的存在走向有限特殊具體存在之歷程。「隱
——顯」、「幽——明」、「無限——有限」、「普遍——特殊」、「無形——有
形」、「形上——形下」、「體——用」等傳統思想視爲對立矛盾的概念，在船
山學這裏，便成爲辯證性的概念，是同一物的兩種不同存在狀態，此與彼不
二，此即是彼，彼即是此，隱是顯之隱，顯是隱之顯，無限是有限的無限，
有限是無限的有限，普遍是特殊的普遍，特殊是普遍的特殊、體是用之體，
而用即是體之用。存在與創造性的根源或存在與價值的根源，實是既統一而
又同一之兩端而一致的概念。

　　至此，我們便可清楚的得知，「體」與「用」和「形而上」與「形而下」
等對比的概念，在船山學那裏不僅不同於程朱之學將之割裂二層的存在而無
法統一；亦不同於陸王之學將之統一而收攝於「大體」之心，而非如船山般
雖然區分著「體」與「用」，分別著「形而上」與「形而下」，卻將「體——用」、
「形而上——形而下」對比分立的兩端統一於「用」，統一於「形而下」。也
就是說船山學是以具體現象界的存在爲發出點，在具體的存在之下，二端分
說存在的所以然之超越性、價值性的根源與現象的具體眞實性。從思想史的
眼光來看，程朱學到陸王學至船山學的出現，此一宋明儒學發展的歷程，可
說是從重視「理」之理事分裂的程朱學，到強調「心」之純理的道德心，到

關注具體「存在」的發展，是一種回到「事物自身」的發展。從理論的型態而言，若朱子學是一橫攝而通於縱貫的型態，則船山學可說是一在場的超越型態。此一在場的超越乃是指在船山學那裏，在場者與不在場者，是統一且融合於具體的存在，故謂之為在場；而超越則是通過在場者之實踐的揭示，將不在場者帶出場，使不在場者從遮蔽的狀態為之「綻出」而「澄明」，故可謂之為在場的超越型態。此種思想的發展歷程，猶如德國觀念論從康德、黑格爾發展到胡塞爾、海德格爾的歷程。

就性命論而言之，船山從「天命之謂性」說「天命」與「性」的關係乃是「天日臨之，天日命之，人日受之。」是「命日降」而「性」「日生日成」。由於天降命乃是歷程性的而非一成永成的具，因此船山認為「未成可成，已成可革」。在天命、天道下貫而為人內在之仁、義、禮、智之性的同時，便將本有人格神意味的天道轉化成為超越的形而上之實存。只是此處所說的「形而上之實存」此一概念，在船山那裏並非如朱子學般，將之視為是一純粹的形式的超絕的理體。船山將此「形而上的實存」視為隱藏在現象背後之隱微而不在場的真實存在，並非離於現象的純粹形式之空概念。就人而言之，「天道」是隱藏在「人心」之中，需透過人心之實踐的詮釋與彰顯，天與人之間有著相互詮釋相互創造的「詮釋的循環」與「創造的循環」。船山並非如朱子般將天命與天道推遠，而是將之收攝在人心之內成為存在之性，因其隱微不在場而視之為形而上，此形而上是指生活世界中隱微的那個向度，形而上的世界與形而下的世界是統一的，船山並非如朱子般將形而上的世界視之為是純粹超越而與生活世界不同之異度世界。也就是說相較於朱子，船山學較側重通過主體性（Subjectivity）的實踐，而朱子則較側重客體性（Objectivity）的超越之默契。通過在場者主體性的實踐，而將不在場之形而上之實存者帶出場，使之成為在場者，這就將主體與客體統一在一起，使得主觀性與客觀性取得了真實的統一（Real Unification），成為一個「真實的統一體」（Real Unity）。雖然，天道、天命與人性有其同一性，是一而不是二，只是此性天之道或天命之性，是隱微的不在場的，其需通過此在的道德實踐之詮釋，方能將此隱微不在場的轉化成為具體呈顯的在場的，因此一講天道、天命下貫而成為人性，便需正視人之主體性；而人存在的「真實主體性」（Real Subjectivity）也在主體之實踐的詮釋時，因著此在超越自身的有限性將超越無限之形而上的隱微不在場的，轉化成為在場者時得到穩立的證成。

就儒學而言，「天道下貫」而爲「性」，只表示人有道德實踐的可能性而不代表其已具體實踐。在道德學上，僅具存有及其實踐的可能性，卻不能於生活場域中具體的實踐，「存有」與「實踐」之間的割裂便不是道德。道德的「存在與實踐」如何取得統一？如何能將此一道德性的潛存狀態實踐的揭示？如何能將隱蔽的不在場的將之帶出場而成爲在場者？此是道德學所關注的。在船山看來，欲將內在潛存的道德理性之眞實性予以具體的呈顯，其方法並非通過「主──客」關係模式之認識論意義的以主體涵攝客體的認知；而應當是透過道德實踐主體之道德踐履──主體之踐性踐仁的工夫，才能使「主觀性原則」與「客觀原則」之絕對而眞實的統一，具體的實現於生活世界。也唯有通過主體的實踐，才能超越的轉化自在自爲的自存（Self-existent）之物，使之成爲眞實而又能具體實現之「爲我之物」。雖然萬有皆由天道此一創造性之總體的根源所造，但就實踐上的可能性來說，在萬有當中卻只有人有具體實現天道的能力，而有通極於道的可能性。至於人之所以能通過參贊的實踐詮釋以通極於道，而物無此道德實踐的能力，這是因爲人之存具感性的知覺運動聲色臭味之自然物欲，有其內在的仁義禮智等道德價值理性以爲軌約性的律則；而物之存在，則因爲只具知覺運動聲色臭味之感性的自然嗜欲，而無道德理性以爲內在之律則。因此，物之存在不能參贊與詮釋道，亦無法將道的內容與意義揭示出來。人內在所具之道德價值理性能透過食色知覺運動之實踐的詮釋以揭示之，在船山看來，這正是人之存在與禽獸之存在最大的不同之處。

在船山那裏，天道與性命之關係首重的是此在的主體性，此在通過自己之覺悟以體現與性相貫通的天道。因此人欲超越存在之有限性，以參贊天道而與天地人我相通而爲一整體，其方式便是不透過外在的認知攝取，而是經由主體內在之實踐的詮釋，將「天命之性」或「性天之道」的內容及其意義揭示出。透過主體實踐的道德創造將主體內在所涵具的創造之眞幾，從不在場的帶出場而成爲在場者，使得人的主體性及其有限性的超越，也在此時得以眞實的證成與穩立。

船山從「繼」處言「善」，其所意蘊的意義是道德的存在自身即是實踐，道德實踐的當體即是道德當體的存在，亦可謂道德自身即是實踐，這樣的思維實同於黃梨洲所言之「心無本體，工夫所至即其本體」與熊十力先生所言之「良知當下即是呈現」，此皆就道德的實踐處言道德，而不從本質處言道德。

此皆是「理事不二」、「即理即事而即事即理」之思維的展現。「善」與「繼」的關係，並不僅只是「事能顯理」，而且是「事法即理」之架構下言「善」與「繼」之關係。在此脈絡之下，道德之善即是主體之實踐，主體之實踐即是道德之善。船山透過道德行為以言道德之善，而不從本質之「善」以言「善」，認為道德必然關聯著事，無其事則無其理，強調道德之理不外於道德行為之事而獨存，在理論上的效益則是：可避免高談虛玄而無道德修養工夫之踐履，以致蹈於虛玄的流弊。

是「性」與「情」而言，船山「心統性情」之命題所呈現出的「心」、「性」、「情」三者的關係是，一、「性」為「心」之體，而「情」為「心」之「用」，所謂的「統」字義是「兼」，而「兼」並不是指「心」同時兼具「性」與「情」，「性」與「情」對於「心」而言，是有存有發生的先後之序。二、由於船山的「心統性情」論是在「性」為「心」之「體」，而「情」為「心」之「用」，故船山並不同意「心主性情」，而主張「性自是心之主」，而「心但為情之主」，這就與程朱學有所不同。程朱學是「心性為二」，而「心主性情」；船山學則是「心為性之用而性為心之體」而「性為心之主」。三、在作用層中，「心」不可謂即是「理」，因為「心」之發用有二種向度，於發用中是以「性」為主宰而受「性」之軌約的「道德心」才可謂即是「理」。這樣的理論實又與陸王學之「心即理」說有所不同。其不同處則在於陸王學「心、性、情」三者通而為一；而船山學則認為「心」有「知覺之心」與「道德之心」，故船山反對言「心即是理」而主張「道德心」才即是「理」，「心、性、情」雖可通而為一，但需在「道德心」之下才能成立，「知覺之心」不能即言是「理」，其發用之「情」未必是「性」之呈顯，故於「知覺之心」處，未必能說「心、性、情」通而為一。四、船山區別「知覺之心」與「道德之心」，並指出惟有「道德之心」才能視之為「理」，強調惟有「性」、「理」作為「心」之主宰時，「心」之發用之「情」才能視之為「性」之呈顯，而「性」為「心」之發用的主宰，則需通過存心養性的道德實踐工夫。這就明了道德實踐的工夫，何以需著重在「心」與「性」而不得偏廢之；同時也挽救了王學末流偏於「心」而流於情識，程朱學末流偏於「性」而蕩之虛懸之弊端。

就「理」和「欲」的關係結構而言，由於人是由「氣」所形構的，而「氣」是「理氣」對比辯證性的統一體，人秉此「理氣合一」之「氣」而得成為具體而真實的存在。人此一存在在船山那裏，是「理欲」對比辯證性的統一體，

人一方面具「理」，一方具「欲」，「理」與「欲」是不可分的。「理」是就人的存在自身內在的道德律則而言之，「欲」則就存在面對生活世界時所產生的感性希求。「理」通過「欲」而得其具體的內容與真實性，而「欲」有「理」以為軌約方能得其貞定。「理」是「欲」之「理」；「欲」是「理」之「欲」，「理與欲」是辯證性的統一，「理」與「欲」是不二的。因此，船山認為健康的道德實踐修養工夫，不應當是去「欲」而當是存「理」，因為「欲」不可去，「理」必存於「欲」，「理與欲」是合一而不二。所謂的「存天理」即並非是「去欲」，而是去「私欲」，「私欲」的排除才是聖學存天理之道。

船山認為天理與人欲是一不是二，天理流行處即是人欲流行處，並不需去除人欲才是天理，而是去除私己之欲即是天理，能知此中之差異才真是「深有所得於天理人欲之大辨」，故船山曰：「只理便謂之天，只欲便謂之人。饑則食、寒則衣，天也。食各有所甘，衣亦各有所好，人也。」很顯然的在船山學那裏「理」與「欲」的問題，其視域是在「公」「私」之辨，而所謂的「公」是指普遍性，具有公共性的；而「私」則是「過」「淫」而無節者，這是沒有普遍性的，只是有個體性的特殊需求。船山視具有普遍性或公共性之「欲」為「公欲」而即是「天理」之具體實現，視特殊又失去理之節制與軌約之「欲」為「私欲」，只此「私欲」才是道德修養工夫所欲排除的對象。船山在「理」與「欲」是辯證性綜合的統一於「性」的架構之下，故能肯定具普遍性之自然的感性經驗之需求，能如其理之調節適當即是「公欲」即是「天理」。如此一來，「理」與「欲」在自身的同一性的基礎之上，「欲」不僅不是對治的對象，而且有其根本的無法去除性；同時，「理」亦非僅是一純粹抽象的法則性，是具體存在於時空經驗中的在場者，其對於「欲」的軌約，並非是靜態的法則約束動態的意念作用之型態，而若借用禪宗的概念它是「作用是性」的型態，可說是存在（作用）即合理的型態，作用者與軌約者是自身的同一，「理」與「欲」實是相互詮釋而又相互創造。「欲」之如其自身之理，實即是「欲」創造的詮釋「理」；而「理」之軌約「欲」即是「理」對於「欲」的創造與詮釋。

而這就顯示出，船山學視人之存在，並不單僅是理性的存在，同時也是感性的存在；而且是「理性與感性」之辯證性的綜合存在。人作為一個在場的存在（此在），並只是一主體性的存在，同時也是本體性的存在，是即本體即主體，即主體即本體之辯證的綜合。在此思維之下「個體性」與「公共性」，是彼此關聯而又交互作用相互影響，「個體性」在「公共性」的軌約下得以圓

足,而「公共性」也唯有在「個體性」得到圓足的保障,才能得其存在的真實性。換言之,「公共利益」與「個人利益」便再也不是相互對立相互矛盾衝突的。相反的,「個人的利益」在「公共利益」軌範之下便得以保障地圓足;而「公共利益」亦在「個人的利益」被保障地圓足之下,才能得其具體的真實性。也因此,「理」和「欲」的視域,便從「存天理」去「人欲」轉向公私誠偽之辨,與欲求的調節與遏制,因此道德實踐的工夫便不再是去人欲而是「存理」與「遏欲」。此中「存理」是著重在以道德理性的關照以除蔽;而「遏欲」則著重在先除蔽以恢復智心的明聰。

關於船山學中,「理」與「勢」此一命題的理論意義,唐君毅先生曾指出,船山因重歷史故而重「時」,因著重「時」故而重「事」在歷史中的「特殊性」。筆者認爲,在船山看來,「理」必有其「事」,而「事」則成「勢」。「理」不可見,是以可在「在勢之必然處見理」。雖然「勢」可說由「理」成,然而「理」與「勢」於具體的生活世界中,彼此的發生與實現亦可以是「勢成理」。這也就是說「理」能成「勢」;而「勢」亦能成「理」。此中「理」能成「勢」是就「勢」的發生根源處上說,這是就「天」的創造性實現而說,指出天道必然開展爲人存在的歷史;而「勢」能成「理」,則是就「人」的主體自由性而說,指出「人」具有參贊天道歷史與詮釋天道歷史的能力。

然而不論是天道必然的展開爲人存在的歷史或人能參贊天道所開展的歷史,此二者乃以「人」爲核心而被統攝連結起來。換句話說,不論是「理成勢」或「勢成理」,乃是以「人」此一存在爲核心而展開的兩端分說之論述,此中「理成勢」是指「人」所生活所面臨的生活世界的諸存有的外在客觀之情境狀態與局勢;而「勢成理」則意指著「人」在面對生命存在的諸境域,人所具有的主體自由,是能參贊甚至而導引著歷史的發生與演進的方向,這即是「人」此一存在對於天道歷史的參贊。通過人主體自由的實踐,「客觀」與「主觀」之兩橛便被縮合辯證的統一起來,而不是分立割裂無關的兩端。船山認爲人能通過主體自由去「順理」、「順勢」,以溝通「天」與「人」,將「天」與「人」兩端縮合辯證的統一起來,這就有別於維柯(Giambattista Vico,1668～1744)在《新科學》一書中僅視歷史的過程爲天道實踐的一部分,而人卻沒有也不必要天道之實踐有意識,而較近於黑格爾所說的「理性的機巧」(The Cunning of Reason)。

但我們並不可以視船山的歷史學等同於黑格爾的歷史學,因爲很顯然的

黑格爾與船山存在著根本的不同。雖然在船山學那裏，世界及其歷史往往因爲歷史理性的機巧，人物與事件往往只是天假以行其大公的工具，猶如黑格爾學那般只是自我實現的工具和手段。然而在黑格爾那裏，世界及歷史是絕對精神展現其自身的場域，理性統治著世界與存在的歷史；而在船山學那裏生活世界及其歷史所展現的「理」與「勢」，實即是「道」的自我實現，世界及其歷史實即是「天道」自身的開展。同時，船山在「理」與「事」和「勢」三者的關係結構中，所表示的是「凡存在必有其理」，必有其理並不等同於有目的性、合目的性；而在黑格爾那裏世界及歷史是自然的合目的性，而目的則是根源於上帝或絕對精神、絕對理念、絕對理性。

由於船山學是建立在氣的感通與天人相通的基礎之上，因此船山認爲人雖存在於歷史發展的流變中，但人同時也具有主體能動性而能參贊詮釋歷史，進而創造歷史；此中，人之參贊詮釋歷史，即是人之創造歷史。人處於歷史而能參贊詮釋的創造歷史，其參贊詮釋與創造的方式乃是「內在的體驗」。而此「內在的體驗」不僅僅只是「設身處地」與「同情的理解」，它同時也是「驗之於體」和「以體驗之」。所謂的「驗之於體」，乃是指上逐於「道」之「由跡末以求根本」；而所謂的「以體驗之」，乃指上逐於「道」之後，由「由本而貫末」，以「道」爲準則向下落實於具體行爲事物之中以檢證之。在「驗之於體」與「以體驗之」的交互作用與調適中，一方面人通過主體實踐的詮釋，揭示了歷史演進中所隱藏的「道」；同時，另一方面，「道」亦在此交互作用中展開其自我的實現——歷史。

「知」與「行」的關係，可以是一個認識論的意義，亦可以是一個道德倫理的意義。在中國傳統的思想中，知行的問題通常是指涉著道德倫理這個面向；在西洋的思想傳統中則是以認識論的角度爲主流，「知」與「行」的關係即是「認識與實踐」，「知」的意義是主體認識對象、客體，而「行」則是實踐所認識到的對象、客體來爲主體服務。而在傳統的中國哲學中，「知」主要的是道德意義的「知」，而「行」主要的是道德意義的「行」。在儒者看來，人生在世主要是作爲道德義的存在與行爲者。人之存在並非只是一單純的「認知主體」之「知者」，人之存在同時也是一個道德意義的交往者，「行者」。儒者認爲此一交往者（人）應當以「我與你」（人——人）的態度與人存在的生活世界的萬有相遇而交往，在參與和體驗或體證中與萬有通而爲一，而不應當以「我與它」（人——物）的態度與生活世界的萬有交往。此中的參與交往

體驗是「行」，而「態度」則是「知」，顯然的「知」與「行」的關係乃是在道德意義的脈絡下開展而達至「知行合一」的道德理境，在此理境之中「人」與「萬有」的關係不再是「主體——客體」或「我與它」的關係，而是能相通無礙之「民胞物與」的「我與你」的境界。

在知行問題上，船山既能肯認「知」與「行」的差異性而又能將「知」與「行」縮合起來。同時，船山的知行合一既有道德意義；也具有認識論意義的認識與實踐的思想，並認為知識與道德能相資為用而能縮合的統一。很顯然的在船山學中，認識論是道德學不可或缺，尤其是在道德的實踐上。船山認為人類知識的形成有待於耳目心思和客觀事物的接觸，人在接觸事物時有所感、有得於心這便是知的基礎和來源，而知識是有助於行為能如其「理」而行。也由於船山強調實踐的重要地位，因此，船山明確的反對程朱學的「知先行後說」，同時也反對陽明學的「知行合一說」。船山雖然反對陽明學無分別，易流於缺乏具體行為實踐的「知行合一」說，但這並不意味著船山肯認程朱學中的「知先行後說」。因為，在船山看來，這與陸、楊之徒同樣有著一偏之失。而船山之所以會有既否認「知行合一」而又否認「知先行後」說，實乃因為船山認為「知」與「行」相資為用，通過辯證性實踐的昇進之「知行合一」才是「知」與「行」最恰當的關係。

對此需再次指出的是，筆者並無意而且也不認為船山學的辯證法等同於黑格爾學，因為筆者於前文早已指出，船山學與黑格爾學雖然都是通過辯證法而成其體系相或體系，但此二人學說所植基的土壤是不同的，船山是人在道中而能上邃於道，天人物我是可通而為一的基礎下說「辯證法」；而黑格爾是在「主——客」兩分對立性的關係結構中講辯證性。因此船山學是不排除物質性的，而黑格爾是排除物質性的；故船山學所呈顯的是辯證理性，而黑格爾所呈顯的是純粹的思辨理性。於此之所以黑格爾比擬船山，以謝林比擬陽明，其用意只在於突顯，船山與陽明「知行合一」論最大的不同乃在於，船山學的合一是通過對比之二物之包孕而達成的合一，而陽明學的合一物則是同一物的不同分說，故船山學的「知行合一論」是涵攝著差異性，而陽明學的「知行合一論」是建立在生成與作用有著本質的同一性之上。

在船山看來，人此一存在之所以是天地之心而為萬物之靈，這是因為現象界萬有其存在的真實意義及內容，是依因著人的主體實踐而被揭示。筆者認為船山這樣的思維實與陽明學「心外無物」之說有相似之處。因為在陽明那裏「心

外無物」，並非否認物的獨立存在，而是認爲天地萬物若離開人心，天地萬物之存在就沒有所的意義，而人之存在若沒有物的存在以對比而覺知，則無天地人我之別，故陽明於《傳習錄》上說：「我的靈明，離卻天地萬神萬物，亦沒有我的靈明。」而其所言之人未看山中之花，則人同歸於寂，此寂實是指存在意義的遮蔽，也就是無意義。此即是船山所言之人是主持分劑者，人極建而天地定之義。若借用海德格爾的話語來說，船山之意即是人是一去蔽者，事物因著人的揭示而顯示其自身存在的意義，是人使事物成其爲該事物。

只是船山認爲人作爲生活世界萬有存在及其意義的揭示者，其去蔽以揭示的方法與態度並非以人之天入物之天，以己之天入天之天，而當是以「恃物之天以待物」、「恃天之天以待天」，筆者認爲船山此種思維實與海德格爾有其相似之處。在海德格爾看來，人一出生便處於生活世界而參與生活世界，人對於世界的認知正是植基於此在參與了生活世界。人對於物的陳述一方面是人揭示著、顯示著世界，一方面也是人按照生活世界之所是的那樣陳述著世界的樣貌。這也就表示著，人雖揭示萬物之存在的意義，但同時亦受到生活世界的制約。在船山看來，人既受此客觀存在物自身存在律則之制約，那麼人在此一制約之下面對萬有最好的方法是恃之以待之，也就依順著物之所是去面對生活世界。若以陽明所舉之花的顏色與人的關係來說，此花的顏色是透過人的參與而存在，而人亦只是依著花之顏色存在的那個樣子而揭示陳述之，此即是恃物之天以待物、恃天之天以待天之義。

復次，萬有之存在及其意義，雖是因著「人」此一存在，才因之對比而顯立；同時，也唯有通過人實踐的詮釋萬有之存在才能得其眞實意義。此種通過人主體實踐以彰顯詮釋天地萬有之價值意義，同時以穩立天地萬有存在之定位的思維，實是一種「生命實存的覺知」，這是一種通過生命聲息感通的內在理解所形成並穩立的覺知義的天地人我之倫理關係，此乃有別於通過「話語系統」以主體對象化之認知活動而建立的認知義的知識系統。因此，筆者認爲此種以人爲天地之心萬物之靈，實不可視之爲具有宰制性與支配性意義的「人類中心主義」，亦不可將船山所言之「恃物之天以待物」與「恃天之天以待天」的存在態度視之爲道家的自然無爲義。而當視船山學爲主體實踐的詮釋學，此種詮釋學乃是植基於萬有皆根源於道，萬有雖皆在道而人獨具詮釋道與萬有之能力。人是天之所創造而能揭示道者。人通過此在參與對象，並與對象交往、對話而將主體間際的差異性和諧的縐合起來，在尊重天地人

我互爲主體中萬有相感互通而成爲和諧的整體。這是以尊重差異性成全差異性來超越差異性，在此超越的實踐中主體的自由得以呈顯綻出。同時，此在亦因此而超越了自身的有限性，從而能與萬象殊異之存在相遇，進而能理解地將無限而普遍的不在場者帶出場成爲在場。此種通過參與交往以會之通之、與化相與、與理相知的實踐，使不在場成爲在場而與在場者同一，此在在天地中而參贊天地進而彰顯天地之意義，此即是主體實踐的詮釋。此主體的實踐以化「天之天」爲「人之天」之詮釋歷程，我們若借用黑格爾的說法來比擬，「天之天」可說是「道之在其自己」，理一之天道必然的開展爲萬殊，而有了「人之天」與「物之天」，則可說是「道之對其自己」或「爲其自己」，通過人此一主體實踐的詮釋進而將「天之天」與「物之天」超越的轉化爲「人之天」則可說是「道之在其自己與對其自己的統一」。其中關鍵性的因素則在於「天」或「道」與「人」乃是一「詮釋的循環」（Hermeneutical circle）與「創造的循環」（Creative circle），而此詮釋與創造之循環之所以可能，則是植基於「萬有在道」且「道在萬有」，故「天」與「人」雖離形異質但又能相通。此是船山「化天之天爲人之天」的理論意義。

　　相較於朱子學所側重的「道德的超越形式性原理」與陽明所側重的「道德的內在主體性原則」而言，船山似乎較能注意到人的存在是一辯證性的存在，而強調了存在的「歷史性」、「社會性」、「總體性」。他注意到人存在的「歷史性」同時也強調了人在歷史中的「主體能動性」。船山通過「兩端而一致」的方式，將「道德的內在主體性原理」與「道德的超越形式性原理」辯證的綜合起來。因此，船山一方面能重視主體的能動性，同時也能不廢棄經驗的客觀性。是以船山不僅擺脫了朱子學末流因著偏重於「道德的超越形式性原理」，而有的外化傾向，同時也避免了陽明學末流因著偏重於「道德的內在主體性原理」，而流於情識之肆的困境。船山通過人此一存在的主體道德實踐，進而將程朱學所著重的「道德的超越形式性原理」與陸王學所著重的「道德的內在主體性原理」，實踐的辯證的統一起來。在主體的道德實踐中，揭示了「道」的「超越性」，同時也表顯了存在的「主體性原則」，進而澄明了「存在」之即有限而能無限，即內在而即超越。就思想史發展的內在理路而言，宋明儒學的發展，從程朱學所著重的「道德的超越形式性原理」之「道德天理論」，發展到陸王學所著重的「道德的內在主體性原理」之「道德本心論」，程朱學與陸王學兩端間的衝突矛盾與對立，到了船山之「歷史人性論」才算

真正得到辯證性的統一與化解。此雖然可說是思想史發展上的必然，雖然可說是「理成勢」，但亦可以說是「勢成理」。因爲，此一必然性是因著船山身處於歷史之勢中而依著存在的主體能性以參贊創造性的詮釋歷史才得以達成，才能使程朱、陸王對立的兩端得其內在理路的關聯而達成統一。

最後需指出的是，本論文的主要論題是：王船山「兩端而一致」之思維的辯證性及其開展。既然論題是「兩端而一致」之思維的開展，則實須綜貫涵攝船山著作中，所曾指出之對比兩端而又一致的概念組。然而，本論文卻未爲文將之提出。此一頗具份量的概念，即是「情」與「景」之關係結構。此一兩端之概念組，實貫串著船山的詩文理論。在船山看來，由於「人」是「天」、「地」之間的詮釋著，而詮釋之主體又不免受到客觀外在之客體所制約。主體對於客體的作用即在「詮釋」；而「客體」對於「主體」的作用即在於提供認知的「對象」。「詮釋者」與「對象」的關係，實即是「情」與「景」的關係。「對象」是「詮釋者」的對象；而「詮釋者」即是「對象」的「詮釋者」。這也就是說，「情」即是「景之情」，而「景」即是「情之景」。此「情景」對比辯證而不二之一致，實值得大書特論的，但此論文卻未曾兼顧，實是一大敗筆。只能期待來日，爲文以充實之。

主要參考書目

（古籍依朝代先後爲次；現代專著依姓氏筆劃爲次）

一、船山全書部分

《船山全書》，明·王夫之著、船山全書編輯委員會編校，長沙：岳麓書社，1996 年。

船山全書第一冊　〈船山全書序例〉、《周易內傳》、《周易稗疏》、《總目》、《周易大象解》、《周易外傳》。

船山全書第二冊　《尚書稗疏》、《尚書引義》

船山全書第三冊　《詩經稗疏》、《詩廣傳》

船山全書第四冊　《禮記章句》

船山全書第五冊　《春秋稗疏》、《春秋家說》、《春秋世論》、《續春秋左氏傳博議》

船山全書第六冊　《四書稗疏》、《四書考異》、《四書箋解》、《讀四書大全說》

船山全書第七冊　《四書訓義》（上）

船山全書第八冊　《四書訓義》（下）

船山全書第九冊　《說文廣義》

船山全書第十冊　《讀通鑑論》

船山全書第十一冊　《宋論》、《搔史》、《永曆實錄》、《蓮峰志》

船山全書第十二冊　《張子正蒙注》、《俟解》、《噩夢》、《搔首問》、《思問錄》、《黃書》、《識小錄》、《龍源夜話》

船山全書第十三冊　《老子衍》、《莊子通》、《愚鼓詞》、《莊子解》、《相宗絡索》、《船山經義》

船山全書第十四冊　《楚辭通釋》、《唐詩評選》、《古詩評選》、《明詩評選》

船山全書第十五冊　《薑齋文集》、《薑齋詞集》、《龍舟會雜劇》、《薑齋詩集》、《薑齋詩話》、《詩文拾遺》

船山全書第十六冊　《傳記》、《年譜》、《雜錄》、〈船山全書編輯紀事〉

二、古籍部分

1. 宋‧周敦頤,《周子全書》,臺北:臺灣商務印書館,1978 年。
2. 宋‧張載,《張載集》,臺北:漢京出版社,1983 年。
3. 宋‧程頤、程顥,《二程集》,臺北:漢京出版社,1983 年。
4. 宋‧胡宏,《知言》,臺北:中文出版社,1973 年。
5. 宋‧朱熹,《朱文公文集》,臺北:臺灣商務印書館,1967 年。
6. 宋‧朱熹,《四書章句集註》,臺北:鵝湖出版社,1984 年。
7. 宋‧朱熹編、張伯行集解,《近思錄》,臺北:臺灣商務印書館,1986 年。
8. 宋‧黎靖德編,《朱子語類》,臺北:文津出版社,1986 年。
9. 宋‧朱熹,《朱熹集》,成都:四川教育出版社,2001 年。
10. 宋‧陸九淵,《陸九淵集》,臺北:里仁書局,1981 年。
11. 宋‧陳亮,《陳亮集》臺北:漢京出版社,1983 年。
12. 明‧王守仁,《王陽明全集》,臺北:河洛出版社,1978 年。
13. 明‧王龍溪,《王龍溪語錄》,臺北:廣文書局,1986 年。
14. 明‧羅欽順,《困知記》,北京:中華書局,1990 年。
15. 明‧劉宗周,《劉子全書及遺編》,臺北:中文出版社,1981 年。
16. 清‧陳確,《陳確集》,臺北:漢京出版社,1984 年。
17. 清‧顧炎武,《日知錄集釋》,臺北:世界書局,1963 年。
18. 清‧顧炎武,《亭林文集》,臺北:世界書局,1963 年。
19. 清‧黃宗羲,《黃宗羲全集》,浙江:古籍出版社,1993 年。
20. 清‧全祖望,《鮚埼亭集》,臺北:華世出版社,1977 年。
21. 清‧戴震,《戴震集》,臺北:里仁書局,1980 年。
22. 清‧章學誠撰、葉瑛校注,《文史通義校注》,臺北:里仁書局,1984 年。
23. 清‧章學誠,《章學誠遺書》,北京:文物出版社,1985 年。

三、思想史部

1. 德‧文德爾班，《哲學史教程》，北京：商務印書館，1997 年。

2. 方克立，《中國哲學史上的知行觀》，北京：人民出版社，1997 年。

3. 王永祥，《西方同一思想史》，上海：上海社會科學院出版社，2001 年。

4. 英‧尼古拉斯‧布寧、余紀元編著，《西方哲學漢英對照辭典》，北京：人民出版社，2001 年。

5. 李志林，《氣論與傳統思維方式》，上海：學林出版社，1990 年。

6. 李紀祥，《明末清初儒學之發展》，臺北：文津出版社，1992 年。

7. 牟宗三，《才性與玄理》，臺北：臺灣學生書局，1986 年。

8. 牟宗三，《佛性與般若》，臺北：臺灣學生書局，1997 年。

9. 牟宗三，《心體與性體》，臺北：正中書局，1995 年。

10. 牟宗三，《從陸象山到劉蕺山》，臺北：臺灣學生書局，2000 年。

11. 牟宗三，《宋明儒學的問題與發展》，臺北：聯經出版社，2003 年。

12. 林聰舜，《明清之際儒學思想的變遷與發展》，臺北：臺灣學生書局，1981 年。

13. 汪子嵩、范明生、陳村富、姚介厚等著，《希臘哲學史》，北京：人民出版社，1997 年。

14. 韋政通，《中國思想史》，臺北：水牛出版社，1994 年。

15. 侯外廬、邱漢生、張豈之等主編，《宋明理學史》，北京：人民出版社，1997 年。

16. 法蘭克‧蒂里著，葛力譯，《西方哲學史》，北京：商務印書館，2004 年。

17. 唐君毅，《中國哲學原論‧原性篇》，臺北：臺灣學生書局，1989 年。

18. 唐君毅，《中國哲學原論‧原教篇》，臺北：臺灣學生書局，1990 年。

19. 唐君毅，《哲學概論》，臺北：臺灣學生書局，1990 年。

20. 馬利丹著、李增譯，《西洋道德哲學》，臺北：明文書局，1992 年。

21. 洪漢鼎，《詮釋學史》，臺北：桂冠圖書，2003 年。

22. 張立文，《心》，北京：中國人民大學出版社，1993 年。

23. 張立文，《理》，臺北：漢興書局，1994 年。

24. 張立文，《氣》，臺北：漢興書局，1994 年。

25. 張立文，《中國哲學範疇發展史——人道篇》，北京：中國人民大學出版社，1995 年。

26. 張立文，《中國哲學範疇發展史——天道篇》，北京：中國人民大學出版

社，1995 年。

27. 張立文，《性》，臺北：七略出版社，1996 年。

28. 張立文，《中國哲學邏輯結構論》，北京：中國社會科學出版社，2002 年。

29. 傅偉勳，《西洋哲學史》，臺北：三民書局，2004 年。

30. 勞思光，《新編中國哲學史》，臺北：三民書局，1995 年。

31. 德‧黑格爾，《哲學史講演錄》，北京：商務印書館，1997 年。

32. 馮友蘭，《三松堂全集》，鄭州：河南人民出版社，2000 年。

33. 馮友蘭，《新編中國哲學史》，北京：人民出版社，2003 年。

34. 楊國榮：《存在之維》，北京：人民出版社，2003 年。

35. 奧康諾編、洪漢鼎等譯，《批評的西方哲學史》，臺北：桂冠圖書，2004 年。

36. 葛榮晉，《中國哲學範疇導論》，臺北：萬卷樓圖書公司，1993 年。

37. 歐陽康，《哲學研究方法論》，武漢：武漢大學出版社，2004 年。

38. 陳少峰，《中國倫理學史》，北京：北京大學出版社，1997 年。

39. 陳來，《宋明理學》，上海：華東師範大學，2004 年。

40. 蔡仁厚，《宋明理學‧南宋篇——心體與性體義旨述引》，臺北：臺灣學生書局，1999 年。

41. 蔡仁厚，《宋明理學‧北宋篇——心體與性體義旨述引》，臺北：臺灣學生書局，2002 年。

42. 錢穆，《中國近三百年學術史》，臺北：臺灣商務印書館，1980 年。

43. 錢穆，《中國學術思想史論叢》（八），臺北：東大圖書，1990 年。

44. 錢穆，《中國思想通俗講話》，臺北：蘭臺出版社，2001 年。

45. 蒙培元，《理學範疇系統》，北京：中國人民大學出版社，1998 年。

46. 嚴正，《儒學本體論研究》，天津：天津人民出版社，1997 年。

四、研究專著

1. 王興國、黃洪基、陳遠寧，《王船山認識論研究》，長沙：湖南人民出版社，1982 年。

2. 王樹人，《思辨哲學新探——關於黑格爾哲學體系的研究》，北京：人民出版社，1998 年。

3. 安藤俊雄著，演培法師譯，《天臺性具思想論》，臺北：天華出版社，1992 年。

4. 成中英，《從中西互釋中挺立——中國哲學與中國文化的新定位》，北京：中國人民大學出版社，2005 年。

5. 牟宗三，《政道與治道》，臺北：臺灣學生書局，1970 年。

6. 牟宗三，《圓善論》，臺北：臺灣學生書局，1985 年。

7. 牟宗三，《康德的道德哲學》，臺北：臺灣學生書局，1992 年。

8. 牟宗三，《智的直覺與中國哲學》，臺北：臺灣商務印書館，1993 年。

9. 牟宗三，《人文講習錄》，臺北：臺灣學生書局，1996 年。

10. 牟宗三，《中西哲學之會通十四講》，臺北：臺灣學生書局，1996 年。

11. 牟宗三，《現象與物自身》，臺北：臺灣學生書局，1996 年。

12. 牟宗三，《四因說演講錄》，臺北：鵝湖出版社，1997 年。

13. 牟宗三，《中國哲學的特質》，臺北：臺灣學生書局，1998 年。

14. 牟宗三，《周易哲學演講錄》，臺北：聯經出版社，2003 年。

15. 余英時，《朱熹的歷史世界》，臺北：允晨出版社，2003 年。

16. 李天命，《存在主義》，臺灣：學生書局，1993 年。

17. 李澤厚，《我的哲學提綱》，臺北：三民書局，1996 年。

18. 李澤厚，《批判哲學的批判——康德述評》，臺灣：三民書局，1996 年。

19. 李澤厚，《李澤厚哲學文存》，安徽：文藝出版社，1999 年。

20. 李明輝，《當代儒學的自我轉化》，北京：中國社會科學出版社，2001 年。

21. 何兆武，《歷史理性批判論集》，北京：清華大學出版社，2001 年。

22. 彼得·辛格著、李日章譯，《黑格爾》，臺北：聯經出版社，1986 年。

23. 林安梧，《現代儒學論衡》，臺北：業強出版社，1987 年。

24. 林安梧，《王船山人性史哲學之研究》，臺北：東大圖書，1991 年。

25. 林安梧，《存有·意識與實踐——熊十力體用哲學之詮釋與重建》，臺北：東大圖書，1993 年。

26. 林安梧，《論語——走向生活世界的儒學》，臺北：明文書局，1995 年。

27. 林安梧，《中國近現代思想觀念史論》，臺北：臺灣學生書局，1995 年。

28. 林安梧，《儒學與中國傳統社會之哲學省察》，臺北：東大圖書，1996 年。

29. 林安梧，《儒學革命論》，臺北：臺灣學生書局，1998 年。

30. 林安梧，《人文學方法論——詮釋的存有學探源》，臺北：讀冊文化，2003 年。

31. 林安梧，《儒學轉向：從「新儒學」到「後新儒學」的過渡》，臺北：臺灣學生書局，2006 年。

32. 林存陽，《清初三禮學》，北京：社會科學文獻出版社，2002 年。

33. 吳立民、徐蓀銘，《王船山佛道思想研究》，長沙：湖南出版社，1992 年。

34. 汪學群，《王夫之易學——以清初學術為視角》，臺北：東大圖書，2002

年。

35. 倪梁康,《現象學及其效應——胡塞爾與當代德國哲學》,北京:三聯書店,1996 年。

36. 德國·維柯,《新科學》,北京:商務印書館,1997 年。

37. 加拿大·約翰·華特生著、韋卓民譯,《康德哲學講解》,武漢:華中師範大學出版社,2000 年。

38. 德國·胡塞爾,《經驗與判斷》,北京:三聯書店,2000 年。

39. 德國·舍勒,《人在宇宙中的地位》,貴州:貴州人民出版社,2000 年。

40. 徐定寶,《黃宗羲評傳》,南京:南京大學出版社,2002 年。

41. 袁保新,《老子哲學之詮釋與重建》,臺北:文津出版社,1991 年。

42. 唐凱麟、張懷承,《六經責我開生面》,長沙:湖南人民出版社,1982 年。

43. 奧·馬丁·布伯,《我與你》,北京:三聯書局,2002 年。

44. 馬德鄰,《老子形上思想研究》,上海:學林出版社,2003 年。

45. 夏金華,《緣起 佛性 成佛——隋唐佛學三大核心理論的爭議之研究》,北京:宗教文化出版社,2003 年。

46. 許冠三,《王船山的歷史學說》,香港:中文大學出版社,1978 年。

47. 許冠三,《王船山的致知論》,香港:中文大學出版社,1981 年。

48. 張祥龍,《海德格爾思想與中國天道——終極視域的開啟與交融》,北京:三聯書店,1997 年。

49. 張祥龍,《從現象學到孔夫子》,北京:商務印書館,2001 年。

50. 張世英,《自我實現的歷程——解讀黑格爾精神現象學》,濟南:山東人民出版社,2001 年。

51. 張世英,《新哲學演講錄》,桂林:廣西師範大學,2004 年。

52. 張立文,《宋明理學的總結——王夫之的哲學思想》,北京:中國人民大學出版社,1985 年。

53. 張立文,《宋明理學邏輯結構的演化》,臺北:萬卷樓圖書公司,1993 年。

54. 張立文,《正學與開新——王船山哲學思想》,北京:人民出版社,2001 年。

55. 曾昭旭,《王船山哲學》,臺北:遠景出版社,1983 年。

56. 嵇文甫,《王船山學術論叢》,臺北:谷風出版社,1987 年。

57. 溝口雄三,《中國前近代思想的演變》,北京:中華書局,1997 年。

58. 楊國榮,《心學之思——王陽明哲學的闡釋》,北京:三聯書局,1998 年。

59. 德國·海德格:《存在與時間》,北京:三聯書店,2000 年。

60. 德國·海德格著,孫周興譯:《路標》,北京:商務印書館,2001 年 12

月。

61. 范良光,《儒家基本存有論》,臺北:樂學書局,2002 年。

62. 彭國翔,《良知學的展開——王龍溪與中晚明的陽明學》,臺北:臺灣學生書局,2003 年。

63. 德國·黑格爾,《精神現象學》,北京:商務印書館,1997 年。

64. 德國·黑格爾著、王造時譯,《歷史哲學》,上海:上海人民出版社,2001 年。

65. 德國·黑格爾著、薛華譯,《哲學科學全書綱要》,上海:上海人民出版社 2002 年。

66. 楊祖漢,《當代儒學思辨錄》,臺北:鵝湖出版社,1998 年。

67. 陶清,《明遺民九大家哲學思想研究》,臺北:洪葉出版社,1997 年。

68. 熊十力,《原儒》,臺北:洪氏出版社,1970 年。

69. 熊十力,《體用論》,臺北:臺灣學生書局,1987 年。

70. 陸復初,《王船山學案》,武漢:湖北人民出版社,1987 年。

71. 陸復初,《王船山沉思錄》,昆明:雲南人民出版社,1991 年。

72. 劉述先,《黃宗羲心學的定位》,臺北:允晨出版社,1986 年。

73. 劉述先,《朱子哲學思想的發展與完成》,臺北:臺灣學生書局,1995 年。

74. 劉述先,《儒家思想開拓的嘗試》,北京:中國社會科學出版社,2001 年。

75. 劉又銘,《理在氣中》,臺北:五南圖書出版公司,2000 年。

76. 鄭曉江,《江右思想家研究》,北京:中國社會科學出版社 2003 年。

77. 謝大寧,《儒家圓教底再詮釋——從「道德的形上學」到「溝通倫學底存有論轉化」》,臺北:臺灣學生書局,1996 年。

78. 陳榮捷,《王陽明傳習錄詳註集評》,臺北:臺灣學生書局,1983 年。

79. 陳榮捷,《王陽明與禪》,臺北:臺灣學生書局,1984 年。

80. 陳榮捷,《朱子新探》,臺北:臺灣學生書局,1998 年。

81. 陳榮捷,《朱學論集》,臺北:臺灣學生書局,1998 年。

82. 陳榮捷,《宋明理學之概念與歷史》,臺北:中央研究院,2000 年。

83. 陳來,《有無之境:王陽明哲學的精神》,北京:人民出版社,1991 年。

84. 陳鼓應,《易傳與道家思想》,北京:三聯書店,1997 年。

85. 陳文章,《黃宗羲內聖外王思想之研究》,臺北:東大圖書,1998 年。

86. 陳贇,《回歸真實的存在》,上海:復旦大學出版社,2002 年。

87. 陳榮華,《海德格　存有與時間闡釋》,臺北:臺灣大學,2003 年。

88. 陳來,《詮釋與重建——王船山的哲學精神》,北京:北京大學出版社,

2004 年。

89. 蒙培元，《理學的演變——從朱熹到王夫之、戴震》，臺北：文津出版社，1990 年。

90. 錢穆，《朱子新學案》，臺北：三民書局，1971 年。

91. 錢穆，《朱子學提綱》，北京：三聯書店，2001 年。

92. 錢穆，《宋代理學三書隨箚》，北京：三聯書店，2002 年。

93. 錢穆，《現代中國學術論衡》，北京：三聯書店，2002 年。

94. 錢穆，《論語新解》，北京：三聯書店，2003 年。

95. 錢穆，《莊老通辨》，北京：三聯書店，2004 年。

96. 羅傑‧史克魯坦著、蔡英文譯，《康德》，臺北：聯經出版社，1986 年。

97. 蔡仁厚，《王陽明哲學》，臺北：三民書局，1983 年。

98. 羅光，《王船山形上學思想》，臺北：輔仁大學出版社，1993 年。

99. 蕭箑父主編，《王夫之辯證法思想引論》，湖北：人民出版社，1984 年。

100. 蕭箑父主編，《船山學引論》，南昌：江西人民出版社，1993 年。

101. 蕭萐父，許蘇民，《王夫之評傳》，江蘇：南京大學出版社，2002 年。

102. 哈伯瑪斯著、童世駿譯，《事實與格式》，臺北：臺灣商務印書館，2003 年。

五、博士論文

1. 曾春海，《王船山易學闡微》，臺北：輔仁大學哲學研究所博士論文，1978 年。

2. 林文彬，《船山易學研究》，臺北：臺灣師範大學國文研究所博士論文，1994 年。

3. 戴景賢，《王船山之道器論》，臺北：臺灣大學中文研究所博士論文，1982 年。

4. 杜保瑞，《論王船山易學與氣論並重的形上學進路》，臺北：臺灣大學哲學研究所博士論文，1993 年。

5. 胡森永，《從理本論到氣本論——明清儒學理氣觀念的轉變》，臺北：臺灣大學中文研究所博士論文，1991 年。

6. 吳龍川，《王船山「乾坤並建」理論研究》，臺北：臺灣師範大學國文研究所博士論文，2005 年。

六、論文集

1. 成中英主編，郭齊勇，潘德榮執行主編，《本體與詮釋：中西比較》（第

二輯），上海：上海社會科學院出版社，2003 年 7 月。

2. 成中英主編，郭齊勇，潘德榮執行主編，《本體與詮釋：中西比較》（第三輯），上海：上海社會科學院出版社，2003 年 7 月。

3. 法尊法師，《法尊法師論文集》，臺北：大千出版社，2002 年 11 月。

4. 周調陽等著，湖南湖北社會科學聯合會編，《王船山哲學討論集》，湖南社會科學聯合會，1967 年。

5. 唐君毅，《哲學論集》，臺北：臺灣學生書局，1990 年 2 月。

6. 傅偉勳，《批判的繼承與創造的發展》，臺北：東大圖書，1991 年 8 月。

7. 傅偉勳，《從西方哲學到禪佛教》，北京：三聯書店，1996 年 3 月。

8. 傅偉勳，《學問的生命與生命的學問》，臺北：正中書局，1998 年 7 月。

9. 傅偉勳，《從創造的詮釋學到大乘佛學，《哲學與宗教》四集，臺北：東大圖書，1999 年 5 月。

10. 嵇文甫，《王船山學術論叢》，臺北：谷風出版社，1987 年。

11. 輔仁大學編，《王船山學術研討會論文集》，臺北：輔仁大學出版社，1993 年 10 月。

12. 錢穆，《王船山孟子性善義闡釋》，《香港大學五十周年紀念論文集》第二集，1996 年 6 月。

13. 《哲學雜誌──東西方的對話》，臺北：業強出版社，1993 年。

14. 《哲學雜誌──現象學》，臺北：業強出版社，1997 年。

七、期刊論文

1. 王汎森，〈「心即理」說的動搖與明末清初學風的轉變〉，《中央研究院歷史語言研究所集刊》，1994 年。

2. 李貴豐，〈王船山賢能政治論〉，收錄於《明清之際中國文化的轉變及延續研討會》，臺北，1990 年。

3. 牟宗三講演，王財貴整理〈超越的分解與辯證的綜合〉，《鵝湖月刊》第十九卷第四期，總號二二〇，第 1 頁～第 4 頁。

4. 林安梧主講，林倩如、盧曜煌紀錄，〈存有・方法與思考──對於「方法論」的基礎性反省〉，《鵝湖月刊》第一八卷第一〇期，總號第二一四，第 5 頁～第 11 頁。

5. 林安梧，〈「當代新儒學」及其相關問題之理解與反省（上）〉，《鵝湖月刊》第一九卷第七期，總號第二二三，第 10 頁～第 20 頁。

6. 林安梧，〈後新儒家哲學的思維向度〉，《鵝湖月刊》第二四卷第七期，總號第二八三，第 6 頁～第 15 頁。

7. 林安梧，〈死裏求生——關於中國思想研究的一些思考〉，《鵝湖月刊》第二五卷第一〇期，總號第二九八，第 2 頁——第 11 頁。

8. 林安梧，〈當代新儒學之回顧、反省與前瞻——從「兩層存有論」到「存有三態觀」的確立〉，《鵝湖月刊》第二五卷第一一期，總號第二九九，第 36 頁～第 46 頁。

9. 林安梧，〈從「牟宗三」到「熊十力」再上溯「王船山」的哲學可能——後新儒學的思考〉，《鵝湖月刊》第二七卷第七期，總號第三一九，第 16 頁～第 30 頁。

10. 林安梧，〈明清之際：從「主體性」、「意向性」到「歷史性」的一個過程——以「陽明」、「蕺山」與「船山」爲例的探討〉，《台灣師大國文學報》第三十八期，第 1 頁～第 29 頁。

11. 唐亦男，〈王夫之通解莊子「兩行」說及其現代意義〉，《鵝湖月刊》第三〇卷第九期，總號第三五七，第 22 頁～第 27 頁。

12. 袁信愛，〈中國哲學典籍的考證與詮釋——對中國哲學研究的省思〉，《哲學與文化》二五卷第七期，第 626 頁～第 635 頁。

13. 張立文，〈中國哲學範疇生命‧模式‧基礎的探討〉，《哲學與文化》二四卷第五期，第 454 頁～第 465 頁。

14. 侯潔之，〈由道器之辨論王船山證立形而上的進路〉，《台灣師大國文學報》第三十八期，第 31 頁～第 57 頁。

15. 葉海煙，〈「比較」作爲一種方法對當代中國哲學的意義〉，《哲學與文化》二四卷第十二期，第 1118 頁～第 1129 頁。

16. 傅佩榮，〈儒家人性論如何超越唯心與唯物的兩極詮釋〉，《哲學與文化》二十卷第八期（1993 年 8 月），第 741 頁～第 750 頁。

17. 傅偉勳，〈儒家心性論的現代化課題（上）〉，《鵝湖月刊》第十卷第五期，總號第一一三，第 1 頁～第 10 頁。

18. 傅偉勳，〈儒家心性論的現代化課題（下）〉，《鵝湖月刊》第十卷第八期，總號第一一六，第 6 頁～第 18 頁。

19. 楊祖漢，〈「體用不二」與體證的方法〉，《鵝湖月刊》第一九卷第一二期，總號第二二八，第 2 頁～第 6 頁。

20. 董金裕，〈王船山與張橫渠思想之異同〉，《哲學與文化》第二十卷第九期，1993 年。

21. 陳郁夫，〈王船山「聖功」論述評〉，收錄於《明清之際中國文化的轉變及延續研討會》，臺北，1990。

22. 陳來，〈王船山論「惡」的根源〉，《雲南大學學報》第 2 卷第 5 期。

23. 陳來，〈道學視野下的船山心性學〉，《鵝湖月刊》第二八卷第一二期，總號第三三六。

24. 陳來，〈王船山「論語」詮釋中的理氣觀〉，《文史哲》，2003 年第 4 期，總號第 277。

25. 陳來，〈王船山「論語」詮釋中的氣質人性論〉，《中國哲學史》，2003 年第 3 期。

26. 陳來，〈王船山的氣善論與宋明儒學論的完成〉，《中國社會科學》，2003 年第 5 期。

27. 陳贇，〈理性與感性的整合與溝通〉，《孔孟月刊》第 40 卷第 4 期，2001。

28. 陳贇，〈形而上與形而下：後形而上學的解讀〉，《復旦學報》第 46 期，2002。

29. 陳贇，〈背負著欲望的理性思考——王船山對宋明儒學存理去欲的批判〉，《杭州師範學院學報》，2002 年第 6 期。

30. 陳贇，〈王船山理氣之辨的哲學闡釋〉，《漢學研究》第 20 卷第 2 期，2002。

31. 陳贇，〈道的理化與知行之辨〉，《華東師範大學學報》第 34 卷第 4 期，2002。

32. 陳贇，〈宋明理學中理一分殊的觀念——以王船山為中心的闡釋〉，《孔孟學報》第 79 期，2002。

33. 陳祺助，〈王船山論惡的問題——以情才為中心的分析〉，《鵝湖月刊》第二八卷第三期，總號第三二七，第 25 頁～第 33 頁。

34. 陳祺助，〈王船山「乾坤並建」理論的基本內容及其天道論涵義〉，《鵝湖月刊》第三〇卷一一期，總號第三五九，第 22 頁～第 31 頁。

35. 蔡仁厚，〈從「理、心、氣」的義蘊看船山思想的特色〉，《中國文化月刊》，1993。

36. 劉立林，〈從《太極圖說》到《中和圖說》——也談中國哲學的重建問題《鵝湖月刊》第二四卷第一期，總號第二七七，第 13 頁～22 頁。

37. 鄧輝，〈王船山的宇宙本體觀〉，《鵝湖月刊》第二八卷第八期，總號第三三二，第 30 頁～第 31 頁。